第一辑

YA-FEI YUYAN WENHUA YANJIU LUNCONG (1)

亚非语言文化研究论丛

赵 华 主编

骆元媛 副主编

世界图书出版公司

广州·上海·西安·北京

图书在版编目（CIP）数据

亚非语言文化研究论丛. 第一辑 / 赵华主编. —广
州：世界图书出版广东有限公司，2018.8
ISBN 978-7-5192-5067-6

Ⅰ.①亚… Ⅱ.①赵… Ⅲ.①文化语言学－亚洲－文
集②文化语言学－非洲－文集 Ⅳ.①H0-05

中国版本图书馆 CIP 数据核字（2018）第 187608 号

书　　名	亚非语言文化研究论丛（第一辑）	
	YA-FEI YUYAN WENHUA YANJIU LUNCONG (1)	
主　　编	赵　华	
副 主 编	骆元媛	
策划编辑	刘正武	
责任编辑	张东文	
出版发行	世界图书出版广东有限公司	
地　　址	广州市海珠区新港西路大江冲 25 号	
邮　　编	510300	
电　　话	020-84451969　84459539	
网　　址	http://www.gdst.com.cn/	
邮　　箱	wpc_gdst@163.com	
经　　销	新华书店	
印　　刷	广州迪桦印刷有限公司	
开　　本	787 mm×1092 mm　1/16	
印　　张	21.5	
字　　数	346 千字	
版　　次	2018 年 8 月第 1 版　2018 年 8 月第 1 次印刷	
国际书号	ISBN 978-7-5192-5067-6	
定　　价	46.00 元	

天津外国语大学亚非语学院概况

天津外国语大学亚非语学院成立于2006年6月，由原东语学院的韩语系、阿拉伯语系和斯瓦希里语系组建而成，2013年以来陆续新增印尼语、缅甸语、马来语、泰语、柬埔寨语、印地语、乌尔都语、希伯来语、土耳其语、波斯语、豪萨语等语种专业，使语种专业进一步丰富，成为我校拥有语种专业最多的二级学院。几年来，亚非语学院紧随学校做强非通用语种的发展大计，落实以特色专业为中心、多语种齐头并进的学科建设方针，抓住国际交流和实践教学两个突出特色，强调在"语言中学习文化，在文化中学习语言"的教学风格，注重学生知识、能力、素质的综合协调发展，努力培养具有自主学习能力和跨文化交际能力的高素质、复合型、国际化外语人才，实现了从无到有，从弱到强的突破性、跨越式发展。

一、全方位打造过硬师资队伍

以梯队建设为导向，进一步完善人才队伍建设，初步形成了一支老中青结合，充满活力的师资队伍。现有教职工43人，其中，专任教师36人，含高级职称11人，讲师7人，全部教师的94.4%具有在国外工作或留学的经历。

以师资培养为重点，积极创造条件，采取请进来和走出去相结合的办法，努力在营造学术氛围，促进专业交流，提高业务水平上下功夫，为每一名教师创造参加培训和进修的机会。曾在我校成功举办了第三届全国韩语教学法研讨会、教育部外指委阿语分委会年会暨全国阿语专业负责人联席会、全国首届斯语教学研讨会、"一带一路"背景下东盟语种课程建设与教学研讨会等学术会议，选派教师参加全国非通用语特色专业建设工作研讨会等各类国内外高水平专业培训和研讨交流活动。

以流动师资为补充，建立以骨干教师为主、以外聘客座教师为辅，全面融入外教教学的流动性开放式师资管理机制。常年聘请外籍教师10余人，涵盖全部语种专业；聘任天津市"千人计划"外籍专家2人，北京大学等国内知名高校客座教授10余人，定期来校讲学授课；开办名人大讲堂，邀请相关领域著名专家、学者、成功人士进行专题讲座，为培养多元化复合型毕业生提供跨行业、跨地域、跨国界的师资团队。

二、学科专业建设跨越式发展

学院现设朝鲜语（韩语）、阿拉伯语、斯瓦希里语、印尼语、缅甸语、马来语、泰语、柬埔寨语、印地语、乌尔都语、希伯来语、土耳其语、波斯语、豪萨语等14个语种专业，其所在外国语言文学一级学科为天津市重点学科，现有朝鲜语语言文学、阿拉伯语语言文学、东南亚研究、非洲文化研究、翻译硕士（韩语口译、韩语笔译、阿拉伯语笔译）等硕士学位授予权。

特色专业发展是重中之重——韩语

韩语专业始建于1994年，2006年初，在第十批硕士点审批中获得硕士学位授予权。跻身当时全国11个韩语硕士点之一。2006年9月在市教委对新建本科专业评估中，获得优秀率仅5%的4个"优秀"专业之一。2006年12月，被评为校级重点建设学科。2007年12月，被评为教育部第一批第二类特色专业建设点。是目前全国仅有的6个韩语特色专业建设点之一。2010年被评为天津市品牌专业。2017年获批天津市优势特色专业。连续多年在学校优秀专业评选中获奖。2007年6月，"基础韩语"课程被评为市级精品课程。2008年6月"韩语语法"课程被评为校级精品课程。2012年6月"中韩翻译"课程被评为校级精品课程。

夯实基础稳步发展——阿拉伯语

我校于2002年开设阿拉伯语专业，成为当时第9所开设阿拉伯语专业的外语院校。现为中阿友协学术和阿拉伯语教学委员会常务理事单位。2002—2005年，共培养了四届阿拉伯语专科毕业生。2006年，阿拉伯语晋升为本科专业。2012年开始培养阿拉伯语语言文学学术硕士研究生。2015年开始招收MTI阿拉伯语翻译硕士。2017年获批天津市应用型专业。连续多年在学校优秀专业评选获奖。2010年，"基础阿语"课程被评为校级精品课程。

高起点求发展——斯瓦希里语

2006年9月开始筹建斯瓦希里语系，2007年正式招生，这是我校第十一个外语类专业，同时也是第一个非洲语言专业，是继北京外国语大学、中国传媒大学后全国第三个斯瓦希里语本科专业。在2012年学校第三类专业评选中获一等奖。2017年获批天津市应用型专业。2017年开始培养非洲文化研究硕士生。

抓机遇谋发展——印尼语、缅甸语、马来语、泰语和柬埔寨语

2013年学校抢抓国家全面推进东盟合作交流的战略机遇，在充分调研的基础上，新增印尼语和缅甸语专业，2014年新增马来语专业，2016年新增泰语专业，2017年新增柬埔寨语专业，进一步丰富了我校的非通用语语种专业数量，初步形成东南亚语种群。2017年获批天津市应用型专业。2017年开始培养东南亚研究硕士研究生。

助力"一带一路"建设——印地语、乌尔都语、波斯语、豪萨语、土耳其语、希伯来语

2017年学校增设与国家及天津经济社会发展密切相关、支撑天津五大战略机遇叠加、符合学校办学特色的专业，新增印地语、乌尔都

语、波斯语、豪萨语、土耳其语、希伯来语等"一带一路"沿线国家语种专业，建设形成"亚非非通用语语种群"。2017年获批天津市应用型专业。

开拓创新新举措——亚洲、非洲非通用语多语种人才培养模式改革与探索

2014年"亚洲、非洲非通用语多语种人才培养模式改革与探索"项目成功获批天津市教育体制改革试点项目，探索"亚洲、非洲非通用语＋英语＋汉语＋经贸知识（金融或国际经济贸易）"的多学科、多专业、多语种的复合型人才培养模式，使学生在4—6年的弹性学制中，达到扎实掌握一门亚洲、非洲非通用语专业语言基础，具有较熟练的听、说、读、写、译能力；英语达到公共外语六级水平；了解我国国情和语言对象国的社会和文化；具有较强的汉语语言表达和写作能力；掌握一门经济类专业基础知识，同时获得文学和经济学双学士学位的复合型人才培养目标。

三、狠抓基础教学，培养高素质人才

亚非语学院始终以提高教育教学质量为根本，注重学生知识、能力、素质的综合协调发展。坚持以课堂教学为主体，以第二课堂活动为补充，以实践教学为锻炼，以比赛和测试为检验，强调"在语言中学习文化，在文化中学习语言"的语言与文化互动教学原则，采用先进的教学方法和手段，将强化培养学生的创新能力和实践能力贯穿整个学习过程。使所有学生通过四年的学习，全面、熟练地掌握听、说、读、写、译、研、用等7个方面的专业技能，教学质量稳步提升。在锦湖韩亚杯韩语演讲大赛中多次荣获全国比赛的二等奖、三等奖，包揽天津赛区的一、二等奖。在全国硕士论文大赛、口译大赛中多次荣获一等奖等奖项。阿语专业在全国四级考试中，取得超出全国平均分近14.18分的好成绩。印尼语专业学生在全国演讲大赛、写作大赛等赛事中多次获

一、二等奖等奖项。马来语专业学生在全国首届大学生朗诵大赛中获一等奖。

每年学院组织"外文短剧大赛"、"外文演讲比赛"等一系列语言应用大赛，为同学们提供多样的练语言、习交流、长见识的平台。承接高端会议或赛事的志愿服务项目，使学生们在东亚运动会、东盟"10+3"媒体合作论坛、中阿合作论坛第四届部长级会议、奥运会、世博会、世界气候大会等志愿服务中得到充分锻炼。大力发展就业实习基地，先后与三星电机、阳光集团、阿尔及利亚AMC国际工程公司等知名企业合作建立实习（就业）基地，为学生打造一个高端的专业实习平台。学生就业率高，就业单位质量逐年提高。

四、以科研促发展，科研水平稳步提高

"十二五"期间，我院教师主持参与出版学术专著及教材12部；主持国家级立项（子项目）16项；省部级项目17项，获核心期刊《中国朝鲜语文》正音奖2项。"十三五"期间，以创新团队为依托，力争在科研数量和质量上取得新的突破。

以语言培训为载体，打造服务社会精品。累计举办天津三星电机韩语体验特训培训近二十余期，环球迪拜港务阿语培训两期，世宗学堂培训十余期。并以此为契机，成功开展"高校服务社会职能与企业人才培养模式的探索和研究"等课题研究。

五、广泛开展国际交流，培养国际化人才

学院充分发挥小语种学科优势，着力培养"国际化"人才。通过文化体验等活动，着力培养学生熟悉外国文化，掌握国际知识，开阔国际视野。拓宽学生的培养口径，积极引导学生辅修语言类之外的第二专业，打造高素质复合型涉外人才。通过不断扩大国际交流与合作，为学生提供一个国际化的学习环境。

　　目前活跃的海外交流已成为亚非语学院的突出特色之一。学院采取多种途径，多方联系"3+1"、"2+2"等校际合作和公派留学项目，努力使更多的学生具有境外交流学习的经历。目前，韩语专业已与韩国的国民大学、仁川大学等十余所高校建立校际友好交流关系，互派交换教授，定期交流讲学，互派留学生。有近70%的学生能够出国留学。此外，每年还将选派8—10名品学兼优的学生公派赴朝鲜和韩国留学。阿语专业与埃及苏伊士运河大学、复兴大学等高校建立合作协议，学生进入三年级后，100%的学生有机会出国留学。斯语专业积极申请国家留学基金委资助项目，进入高年级后，70%的学生可公派赴坦桑尼亚达市大学留学。印尼语专业学生可通过国家公派、印尼政府奖学金和校际交流等途径，100%赴印尼加查玛达大学、印尼泗水国立大学、印尼日惹国立大学等校留学。缅甸语专业有60%的学生可通过国家留学基金委资助赴缅甸曼德勒外国语大学留学。马来语专业已与马来西亚马来亚大学签订合作协议，为全体学生创造留学机会，其中有77.8%的学生可通过国家留学基金委资助出国留学。泰语专业目前已与泰国清迈大学、博仁大学签订合作交流协议。其他新建专业也在积极联系交流院校。

　　亚非语学院将在校党委的领导下，积极落实党的十九大提出的"办人民满意的教育精神"，进一步解放思想、开拓创新，始终将提高教育教学质量作为未来发展的核心任务，不断提升科学研究水平和服务社会能力，促进各专业的协调发展，进一步提高影响力和知名度，培育突出的天外特色，推进错位发展，努力实现争先进位，将我院建成特色鲜明的高素质、国际化人才培养基地和语言服务交流基地。

contents 目录

天津外国语大学亚非语学院概况

——————————学术争鸣——————————

——————————语言研究——————————

──────────研究生论坛──────────

翻
译研究
··········

해석이론을 적용한 MTI 통역교육 연구

■ 天津外国语大学　吴春花

논문요약:

본고는 MTI 통역교육의 목표를 고찰하고, 해석이론의 적용을 통한 통역교육의 효과적 방법을 모색하는데 그 목적을 두었다. 이를 위해 해석이론의 개념을 살펴보고, 통역 사례 분석을 통해 실제 통역에서의 해석이론의 주요 개념들이 통역의 과정에서 탈언어화가 좋은 훈련 방법이 될 수 있다는 것을 확인하였고, 기존의 통역 스킬과 방법에 이론적 근거를 제공해 주었다.

키워드: 한국어MTI, 해석이론, 통역교육, 탈언어화

1. 들어가기

국무원 학위위원회는 2007년 1월에 개최된 제23차 회의에서 "번역석사 전공 학위 즉 Master of Translation and Interpreting, MTI" 설립을 전원 통과하였고, 현재 국내의 많은 대학에서 MTI 과정을 개설하고 있다. 국가의 일대일로 정책의 실시로 우수한 외국어 통·번역 인재 양성이 중요시되고 있으며 현실적으로 한국어 학과 전공자들이 취직 후에 주어지는 업무 중 통번역이 대부분을 차지하고 있기에 통번역 과정에 많은 학생들이 적극적인 관심을 보이고 있다. 사회의 발전과 학습자의 요구에 맞춰 통·번역 과정을 개설하고 효과적인 교수법을 연구하는 것은 현실적 의의를 가진다.

통역교육에 대한 연구로 국내에서 仲伟合①는 MTI 통역 교육에서 통역사의 지식 구조를 언어지식, 백과 지식, 기능 등 세 가지의 통합으로 규정하면서 통역교육 교과목은 언어기능과 언어지식 습득 과정, 백과 지식 과정, 통역 기능 과정으로 구성되어야 한다는 견해를 제기하였다. 柯可儿②은 통역 경험을 바탕으로 중영 통역 수업에서 교재, 교수 내용, 교수의 세 부분으로 나누어 통역 수업의 문제점과 개선 방안을 제안하고 있으며, 王京平③은 통번역 수업의 수업목표를 명확히 하고 이론과 실천을 결부시킬 것으로 강조하고 있다.

본고는 이러한 연구를 토대로 MTI 통역 수업의 목표, 해석 이론, 통역 사례 분석에 대해 알아보고 효과적인 통역 교육 방법의 모색을 연구목적으로 한다.

2. 통역교육의 목표

MTI 과정의 통역 수업은 우선 수업목표가 명확해야 한다. 수업목표가 단순한 외국어교육으로서의 숙달도 향상인가 아니면 통역 능력 배양을 목표로 하는가에 따라 교수법도 달라지게 된다. 王京平[위의 책.]은 외국어교육으로서의 통번역 수업과 전공 번역 과정의 통번역 수업의 차이점에 대해 아래와 같이 제시하고 있다.

차이점	외국어 교육으로서의 통번역	전공 번역과정의 통번역
과목 포지션	외국어 교육에서의 한 과목	독립된 학과의 전공과목
교수 목적	외국어 숙달도 향상	전문 번역사로서의 번역 능력 향상
언어	외국어	외국어와 모국어
교수 중점	외국어의 언어구조	번역 테크닉과 번역 관련 문제 해결 능력

---

① 2017. 7. <번역 교수와 연구>세미나.
② 柯可儿. 2003. <从口译实践到口译教学>.《中国翻译》. 3.
③ 王京平. 2004. <谈翻译教学的任务与目标>.《语言与翻译》. 1.

MTI 과정은 이론과 학술연구를 중심으로 하는 일반대학원 교육과 차별화되며, 통역 경력을 갖추고 있는 높은 수준의 실용적 전문 인재 양성을 목표로 한다. 즉, 통번역 석사 전공의 인재 양성 목표는 훌륭한 통번역 능력을 갖춘 높은 수준의 전문 통번역 인재를 양성하는 것이다. 또한 일정한 외국어 능력을 갖춘 상황에서 통번역 기능훈련이 진행된다.

따라서 MTI 과정의 통역교육은 외국어 교육과의 차이점을 염두에 두고 전문 통역양성을 위한, 하나의 언어정보의 의사소통과 교류 활동으로서 사회에서 비스를 제공하는데 그 목적을 두어야 한다. 어떻게 정보를 듣고 이해할 수 있을까, 어떻게 알아들은 정보를 도착어에 충실하게 자신의 독자나 청중에게 전달할 것인가를 지향하는 것이 통역교육이라고 할 수 있다. 또한 통역교육의 중점은 전문적인 통역 과정을 가르치는데 있으며, 여기에는 어떻게 듣고 이해할 것인가, 어떻게 듣는 동시에 의미를 파악할 것인가, 어떻게 이해한 의미를 표현할 것인가이다.

통역은 MTI 과정의 전공 필수과목으로 교수 내용은 이러한 수업 목표를 전제로 통역 기능 훈련 위주로 이루어져야 할 것이며, 학습자의 실제 통역 능력 양성 및 번역 이론지식과 다문화 소통 능력 양성도 함께 이루어져야 할 것이다.

3. 해석이론

해석이론은 통번역 실무자들, 그리고 실무 경험 외에 별도의 준비없이 통번역 교육현장에 투입되는 통번역 교사들에게서 큰 호응을 얻고 있는데, 그 이유는 복잡한 언어학적 논쟁이 아니라, 통번역 실무 경험을 근간으로 탄생하고 발전된 이론이기 때문에 학습자가 통역의 개념과 과정을 이해하도록 만드는데 유용한 이론이기 때문이다.

해석이론은 프랑스의 셀레스코비치(D.Seleskovitch)와 해석레더러

(Lederer)가 국제

회의 통역사로서의 실무 경험을 이론화하여 탄생시킨 이론으로, 의미의 이해를 통번역 과정의 핵심으로 보고 있다는 점에서 의미 이론 혹은 의미 통번역론으로 불리기도 한다.

국제회의 통역사였던 프랑스의 셀레스코비치(D.Seleskovitch)가 자신의 실무 경험을

바탕으로 통역교육을 시작하면서 1962년에 <회의 통역>이라는 제목의 논문을 발표하였는데, 이것이 해석이론의 출발점이라고 할 수 있으며, 해석이론이라는 명칭이 공식화된 것은 1970년 말이다. 셀레스코비치는 통역교육을 통하여 자신의 내적 확신들을 수차례 교육현장에서 검증해 볼 수 있었으며, 1970년 초부터 해석이론의 토대가 되는 기본 원칙들을 논문 형태로 발표하기 시작하였다.[①]

1980년대에 이르러 셀레스코비치는 레더러와 함께 <해석이론>을 출간하였고, 이 책을 통해 통역을 단순한 보호 전환 작업으로 언어학적 영역에서만 다루던 당시의 분위기에서 통역의 과정을 인지적이고 해석적 작업으로 설명하고, 의미의 전달을 통역의 핵심으로 간주하였는데 이는 그 시도자체가 파격적이었으며, 해석이론가들이 제안한 개념들은 통번역을 언어현상으로만 보던 기존의 사변적 언어학 개념들이 설명해내지 못한 실제 통역의 과정을 정확하게 설명해 내는 훌륭한 개념적 도구들이다. 해석이론은 무엇보다도 '실무', 혹은 '실무의 경험'을 중시하는 이론으로 통역 실무를 토대로 체계화한 이론이라고 할 수 있다.

해석 이론가들은 통역의 과정을 다음의 3단계로 설명한다.

[①] 이 시기에 발표된 주요 저서로는 <국제회의 통역사, 언어와 소통의 문제>가 있다.

해석이론의 통역단계

> - 듣기: 출발텍스트가 담고 있는 의미를 이해하기.
>
> - 탈언어화: 의미의 이미지화와 유추
>
> - 재표현: 등가표현의 창출

　여기에서 첫째는 이해 단계이다. 통역이나 번역의 대상은 주어진 텍스트(여기서는 구어 형태의 발화도 포함)를 이루고 있는 언어적 요소가 아닌, 그 해당 텍스트에 담겨있는 의미이다. 통역사는 자신의 체험, 언어적 지식, 스스로의 성찰 등을 통해 얻어진 인지적 축적물을 동원하여 주어진 텍스트를 이해한다. 즉 통역에서의 듣기 단계로 출발 텍스트가 담고 있는 의미를 이해하는 단계이다.

　두 번째는 해석이론의 핵심적 개념을 이루는 탈언어화의 단계이다. 즉 의미의 이미지화와 유추 단계이다. 탈언어화는 텍스트의 이해와 이해된 내용의 재표현 단계 사이에 위치하는 중간단계를 설명하기 위한 개념이다. 통번역사는 주어진 텍스트의 의미를 도출해내기 위해서 일차적으로는 텍스트를 이루는 언어적 요소들에 의지해야 하지만, 일단 의미가 도출되고 나면 단어들은 사라지고 '비언어적'상태인 의미만이 남게 되는데 이러한 의미도 출의 과정을 탈언어화 과정이라 한다.

　세 번째 단계는 재표현의 단계로, 앞서 탈언어화된 상태로 존재하는 의미를 최대한 도착어에 맞게 표현해 내는 것을 말한다. 다시 말하면 등가 표현의 창출 단계라고 할 수 있다. 여기서 해석이론가 들은 동일한 대상을 표현하는 방식이 언어마다 다르다는 점을 제유의 차이를 통하여 설명하며, 언어마다 동일한 대상을 다른 방식으로 표현함을 감안하며, 담화 차원에서도 수용 언어의 독자들이 받아들일 수 있는 방식으로 재표현되어야한다고 설명한다.

　여기에서 살펴보면, 해석이론은 출발 텍스트가 통역되기까지 통역사의 머릿속에서 일어나는 일련의 과정을 3단계로 구분한 것이다. 출발 텍스트를 듣고, 연사가 말하고자 하는 의미를 이해한 후, 이를 머릿

속으로 이미지화하여 그것을 가장 잘 표현할 수 있는 등가 표현을 찾아낸 후, 정확한 발음과 억양으로 유창하게 표현해내는 통역의 과정을 설명하고 있는 것이다.

4. 해석이론을 적용한 통역의 사례분석

Gile[①]은 통역 기능은 통역 실전 훈련에서 학생이 먼저 통역하고 교사가 수정해주는 방식으로 전수된다고 하였다. 통역 수업에서 현장감 있는 통역 상황을 설정하고 분위기를 조성하는 것도 중요한 교수법의 하나이다. 현재 MTI 과정의 회의 통역 수업에서 가장 효과적인 방법으로 仲伟合[②]는 시뮬레이션(Simulation)과 롤플레이(Role Play)[③]를 꼽고 있다. 시뮬레이션은 수업에서 통역의 실제상황을 모방하여 상황을 설정하고 진행하는 것으로 예를들면 회의통역에서 회의통역 중 순차통역을 하는 실제상황을 설정하고 학생들이 통역을 담당하게 하고, 교사가 수정 및 학생들과의 토론을 유도하는 방법이다.

MTI 과정의 통역수업에서 시뮬레이션으로 상황극을 연출하면서, 해석이론을 연설문 통역에 적용하여 학습자들의 이해를 돕기 위해등가, 탈언어화, 텍스트의 성격과 기능에 관련된 내용에 대해 설명을 하는 방식으로 수업을 진행하였다.

여기에서 가장 핵심적인 내용은 해석이론은 탈언어화를 코드 전환, 축자역, 대응 등의 개념들과 상대적인 개념으로 설정하고, 통역의 출

---

① 박혜경. 1999. '학부 과정에서 통역 Trak 개발에 대한 연구'에서 재인용. 국제회의 통역과 번역.

② 仲伟合. 2003. ＜议员的知识结构与口译课程设置＞.《中国翻译(2)》.

③ 롤플레이는'3자간 대화'로 현재 통역 수업에서 가장 많이 활용되는 교수법으로 이 훈련 방법은 3명의 학생이 한소가 되어, 그중 두 명의 학생이 각각 모국어와 외국어를 사용하고 나머지 1명은 통역을 맡는다. 교사는 연습에 들어가기 전에 미리 각 역할의 신분과 대화 주제 및 장소 등에 대해 설명을 해주어 학생들이 기본적인 배경을 익히고, 연습에 임하도록 지도한다.

발점은 탈언어화된 의미라고 인식한다는 것이다. 이를 위해 무엇보다
언어의 형태를 벗어나야 하며, 이것이 전제되지 않으면 등가 관계들의
창출을 할 수가 없다는 것이 탈언어화의 핵심 내용이다

통역에서 학습자들이 언어의 형태를 벗어나지 못하는 탈 언어화의
부재,즉"단어의 코드와 문장의 코드 전환에서 축자역[①]과 한자어 간섭
현상[②] 및 의미의 연결성에 대한 인식부족으로 나타나고 있다"[③]는 전
제하에 강의내용도 이러한 내용에 중점을 두고 설명을 진행했다.

1) 단어의코드전환

예1: 发展中国家自然资源丰富、<u>劳动力成本低</u>，但<u>产业、产品多数
在低端</u>。

－ 개발도상국은 자연자원이 풍부하고, <u>인건비가 저렴</u>하나 산업 및
제품은 <u>저가품이</u> 대부분이다.

여기에서 '劳动力成本低'는 단어의 일대일 대응으로 통역하면 '노동
력 원가가 낮다'이지만 한국인들이 가장 쉽게 이해할 수 있는 표현으
로는 '인건비가 저렴하다'이기에 '인건비가 저렴하다'로 통역하는 것이
적절하다. 마찬가지로'产业、产品低端'는 단어적 해석으로는 '산업과
제품이 저급'이라는 뜻이지만 한국어 표현에서는 '산업, 제품'과 어울
리는 표현으로는 저가품이 더욱 적당한 표현이다.

예2: 综合配套和工程建设<u>能力强</u>，<u>外汇储备充裕</u>。

－ 종합적 부대시설 및 공정 건설 <u>능력이 뛰어나</u>고, 외화보유액도
충분하다.

이 문장에서'能力强'은 한국어의'능력이 강하다'에 대응되지만, 종합

---

① 동일한 단어가 어떤 상황이나 문맥 속에 위치하느냐에 따라 다양한
표현으로 나타날 수 있다는 것을 모르는 경우에 발생하는 문제이다.

② 현재 한국어의 한자어는 중국어와 그 의미와 용법 면에서 상당히 이
질적이며, 특히 동형이의 어의 경우, 의미의 확대·축소·변천이.

③ 한은정. 2014. ＜학부 중한 번역수업에서의 번역이론 적용 가능성＞.
[통역과 번역]. 한국 통역번역학회

부대시설과 공정능력과 어울려 사용할 경우'능력이 뛰어나다, 뛰어난 실력을 갖추다'는 표현이 한국어 표현에 더욱 어울리는 표현이다.

예3: 居民消费价格涨幅保持较低水平。

– 소비자물가지수 상승 폭이 낮은 수준을 지속하고 있다.

여기에서는 '居民消费价格'는 통역에서 흔히 나타나는 한자어의 간섭으로 '주민소비가격'으로 통역하지 않도록 전문용어 익히기에 주의를 기해야 하는 단어라고 할 수 있다.

예4: 大宗商品价格深度下跌。

– 대종상품(벌크상품) 가격이 심한하락세를 보이고 있다.

이 문장에서'深度'는 한국어에 대응되는 단어로 '심도'라는 표현이 있기는 하나 용법에서 큰차이를 보이며, '下跌'와 호응하여 '심한 하락세'로 통역하는 것이 의미에 맞는 표현이다.

예5: 我们不搞大水漫灌式的强刺激。

– 우리에게 물 쏟아붇기식의 강력한 완화정책은 없을 것이다.

이 문장에서 '大水漫灌'는 사자성어로 의미를 이해한 후 한국어 표현에 맞게 '물 쏟아붇기'로 재표현해 주어야 하며, '强刺激'는 한국어로 '강한 자극'으로 대응되지만 텍스트의 맥락에 맞게 '강력한 완화정책'으로 표현해야 한다. 같은 표현일지라도 문맥에 따라 적절한 의미를 전달하기 위해, 어떤 문맥 속에서 사용되었느냐에 따라 다른 표현으로 나타나기 때문이다.

예6: 狠抓节能减排和环境保护，各项约束性指标①超额完成。

– 에너지 절약과 온실가스 감축 및 환경 보호면에서 엄격한 관리를 실시하여, 각 구속성 지표를 초과 달성하였다.

---

① 2016년에 발표된 중국 '13차 5개년 생태환경보호 규획'에서 언급된 내용으로, 지급(地级) 이상 도시의 대기질 우수 일수 비율, 지급 이상 도시 중 초미세먼지 기준 미달 도시의 농도 하락, 지표 수질 기준 달성 또는 III유형 보다 우수한 수질 비율,유형 보다 나쁜 지표 수질 비율, 삼림 복개율, 삼림 축적량, 오염 경작지 안전 이용률, 오염 토지 안전 이용률, 화학적 산소요구량, 암모니아 질소, 이산화황, 질소산화물 배출 총량 감소등을 말한다.

여기에서 '狠抓'는 기본적인 의미는 '단단히 잡다'이지만, 텍스트의 문맥에 따라 '엄격한 관리'로 이해하여 표현을 해야 하며, '约束性指标'도 한자어로 표현하면 '약속성지표'이지만, 중국어의 의미에 맞는 표현으로 '구속성 지표'로 통역해야 정확한 표현이라 할 수 있다. 그 외에 '超额完成'은 한자어로 '초과 완성'이지만 한국어의 표현 습관에 맞게 '초과 달성'이 더욱 자연스럽다. 또한 이 문장의 통역을 통해 '约束性指标'는 무엇을 뜻하는지 중국의 국가정책에 따른 내용을 이해하고 장악하는 것이 통역 현장에서의 추가질문에 대처하는 등 통역의 완성도를 높여 줄 것이다.

예7: 推动国际气候变化谈判取得<u>积极成果</u>。

- 국제 기후변화 담판이 <u>긍정적 성과</u>를 거두었다.

이 문장에서'积极成果'는 한국어에 대응되는 표현으로 '적극적 성과'가 있기는 하나, 한국어에서 '성과'는 '긍정적 성과'로 많이 사용되기 때문에 중국어를 모르는 한국인 청중을 염두에 둔 '긍정적 성과'가 적당한 표현이다.

예8: 中国有句古话："<u>君子成人之美</u>"。只有<u>美人之美，才能美美</u><u>与共</u>。

- 중국에는 '군자는 남의 좋은 일을 돕고(君子成人之美)', '남의 아름다움도 아름답게하여야"각자의 특성과 타인의 다름이 아름답게 공존할 수 있다(美美與共)'는 옛 성인의 말이 있다.

예9: "<u>大智兴邦，不过集众思</u>"。也就是说，<u>智慧来自大众</u>。

- <u>지혜는 나라를 번창하게 하며, 지혜는 대중의 지혜를 모으는데서온다.</u> 다시 말하면 <u>지혜는 대중으로부터 온다</u>는 뜻이다.

예8과 예9에서 고문을 인용하고 있는데, 중국어 통역에서 어려운 내용중 하나가

고문의 통역이라 할 수 있다, 여기에서 '君子成人之美'는 논어에 나

오는 문장을 인용한 것이며, '大智兴邦, 不过集众思'은 <격언연벽>에서 나오는 말로 '재능이 뛰어난 사람은 나라를 부강하게 하며, 그것은 대중의 지혜를 모았기 때문이다. 무지한 사람은 국가대사를 그르치는데, 그것은 자기만 옳다고 생각하기 때문이다.'이다. 학습자들은 정확한 의미를 이해한 후, 문맥에 맞게 한국어로 재표현해야 한다. 중국어 연설문에서 많이 사용되는 고문은 따로 정리하여 그에 맞는 한국어 표현을 익히는 것이 효과적인 통역학습이 될 것이다.

2) 문장의 코드전환

예11: 采取了一系列创新性的政策措施, 统筹稳增长、调结构、促改革, 保证了经济平稳运行。

– 일련의 혁신적인 정책적 조치를 <u>취하여</u> 안정적 성장, 구조 조정, 개혁촉진을 통합추진함<u>으로써</u> 안정적인 경제운행을 보장하였다.

예 12: 今年以来取消和下放了200多项行政审批事项, 目的是通过简政放权, 把该放的权力放开、放到位, 把该管的事情管好、管到位, 为企业营造公平竞争的环境, 激发市场主体创造活力。

– 올해 200여개의 행정심사절차를 취소및 하급기관에 권리를 이양<u>하였는데</u>, 그 목적은 정부행정 간소화와 권한 이양에 있다. 이양해야 할 권리는 이양하되, 확실하게 해야 하며, 관리해야 할 업무를 훌륭하게, 확실하게 관리<u>함으로써</u> 기업경영에 공평한 경쟁환경을 마련하고 시장자체의 활력을 분출시켜야 한다.

예13 : 中国创新宏观调控政策工具箱里的工具还有不少, 就像下围棋一样, 既落好眼前每个子、又针对性地出招, 顶住当前经济下行压力, 又要留有后手、谋势蓄势, 以促进经济长期持续健康发展。

– 중국의 혁신 거시조정 정책 '도구함'에는 <u>쓸 만한 '도구'</u>들이 적지 않다. <u>거시 조정 정책은</u> 바둑을 두는 것과 마찬가지로 현재의 바둑

돌을 잘 배치하는 것도 중요하지만 상황에 맞게 대처하여 직면한 경제 하향 압력을 잘 견뎌내야 한다. 또한 후속책을 마련하여 일을 도모하고 만반의 준비를 갖춰 경제의 장기적이고 지속적이며, 건강한 발전을 촉진해야 할 것이다.

예 11, 예12, 예13에서 보시다시피, '콤마'로 이어진 출발 텍스트의 두 문장을 하나의 문장으로 번역함으로써 연결성을 살릴 수 있고, 두 개의 문장구조를 유지하되 '또한, 이로써 '등 접속사를 첨가하여 두 문장의 내재적 연결성을 살릴 수 있다. 그 외에도 문장의 맥락에 맞는 연결어미를 사용하여 의미의 논리 전개에 맞게 표현을 해야 한다.

다시 말하면 출발 텍스트의 서술 구조대로 번역하지 않고 서술 순서를 바꾸거나, 의미 연결성을 위해 새로운 표현을 첨가 또는 삭제하는 것이다.

5. 나오기

본고는 MTI 통역교육의 목표를 고찰하고, 해석이론의 적용을 통한 통역교육의 효과적방법을 모색하는데 그 목적을 두었다. 이를 위해 해석이론의 개념을 살펴보고, 통역 사례 분석을 통해 실제 통역에서의 해석이론의 주요 개념들이 통역의 과정에서 탈언어화가 좋은 훈련 방법이 될 수 있다는 것을 확인하였고, 기존의 통역 스킬과 방법에 이론적 근거를 제공해 주었다.

참고문헌:

［1］柯可儿. 2003. <从口译实践到口译教学>.《中国翻译》. 3.

［2］王京平. 2004. <谈翻译教学的任务与目标>.《语言与翻译》. 1.

［3］仲伟合. 2003. <议员的知识结构与口译课程设置>.《中国翻译 (2)》.

［4］박혜경. 1999. '학부과정에서 통역 Trak 개발에 대한 연구'. 국

제회의 통역과 번역.

　[5] 한은정. 2014. <학부 중한 번역 수업에서의 번역이론 적용 가능성>. [통역과 번역]. 한국통역번역학회.

　[6] 이향. 2009. <해석이론의 특징과 한계>. [번역학 연구] 제10권1호.

"一带一路"背景下缅甸语本科专业口译人才培养的几点思考

■ 天津外国语大学　曹　磊

【摘　要】在"一带一路"倡议的带动下，中缅之间的关系，特别是贸易联系将更加深化。与此同时，为中缅之间进行沟通服务的缅甸语翻译人才培养面临着新的机遇和挑战。为更好地满足未来用人单位的需求，高校在翻译人才培养，特别是口译人才培养方面应加大力度。本文就如何培养出更加符合要求，更加优秀的口译人才，在课程设置、教学途径等方面做一些浅显的论述。

【关键词】口译人才；培养方式；口译教学

近年来，随着国家"一带一路"倡议构想的提出与实施，为国家经济发展注入了新的动力，带动了一系列产业发展。同时，作为支撑国家发展的战略资源之一——高校人才，也迎来了新的机遇。特别是"一带一路"下的"21世纪海上丝绸之路"倡议的提出，推动了中国与包括缅甸在内的东盟各国之间的进一步合作，而且合作领域将更加深入和广泛。正在中国大力推动"一带一路"倡议的同时，我们的邻国缅甸迎来了改革的春天，企盼多年的民主之花在缅甸终于得以绽放，而随着缅甸新一届政府的成立，相信缅甸的发展是顺应了历史的潮流与人民的意愿，也有理由相信，虽然现在还不能断定缅甸的民主之路将以何种速度推进，但既然民主之门已经打开，这无疑是为缅甸今后的改革发展开启新的大门，未来的缅甸将会朝着更加开放、透明、民主的方向发展。作为研究缅甸语言文化与国情的各院校而言，在缅甸现今如火如荼改革的大背景下，也很有可能迎来新一轮的发展契机。在这里，本文试图在分析当前用人单位的需求方向与高校缅甸语翻译人才培养过程中存在的一些问题的基础上，提出自己一些粗浅的看法，其中不当之处，还求教于各位专家同仁，望指教。

一、缅甸语外语人才不等同于缅甸语翻译人才

外语人才不等同于翻译人才，这已是大家普遍认同的观点，懂得外语不等同于能够做好翻译工作，培养翻译人才比培养外语人才具有更加专业性的特点。虽然翻译人才首先是从外语人才过渡而来，但二者间有着严格的界限。外语人才与翻译人才相比较而言，前者所涵盖的范围更加广泛且具有普遍性，懂得外语可以从事的工作领域更加广泛和自由，但从事的工作并不一定是翻译工作，它要求除了解对象国语言基础外，还应具备一定的对象国国情文化知识，这样可以更好地服务于今后所要从事的工作；而翻译人才从事的工作则具有相对狭窄性和专业性。首先，他们是为完成特定的工作而特别培养的，译员首先要具备外语人才所具备的普遍知识，要求比外语人才更加精通对象国语言，语言功底更加深厚，必须对对象国的文化知识有更深的了解，必须具备良好的心理素质，应对各种特殊情况的快速反应能力和妥善处理的能力，可以说是为完成某一领域沟通工作而量身定制的一种专业性人才。所以，他从事的工作性质相对单一。

当前，有人觉得通过大学四年的本科学习可以完全胜任专业性的翻译工作，这要看如何对其进行培养。如果按一般外语人才培养模式进行培养的话，学生毕业之后想要从事专业性较强的翻译工作，还存在着一定的差距。如何帮助毕业生较快地适应工作岗位？这应该是各院校培养

学生过程中必须正视的一个问题。首先，培养院校自身必须明白需要培养的是哪种类型的学生？要将学生的专业水平培养到哪种程度？目前，由于当前的就业形势所迫，大力提倡专业复合型人才的培养，但通过这么多年的实践来看，在复合型人才培养过程中，虽然学生知识面有所拓展，但"面宽而度浅"的矛盾便又突显出来。这很大程度上是由于为了增加学生知识面而增设不合理的通识课程，从而相对削减了专业课的学习课时。作为学生而言，必然会感受到额外的负担。所以造成部分学生不仅没有把握好专业课与其他课之间的平衡，反而造成严重的偏科，使得他们在各方面都只表现平平，从而影响今后他们在专业领域的发展。

除了明确培养什么类型之外，将学生培养到什么程度也是作为高校应当正视的一个问题。个人认为，培养院校除完成既定的教学计划之外，应建立统一的考核机制，以检验培养的学生是否达到预定要求，而翻译人才培养更应如此。而目前，专业型翻译人才的培养大都在硕士生阶段，如应用型翻译硕士。由于专业型翻译人才都处于硕士阶段，本科阶段翻译人才的培养则稍有欠缺，当然这里面有担心翻译人才质量的因素等等。但是，能否借鉴其他语种成熟的翻译教学经验，从而探寻在本科阶段培养较高端的专业型翻译人才的途径呢？

学生通过大学四年的学习，拿到毕业证就算合格，这是对学生不负责任的行为，高校教学在寻求数量前提是要保证优质的毕业生。因为这关系到学生的就业，高校的发展和用人单位的反馈，要将这三者建立起一个良性的循环，高校的发展才能长久，专业的发展才能深入。

二、当前培养过程中出现的一些问题

对于本科生而言，习得一门新语言的时间非常有限，虽然大学有四年时间，但照目前国内就业形势所迫和培养的隐性规律而言，实际上不足四年。大学一、二年级打基础，三、四年级语言水平提高，对于国内许多建立国际交流合作的高校而言，通常会采用"3+1"、"2+2"等培养模式，在学生大二或大三阶段将其送到缅甸交流合作院校进行为期十个月左右的学习。但是，学生回国后大四又面临论文和就业压力，实际上最后一年用于学习的时间和精力已经大打折扣。如何在本科阶段，充分地利用这三年，或三年多一点的时间让学生最大限度地获得专业知识、翻译技能是高校教师们应该探索的问题。随着缅甸民主进程的加快，对外开放的进一步扩大，以及"一带一路"倡议的推进，无疑将进一步深化中缅两国的合作。近几年越来越多的中资企业赴缅投资，企业类型除传统的能源、基建、机械出口、木材、服装、渔业外，现代通信技术、汽车、电脑、传媒、银行等企业单位近几年也相继开始涌入缅甸市场。虽然目前在缅投资的中国企业中，传统投资型的国有大中型企业仍然占据大部分投资份额，但从侧面也可以从中看出，随着缅甸的开放化，赴缅投资的中方企业类型越来越呈现出多元化的特点。为适应今后用人单位的要求，跟上时代的步伐，高校人才培养也应顺应形势而改变，知识结构应当相应地进行调整。目前，在口译人才培养过程中主要存在着以下几方面的问题：

（一）缺乏专门有针对性的口译教材

目前，北京大学、北京外国语大学、洛阳解放军外国语学院、广西民族大学有各自编写的缅甸语基础教材。其他系列的教材主要有：北大编写的《缅甸语口语教程》；洛外编写的《缅甸语口语教程》、《缅甸语语法》、《缅甸语写作教程》、《缅甸现当代文学作品选读》、《缅汉翻译概论》、《缅汉翻译教程》；北外编写的《缅汉翻译教程》、《缅汉会话》；广西民族大学编写的《初级缅甸语会话》、《中级缅甸语会话》、《实用缅甸语会话》；云南民族大学编写的《缅甸语阅读教材》第二册、滇西科技师范学院编写的《缅甸阅读教程》第一、二册等。这是目前国内缅甸语专业市面上可供购买使用的教材或读物。从这些可以看出，在教材方面，如果是培养缅甸语言类人才已经足够，但是如要培养专业的翻译人才，在教材这方面还尚存不足，特别是翻译教材。而翻译教材中，专门的、系统的口译教材尚存很大缺口。如今，在"一带一路"倡议计划的推动下，为适应今后两国间经贸往来需要，传统的课程设置方面应当有所调整，并可以根据各校的实际情况适当增加口译课的课时量，突显出本校的培养特色。所以，系统、专业性强、有针对性强的口译教材需求就显得十分迫切，并且，一本好的口译实践教材也是培养专门翻译人才的一个重要环节之一。

（二）国内外课程衔接不得当，适时调整国内课程设置

前面谈到，翻译人才与外语人才是有明显的区别的。翻译应当是外语习得者当中在语言运用能力方面更专业、服务对象和目的更加明确的一个群体。本科阶段翻译人才培养虽然由于时间的限制，从专业水平而言达不到一个全能型、样样精通的程度（这与个人的自身素质、参加工作后的再培养和经验积累也有很大关系），但是，可以尝试着以中高级译员为目标进行培养。经过系统的培养从而让学生具备相对扎实的翻译理论和翻译技能，对于以后学生能力的不断提升也相对比较容易。所以，既然是以翻译为目标的培养模式，在学生本科培养阶段的课程设置上就必须有大胆的改革。传统的听、说、读、写、译的模式不仅在教授顺序上应当有所调整，而且在课程设置上也应当与传统外语人才的培养模式有所区别，甚至突破，才能适应翻译人才的培养。例如，目前部分高校的翻译课程一般是从大三起开始设置，按照"3+1"、"2+2"等培养模式，对于出国学习的学生，大三的课程实际上与国内的翻译课程在某种程度上是脱节的，对于外语翻译类专业的学生而言，本应正处于提高阶段，但出国学习未必能学到系统的翻译理论知识与实践技能。

目前，按缅甸国内高校的课程设置来看（主要参考曼德勒外国语大学和仰光外国语大学为外国留学生所设置的课程），为外国学生设置的课程主要有：缅语阅读、高级缅语语法、缅甸文学、缅甸文化、缅甸报刊选读、小说鉴赏、缅语听说、缅语写作等几门课程。从这些课程设置可看出，与国内的翻译课程是相对脱节的，而出国学生除学习以上课程

之外，更主要侧重的是口语交流，对专业性的翻译课程涉足十分有限，而到大四回国又面临论文和就业压力，即使在大四开设翻译课程，那时的学生用在学习上的时间和精力已经非常有限，更谈不上对他们进行系统的培养。目前虽然不大可能要求国外交流院校的课程与国内的课程相对接，但为达到自己既定的培养目的，可以对国内课程在培养方案修改之际做出适当的调整。而目前，翻译课程在专业课程当中所占的比重还相当低，翻译课程开始开设的时间也相当晚，不利于出国学生回国后课程对接，甚至脱节，而从总体上来看，也不利于全班整体翻译水平的提高，影响教学质量。

三、关于翻译培养的一些思考

（一）结合自身实际情况改革课程，进一步探索培养模式

培养哪种类型的人才，是学校的责任；而将人才培养到哪种程度，教师则负有很大责任。因此，制定明确可行的培养方案时，必须将课程设置作为重点来考虑。培养目标再明确，如果在课程设置方面不合理，很容易导致在培养中迷失方向。目前，纵观全国开设缅甸语的高校，在本科阶段基本上都设置有翻译课程，但口译课程的设置却相对不明确。就缅甸语语言的特殊性而言，口译与笔译着实存在着一定的区别，所以在课程设置时应区别对待。关于笔译实践，已经有许多前辈专家编写了系统的翻译实践专著，而且，笔译给译者思考的时间相对比较宽松，有时间字斟句酌，所以笔译课程相对比较成熟。

有人认为，只要加大口语培养的力度，这样做能够起到一定效果。不可否认，这样做可以达到一定效果。但是，口译毕竟与口语是两个不同的概念，口语可以天南海北地与人谈天，不受限制，只要敢于说，多说，多与人交流，即使不在教师的指导下，口语也可以很快提高。所以，口语主要是学生自身的能动性占据着主导地位。而口译课程则与口语课程有着本质的区别。第一，培养目的不同。口译培养的最终目标是

要求培养出能够为用人单位进行专业口语翻译的专业型人才，主要传达别人话语，个人见解相对受到限制，专业性强。而口语培养的目标则是要求学生能够与人沟通与交流，个人思维要求更加开阔。第二，教授方式不同。口语的教授方式灵活多样，可以让外教授课，也可以让中国教师授课，由于最终目的是培养出交流顺畅、思维灵活开阔的学生，所以，在翻译技能的要求方面相对较低。而口译课程则主要注重翻译技能的培养，且需要学生在专业方面的基础知识必须十分牢固，各方面素养都要求十分严格，在此基础上再进行口译技能的培养。

因此，要培养专业型的口译人才，在课程设置方面应做相应的调整，而其他相关课程应相应地调整或适当地压缩。由于培养的目的有别于研究型人才和泛指的外语类人才，所以，在课程设置时应突出重点。同时，借鉴其他成熟语种的课程设置和教学方式，以培养符合缅甸语口译的专业应用型人才。

（二）增加模拟实践课程

翻译课程是一门实践性和应用性非常强的课程，资深的翻译都是通过无数的实践而获得丰富的经验后成长起来的。口译更是如此，学生在走上工作岗位前尽量让他们对口译工作有更加深刻的体会，少走一些弯路，明确进行翻译工作前应做的准备工作，以及口译工作中对专业知识和翻译技巧熟练地运用，我想这都是应该在模拟实践课程当中必须完成的任务。模拟实践课程中纳入一些有针对性的翻译场景和翻译内容，对学生进行一系列针对性的训练。这样做的目的有两点，第一是针对他们以后所从事的工作，在服务内容方面进行模拟指导，如果以后从事类似的工作，他们心里也不会觉得太过于唐突；第二是通过模拟训练，向学生教授一些除专业知识以外的翻译技巧和注意事项。如笔记法、不同会场应使用的语气、应用常识等等。

通过模拟实践，让学生可以有一个自我发挥和学习的平台。有针对性的训练，避免大范围盲目练习而造成的不必要的时间和精力的浪费，就像演习预案一样，准备得越周全，处理问题才能更加稳妥。最重要的是，通过不断地演练，能够收获更好的翻译效果。

（三）注重培养和提升学生素养

第一，文化素养。口译是对语言的转换，专业性强，所以要求译员要具有过硬的语言基础和广泛的文化知识。外语学习的学生可能会重视对象国各方面知识的学习和搜集，但同时也对本国知识的学习不应当忽略。以防止在翻译工作中出现不应该的常识性错误。例如对本国母语的再深入学习，加强语言的转换能力，同时提高自身的知识层级；对本国政策的了解，在翻译中避免出现原则性的错误，避免在翻译过程中出现有损自身利益或形象的情况等等。切莫一味地学习外语而忽略了对本国知识的学习，如果自身缺乏本应具有的本国知识，容易在翻译过程中出现不必要的错误。此外，广泛涉猎各个方面的文化知识，博古通今，对自身的文化素养提高是十分必要的。

第二，注重对学生自身心理素质的培养。心理素质对于口译人员来说至关重要，自身心理素质较差的人员，容易在翻译过程中造成心理恐慌，从而引起一系列连锁反应，小则导致翻译任务失败，大则会让用人单位蒙受声誉和经济损失，错失发展良机。与此同时，应注重培养学生敏捷的思维能力和应对危机以及突发情况的正确方法和补救措施。在这里，我引用许清章教授在《今生今世，"胞波"情结——回顾45年缅语口译工作实践历程和感受》一文中他亲身经历的一件事情。1973年，中央农业部接待来访的缅甸农业部部长吴耶贡准将为团长的缅甸农业考察团。缅甸代表团在前往广东考察时，广东省一位副省长接见全团，许老时任翻译。在交谈过程中，这位领导出于对缅甸人民当时经济社会状况的同情，于是有了以下内容："缅甸人民目前生活贫苦，物价昂贵，货币贬值，如同中国旧社会国民党统治时期一般……"时任翻译的许老听到这些讲话内容后极度紧张，既不能劝阻其讲话，又不便请示其他领导，于是只得将讲话内容改为"中缅两国人民在抗日战争时期，患难与共，互相支援，共同抗击日本侵略者……"，内容长短与该领导讲话内容相差无几，事后并向有关领导如实汇报了改译情况，并得到了领导的认可，顺利妥当地应对了这次突发情况。因此，从这可以看出良好的心理素质和应对突发情况处理能力的重要性。在培养学生的过程中，应将学生的心理素质纳入培养范围，教授他们应对类似的突发情况的方法与技巧，这也是在教学过程中应注重培养的一个问题。

（四）教学相长，提升教师自身素养

教师自身的能力也需要不断地提高。随着社会的进步，全国绝大部分院校的硬件设施也得到了巨大的改善，交传模拟教室、同传模拟室都已不是可望而不可即的教学设备。相比以前已不可同日而语。这为利用现代化的教学手段培养学生起着不可替代的作用。但是在硬件设施得到提高的同时，教师的自身实践能力也应不断得到提升，才能够深刻体会在教学工作中应注意的问题，才能灵活地运用教学方法。

为提升教师自身能力，鼓励教师多参加社会服务。在为其他单位服务过程中实践自己的能力，总结工作经验，将经验运用到教学工作当中。实践是检验真理的唯一标准，自己的专业能力只有通过实践才能得到检验，发现自己存在的不足，以便加以改进。

（五）优化教师与课程之间的关系

在高校教学研究的教师队伍中，每名教师都有自己擅长的研究领域，即使是同一个专业中，教师也有自己擅长的方面，而把教师当作全能工具来使用，这一点，我个人是持反对态度的。因此，在安排课程时，应根据教师的特长并尊重教师的意愿来安排，最大限度地发挥教师所能，将教学效果达到最优状态，将教师个人所擅长领域与相关联课程相结合，例如对专注于缅甸文学、文化研究的教师，可以安排基础课、缅甸文学文化、写作等课程；对专注于时事、国情研究的教师，则可以安排翻译、概况之类的课程；但遗憾的是，由于师资缺乏、扩招等客观因素，让老师们疲于备课、上课，忽略了个人研究领域的拓展，这样做的结果是，虽然保证了教学任务，但教学内容千篇一律，没有特色，由于缺乏研究，教学内容拓展性不强，没有充分地发挥教师自身优势。学生所接受知识的范围就被大打折扣，教学课堂没有新的内容，进而影响学生的学习兴趣，影响培养质量。

所以，就课程教学安排而言，充分发挥教师个人专长，一来可以提升教学质量，从而达到理想的教学效果，二来也能够让学生了解，什么样的问题能从哪位老师那里得到更为专业的、详尽的答案。

四、结语

展望未来，缅甸伴随着如火如荼的改革，其开放力度将会进一步加大，世界各国投资者必然会争相涌入，争夺这号称亚洲的最后一块投资热土。而中国作为缅甸的友好邻邦，加之地缘关系及其他方面的考量，对缅投资力度也将会一如既往地保持在一个较高的水平线上。如今，在"一带一路"政策的推动下，中国赴缅投资企业的类型正朝着多元化发展，为适应未来用人单位需求的多元化、专业化，作为人才培养的核心基地——高校，其培养模式也应适时而变。高校翻译人才培养必然朝着专业化、时代化、系统化、精细化等方向发展。未来翻译人才培养过程中，知识的结构更应与时俱进，同时还要加大翻译课程教学改革的探索力度，以及翻译教材的编写、培养模式的转变等。吸收和借鉴其他语种翻译课程的成功经验，并与各自的实际情况相结合，要求现阶段翻译人才培养更加系统化、创新化，学生的知识结构更系统，所习得的知识、技巧更加专业。

参考文献：

［1］刘曙雄：《"一带一路"与同行的"非通人才"培养》，载《小语种大世界》，2016年第1期。

［2］许清章：《缅甸历史、文化与外交》，北京：社会科学文献出版社，2014年。

［3］杨云升：《"一带一路"建设与外语人才培养》，载《海南师范大学学报（社会科学版）》，2015年第9期。

［4］曹德明：《高等外语院校国际化外语人才培养的若干思考》，载《外语教学理论与实践（FLLTP）》，2011年第3期。

中国电视系列片字幕中的泰语翻译技巧

ข้อควรคำนึงในการแปลซับไตเติ้ลละครชุดหรือซีรีส์จีนเป็นภาษาไทย

■ 泰国博仁大学　陈素妮

สาขาวิชาภาษาไทย คณะภาษาเอเชียและแอฟริกันสุนีย์ ลีลาพรพินิจ

【摘　要】中国电视系列片字幕的翻译值得注意的是译文的准确性和适用性。首先，准确性。不仅需要使用正确拼写形式，按泰文中词组或句子的结构顺序翻译出结构通顺的译文，而且还需逐字斟酌词、词组及成语在中泰不同文化背景下怎样准确地将汉语字幕翻译成泰语。其次，适用性。翻译出来的字幕要符合电视剧的类型或风格，在此基础上恰当选择不同层次的泰语语体，而且这些语体需要与剧情和角色之间的关系一致。

【关键词】泰—汉翻译；字幕翻译；中国电视系列片

ละครชุดหรือซีรีส์จีนได้รับความนิยมในประเทศไทยเป็นเวลานานมากกว่า 50 ปี โดยเฉพาะละครที่เผยแพร่ทางโทรทัศน์ เช่น มังกรหยก เปาบุ้นจิ้น ตำนานรักดอกเหมย รักใสใส หัวใจสี่ดวง เป็นต้น เนื้อหาของละครก็มีหลากหลายแนว เช่น กำลังภายใน อิงประวัติศาสตร์ ครอบครัว ความรักวัยรุ่น ฯลฯ ผู้ชมคนไทยจะเข้าใจเนื้อเรื่องและเกิดอารมณ์ความรู้สึกร่วมกับ ตัวละครหรือเหตุการณ์ในเรื่องได้ก็ต้องอาศัยการแปลจากภาษาจีนเป็นภาษาไทย เพราะ "การแปลถือเป็นเครื่องมือสำคัญที่ทำให้คนสองชาติหรือมากกว่านั้นสามารถเข้าถึงและเข้าใจ วัฒนธรรมของกันและกันได้" (nuchun, 2010)

นอกจากการชมละครชุดหรือซีรีส์จีนทางโทรทัศน์แล้ว ผู้ชมคนไทยในปัจจุบันยังนิยม

เลือกชมละครทางเว็บไซต์อีกด้วย เช่น **www.series-onlines.com, www.kseries.co,
nightsiam-series.blogspot.in** ฯลฯ จึงทำให้เกิดนักแปลอิสระในกลุ่มคนไทยที่รู้ภาษาจีน
หรือคนจีนที่รู้ภาษาไทยแปลซับไตเติ้ลละครชุดหรือซีรีส์มากขึ้น ดังตัวอย่างละครชุดหรือซีรีส์
จีนที่ผู้เขียนใช้เป็นกรณีศึกษา 4 เรื่อง ได้แก่ วุ่นรักหมู่บ้านคนโสด (只因单身在一起) ตอนที่
21,ลิขิตรัก ลิขิตใจ (北京青年) ตอนที่ 9,ตำนานรักมาเฟียเซี่ยงไฮ้ (锦绣缘华丽冒险) ตอนที่
5และมู่หลาน จอมทัพหญิงกู้แผ่นดิน (花木兰传奇) ตอนที่ 21

ลักษณะละครชุดหรือซีรีส์จีน 中国电视系列片的特征

ละครชุดหรือซีรีส์จีน1 เรื่อง มีประมาณ 20-60 ตอน โดยแต่ละตอนนั้นมีความยาว
ประมาณ 45 นาที มีจำนวนประโยคประมาณ 600 ประโยคซึ่งมีทั้งประโยคสั้นและยาวความ
ยาวของประโยคที่ปรากฏในแต่ละฉากประมาณ 8-12 คำ (**nuchun, 2010**)

คุณสมบัตินักแปลซับไตเติ้ลละครชุดหรือซีรีส์จีน 中国电视系列片字幕翻译
者的资格

1.ชอบดูละครชุดหรือซีรีส์จีน

2. มีใจรักการแปล ตั้งใจใส่ใจและมีวินัยในการแปลรวมทั้งมีจรรยาบรรณของนักแปล

3. มีทักษะหรือความสามารถด้านการใช้ภาษาทั้งภาษาจีนต้นฉบับและภาษาไทยที่แปล

4. มีความรู้ทางประวัติศาสตร์ สังคม และวัฒนธรรมทั้งจีนและไทยหรือความรู้เฉพาะ
ทางที่เกี่ยวข้องกับงานที่จะแปล

5. หมั่นค้นคว้าหาความรู้และประสบการณ์ใหม่เพิ่มเติมอยู่เสมอ

ขั้นตอนการแปลซับไตเติ้ลละครชุดหรือซีรีส์จีน 中国电视系列片字幕的翻
译步骤

1.ดูละครชุดหรือซีรีส์หลายๆ รอบเพื่อให้เข้าใจเรื่องขณะเดียวกันก็พยายามทำความ
เข้าใจอารมณ์และความรู้สึกนึกคิดของตัวละครในความคิดของผู้แปลจะมีภาพของเหตุการณ์
และตัวละครที่ปรากฏอย่างชัดเจนซึ่งจะช่วยให้ผู้แปลเลือกใช้คำพูดที่เหมาะกับตัวละครและ
เรื่องได้ง่ายขึ้น

2. คิดถ้อยคำหรือคำพูดที่จะแปลคร่าวๆโดยแบ่งเป็นบทพูด บทพากย์ หรือบทบรรยาย

3. แปลบทพูดหรือบทบรรยายตามตัวบท โดยคงรักษาความหมายเดิมหรือใจความ

สำคัญของต้นฉบับไว้ ห้ามต่อเติมหรือใส่ความคิดเห็นส่วนตัวของผู้แปล

4. หมั่นตรวจสอบบทแปลหลังจากที่เรื่องราวของตัวละครในแต่ละฉากหรือแต่ละตอน จบลงเพื่อตรวจสอบความถูกต้องเหมาะสมและความต่อเนื่องของภาษากับตัวบทลักษณะหรือ ความสัมพันธ์ระหว่างตัวละครรวมทั้งอารมณ์เรื่อง

5. อ่านทบทวนบทแปลทั้งหมดเมื่อแปลจบเรื่องเพื่อตรวจสอบภาพรวมอีกครั้ง

ข้อควรคำนึงในการแปลซับไตเติ้ลละครชุดหรือซีรีส์จีน 中国电视系列片字幕的翻译技巧

1. ความถูกต้องของบทแปล

1.1 รูปภาษาที่เขียนต้องถูกต้องตามหลักการเขียนหรือการสะกดคำในภาษาไทย ทั้งนี้ ผู้แปลสามารถตรวจสอบความถูกต้องจากพจนานุกรมราชบัณฑิตยสถานได้ ในกรณีที่เป็น ชื่อเฉพาะ เช่น ชื่อคน ชื่อสถานที่ก็อาศัยการทับศัพท์หรือถ่ายถอดเสียงให้ใกล้เคียงกับภาษาจีน ต้นฉบับให้มากที่สุด

木兰：*柱子*，你想错了。ฮัวมู่หลาน:*จู้จื่อ*, เธอคิดผิดแล้ว

我们当初织和亲图，เดิมทีพวกเราทอผ้าปักไหม

是想告诉*柔然人*。เพราะต้องการบอกให้*คนโหรวหร่าน*รู้ว่า

我们*魏国*人不想打仗。พวกเรา*เคว้ยเว่ย*ไม่ต้องการรบ

我们想要和平，พวกเราต้องการสันติ

但是现在和亲图不能带来和平。แต่ตอนนี้ผ้าปักไหมไม่สามารถทำให้เกิดสันติได้

这仗得打。สงครามเกิดขึ้น

那我们打还是为了和平。งั้นเราก็จะรบเพื่อสันติ

柱子：打仗是为了和平。จู้จื่อ:รบเพื่อสันติ

木兰：咱们的好意。ฮัวมู่หลาน:เจตนาดีของพวกเรา

既然*柔然人*不接受。ในเมื่อ*คนโหรวหร่าน*ไม่ยอมรับ

这仗非得打。การรบก็คงหลีกเลี่ยงไม่ได้

咱们也不怕。แต่พวกเราก็ไม่กลัว

*柔然人*撕毁盟约。*คนโหรวหร่าน*ฉีกทำลายสัญญา

咱们就坚决应战，**พวกเราก็ต้องยืนหยัดที่จะรบ**

就像奶奶说的。**เหมือนที่ท่านย่าเคยพูดไว้**

柔然人想打。好。**คนโหรวหร่านต้องการรบ ดี**

咱们就奉陪到底，可我们打仗。**พวกเราก็จะลองรบกันซักตั้ง แต่พวกเรารบ**

不是为了要抢他们的土地，**ไม่ใช่เพื่อแย่งเอาที่ดินของพวกเขา**

不是为了争他们的牛羊，**ไม่ใช่เพื่อชิงวัวแพะของพวกเขา**

咱们打仗为的是和平。**พวกเราจะรบเพื่อสันติ**

(มู่หลาน จอมทัพหญิงกู้แผ่นดินตอนที่ **21** 花木兰传奇第21集)

ตัวอย่างข้างต้นปรากฏชื่อเฉพาะในภาษาจีนหลายคำ ได้แก่ ชื่อคน "柱子" ชื่อแคว้น "魏国" และชื่อเรียกคนในแคว้น "柔然人" เมื่อแปลเป็นภาษาไทยก็ใช้การทับศัพท์และถ่ายถอดเสียงดังนี้ "จู่จื่อ", "แคว้นเว่ย" และ "คนโหรวหร่าน" ตามลำดับ

1.2 การเรียงลำดับโครงสร้างของวลีหรือประโยค ผู้แปลต้องปรับเปลี่ยนโครงสร้างภาษาจีนให้เป็นโครงสร้างภาษาไทยที่ถูกต้องตามหลักภาษาหรือไวยากรณ์ภาษาไทย กล่าวคือหน่วยคำหลักในภาษาจีนส่วนใหญ่จะอยู่หลังหน่วยคำขยาย ในขณะที่หน่วยคำหลักในภาษาไทยจะอยู่หน้าหน่วยคำขยาย

明珠：<u>怎么会一夜之间都死光了呢</u>。

หมิงจู:<u>คนตายหมดในคืนเดียวเป็นไปได้ยังไงนะ</u>

这年头也不是什么人手上都会有枪的。**หลายปีมานี้ไม่ใช่ใครจะมีปืนก็ได้**

凶手到底是谁。**ฆาตกรคือใครกันแน่นะ**

(ตำนานรักมาเฟียเซี่ยงไฮ้ตอนที่**5** 锦绣缘华丽冒险第5集)

ตัวอย่างข้างต้นโครงสร้างของประโยคที่ว่า <u>怎么会一夜之间都死光了呢</u> (ยังไง/เป็นไปได้/ในคืนเดียว/(คน) ตายหมด/นะ) ในภาษาจีนคำแสดงคำถาม "怎么" จะอยู่หน้าหน่วยภาคแสดงหรือกริยาหลัก แต่เมื่อแปลเป็นภาษาไทยต้องเรียงลำดับโครงสร้างใหม่เป็น <u>"คนตายหมดในคืนเดียวเป็นไปได้ยังไงนะ"</u> เพราะในภาษาไทยคำแสดงคำถาม "怎么" ซึ่งแปลว่า "ยังไง" จะอยู่หลังหน่วยภาคแสดงหรือกริยาหลัก

叶坦：<u>我爸妈虽然在我很小的时候，就离婚了</u>。 **เย่ถ่าน:<u>แม้ว่าพ่อแม่ฉันจะหย่า</u>**

<u>กันเมื่อฉันยังเล็ก</u>

他们彼此不再相爱，ท่านทั้งสองไม่รักกันแล้ว

但是他们对于我的爱。แต่พวกท่านยังรักฉันเสมอ

(ลิขิตรัก ลิขิตใจตอนที่9　北京青年第9集)

ตัวอย่างข้างต้นโครงสร้างของประโยคที่ว่า "<u>我爸妈虽然在我很小的时候，就离</u><u>婚了</u>" (ฉัน/พ่อแม่/แม้ว่า/ยัง/ฉัน/มาก/เล็ก/เมื่อ/ก็/หย่ากัน/แล้ว) ในภาษาจีนคำเชื่อม "虽然" สามารถวางไว้หน้าหรือหลังประธานของประโยคก็ได้ ส่วนคำเชื่อม "的时候" จะวางไว้ท้ายสุดของประโยค แต่เมื่อแปลเป็นภาษาไทยต้องเรียงลำดับโครงสร้างใหม่เป็น "<u>แม้ว่าพ่อแม่ฉันจะ</u><u>หย่ากันเมื่อฉันยังเล็ก</u>" เพราะในภาษาไทยคำเชื่อม "虽然" ซึ่งแปลว่า "แม้ว่า" และคำเชื่อม "的时候" ซึ่งแปลว่า "เมื่อ" จะวางไว้หน้าประโยคหรือเชื่อมตำแหน่งตรงกลางประโยคเท่านั้น

何东妈：他们也不肯告诉我。แม่เหอตง:พวกเขาก็ไม่ยอมบอกป้า

<u>何东现在到底在哪儿?</u>　<u>ว่าตอนนี้เหอตงอยู่ที่ไหนกันแน่</u>

(ลิขิตรัก ลิขิตใจตอนที่9　北京青年第9集)

ตัวอย่างข้างต้นโครงสร้างของประโยคที่ว่า "<u>何东现在到底在哪儿</u>" (เหอตง/ตอนนี้/กันแน่/อยู่ไหน) ในภาษาจีนคำบอกเวลา "现在"สามารถวางไว้หน้าหรือหลังประธานของประโยคก็ได้ ส่วนคำวิเศษณ์ "到底" จะวางไว้หน้าหน่วยภาคแสดงหรือกริยาหลัก แต่เมื่อแปลเป็นภาษาไทยต้องเรียงลำดับโครงสร้างใหม่เป็น "<u>ตอนนี้เหอตงอยู่ที่ไหนกันแน่</u>" เพราะในภาษาไทยคำเชื่อม "现在" ซึ่งแปลว่า "ตอนนี้" จะวางไว้หน้าประโยคหรือหน้าประธานของประโยค ส่วนคำวิเศษณ์ "到底" ซึ่งแปลว่า "กันแน่" จะวางไว้หลังหน่วยภาคแสดงหรือกริยาหลัก

可心爸：今天啊！พ่อเข่อซิน:วันนี้เหรอ

<u>吃你姐最喜欢吃的</u>, <u>มีของที่พี่สาวลูกชอบกินมากที่สุด</u>

咱们换换口味。เรามาลองเปลี่ยนรสชาติดู

(วุ่นรักหมู่บ้านคนโสดตอนที่ **21**　只因单身在一起第21集)

ตัวอย่างข้างต้นโครงสร้างของวลีที่ว่า "<u>你姐 /最 /喜欢/ 吃 /的</u>" (พี่สาวลูก/มากที่สุด/ชอบ/กิน/ที่/(ของ)) ในภาษาจีนส่วนขยายจะอยู่หน้า"的" แล้วตามด้วยหน่วยคำหลัก แต่เมื่อ

แปลเป็นภาษาไทยต้องเรียงลำดับโครงสร้างใหม่เป็น "ของที่พี่สาวลูกชอบกินมากที่สุด" เพราะในภาษาไทยหน่วยคำหลักจะอยู่หน้า"的" ซึ่งแปลว่า "ที่" แล้วค่อยตามด้วยส่วนขยายหรืออนุประโยค

可心爸：可心啊！ พ่อเข่อชิน:เข่อชิน

柜子里有咖喱粉， มีผงกะหรี่อยู่ในตู้น่ะ

(วุ่นรักหมู่บ้านคนโสดตอนที่ 21 只因单身在一起第21集)

ตัวอย่างข้างต้นโครงสร้างของประโยคที่ว่า "柜子里有咖喱粉" (ตู้/ใน/มี/กะหรี่/ผง) ในภาษาจีนหน่วยคำบอกสถานที่จะอยู่หน้าหน่วยภาคแสดงหรือกริยาหลัก แต่เมื่อแปลเป็นภาษาไทยต้องเรียงลำดับโครงสร้างใหม่เป็น "มีผงกะหรี่อยู่ในตู้" เพราะในภาษาไทยหน่วยคำบอกสถานที่จะอยู่หลังหน่วยภาคแสดงหรือกริยาหลัก

木兰：我如果是儿子， ฮัวมู่หลาน:ถ้าข้าเป็นลูกชาย

就可以替你去上战场去打仗。 ก็จะไปรบ (ในสนามรบ) แทนท่านได้

你在家里平平安安。 ท่านจะได้อยู่บ้านอย่างปลอดภัย

染丝做活养身体。 ทำงานย้อมไหมและดูแลรักษาตัวเอง

我上战场奋勇杀敌。 ข้าก็จะไปฆ่าศัตรูในสนามรบอย่างห้าวหาญ

这不两全其美吗？ อย่างนี้ไม่ดีกว่าหรือ

(มู่หลาน จอมทัพหญิงกู้แผ่นดินตอนที่ 21 花木兰传奇第21集)

ตัวอย่างข้างต้นโครงสร้างของประโยคที่ว่า "我如果是儿子，就可以替你去上战场去打仗" (ข้า/ถ้า/เป็น/ลูกชาย/ก็จะ/แทนท่าน/ไปสนามรบ/ไปรบ) ในภาษาจีนคำเชื่อม "如果"สามารถวางไว้หน้าหรือหลังประธานของประโยคก็ได้ ส่วนกริยาวลี "替你" และหน่วยคำบอกสถานที่ "上战场" จะวางไว้หน้าหน่วยภาคแสดงหรือกริยาหลักตามลำดับ แต่เมื่อแปลเป็นภาษาไทยต้องเรียงลำดับโครงสร้างใหม่เป็น "ถ้าข้าเป็นลูกชายก็จะไปรบ (ในสนามรบ) แทนท่านได้" เพราะในภาษาไทยคำเชื่อม "如果" ซึ่งแปลว่า "ถ้า" จะวางไว้หน้าประโยคหรือเชื่อมตำแหน่งตรงกลางประโยคเท่านั้นส่วนหน่วยคำบอกสถานที่ "ในสนามรบ" และกริยาวลี "替你" ซึ่งแปลว่า "แทนท่าน" จะวางไว้หลังหน่วยภาคแสดงหรือกริยาหลักตามลำดับนั่น ในการแปลประโยคนี้ละหน่วยคำบอกสถานที่ไปเพื่อทำให้ข้อความสั้นกระชับมากขึ้น

ส่วนโครงสร้างของประโยคที่ว่า <u>我上战场奋勇杀敌</u> (ข้า/ในสนามรบ/ห้าวหาญ/ฆ่า
ศัตรู) ในภาษาจีนหน่วยคำบอกสถานที่ "上战场" จะอยู่หน้าหน่วยภาคแสดงหรือกริยาหลัก
ส่วนคำวิเศษณ์ "奋勇" จะวางไว้หน้าหน่วยภาคแสดงหรือกริยาหลัก แต่เมื่อแปลเป็นภาษา
ไทยต้องเรียงลำดับโครงสร้างใหม่เป็น "<u>ข้าก็จะไปฆ่าศัตรูในสนามรบอย่างห้าวหาญ</u>" เพราะ
ในภาษาไทยหน่วยคำบอกสถานที่ "上战场" ซึ่งแปลว่า "ในสนามรบ" จะอยู่หลังหน่วยภาค
แสดงหรือกริยาหลัก ส่วนคำวิเศษณ์ "奋勇" ซึ่งแปลว่า "อย่างห้าวหาญ" จะวางไว้หลังหน่วย
ภาคแสดงหรือกริยาหลัก

花弧：你别看现在爹没精神。ฮัวหู:ถึงตอนนี้พ่อจะดูไม่มีแรง
真要上了战场。แต่พ่ออยู่ในสนามรบจริงๆ
<u>爹比谁都勇敢都有劲。</u> <u>พ่อก็ทั้งกล้าหาญและมีกำลังกว่าใคร</u>

(มู่หลาน จอมทัพหญิงกู้แผ่นดินตอนที่ **21** 花木兰传奇第21集)

ตัวอย่างข้างต้นโครงสร้างของประโยคที่ว่า "<u>爹比谁都勇敢都有劲</u>" (พ่อ/กว่าใคร/
ทั้ง/กล้าหาญ/และ/มีกำลัง) ในภาษาจีนคำวิเศษณ์แสดงการเปรียบเทียบ "比谁" จะวางไว้หน้า
หน่วยภาคแสดงหรือกริยาหลัก แต่เมื่อแปลเป็นภาษาไทยต้องเรียงลำดับโครงสร้างใหม่เป็น

"<u>พ่อก็ทั้งกล้าหาญและมีกำลังกว่าใคร</u>" เพราะในภาษาไทยคำวิเศษณ์ "比谁" ซึ่งแปลว่า
"กว่าใคร" จะวางไว้หลังหน่วยภาคแสดงหรือกริยาหลัก

    1.3การแปลความหมายของคำ วลี หรือสำนวนโดยเฉพาะคำหรือวลีที่มีความหมายใกล้
เคียงกันหรือคล้ายคลึงกัน คำ วลีหรือสำนวนที่มีความหมายเชิงเปรียบเทียบ การแปลบางครั้งก็
ต้องอาศัยการตีความหมายจากบริบท ผู้แปลไม่สามารถแปลถอดความหมายของคำ วลี หรือ
สำนวนนั้นได้โดยตรง และอาจจำเป็นต้องเลือกใช้คำ วลี หรือสำนวนที่ใกล้เคียงหรือเป็นที่
เข้าใจในบริบทของสังคมไทยด้วย แต่ยังคงความหมายเดิมหรือใจความสำคัญของต้นฉบับไว้

林曼妮：你就一直带着那条项链。หลินมั่นหนี:คุณก็ใส่สร้อยเส้นนี้ไว้ตลอด
我知道它对你来说很重要。ฉันรู้ว่ามันสำคัญสำหรับคุณมาก
也是*你父母在这个世界上存在过的痕迹*。ทั้งยังถือเป็น*ตัวแทนของพ่อแม่คุณด้วย*

(วุ่นรักหมู่บ้านคนโสดตอนที่ **21** 只因单身在一起第21集)

ตัวอย่างข้างต้นวลีในภาษาจีนที่ว่า "你父母在这个世界上存在过的痕迹" คำหลัก

ในวลีนี้คือ "痕迹" ซึ่งแปลเป็นภาษาไทยได้หลายคำ เช่น รอย ร่องรอย สัญลักษณ์ เครื่องหมาย ตัวแทน เป็นต้น คำว่า "ตัวแทน" เป็นคำที่เหมาะสมกับบริบทนี้มากที่สุดดังนั้นเมื่อแปลเป็นภาษาไทยจะได้ว่า "(สร้อยเส้นนี้เป็น) *ตัวแทนของพ่อแม่คุณ*" ซึ่งอาศัยการสรุปความเพื่อให้ความกระชับและได้ใจความคงเดิม เนื่องจากความยาวของข้อความที่ปรากฏในแต่ฉากนั้นไม่ควรเกิน 12 คำ

林曼妮：但是我真的没想到。**หลินมั่นหนี:แต่ฉันคิดไม่ถึงจริงๆ**
你居然会这样误会我，**คุณจะเข้าใจฉันผิด**
以为我是为了抢可心的*功劳*。*ว่าฉันทำเพื่อต้องการแย่งความดีความชอบจากเข่อซิน*
才这样*弄虚作假*。*กลายเป็นเรื่องหลอกลวงไป*

(วุ่นรักหมู่บ้านคนโสดตอนที่ 21 只因单身在一起第21集)

ตัวอย่างข้างต้นคำและสำนวนในภาษาจีนที่ว่า "功劳" และ "弄虚作假" คำว่า "功劳" แปลเป็นภาษาไทยได้หลายคำ เช่น คุณงามความดี ความดีความชอบ เป็นต้น คำว่า "ความดีความชอบ" เป็นคำที่เหมาะสมกับบริบทนี้ เพราะเป็นการทำเพื่อคนที่ตนรักเท่านั้น เป็นเรื่องส่วนตัวไม่ใช่เรื่องส่วนรวมส่วนสำนวน "弄虚作假" แปลเป็นภาษาไทยได้หลายคำเช่นกัน เช่นหลอกลวง ตบตา คำว่า "หลอกลวง" เป็นคำที่เหมาะสมกับสถานการณ์ในเรื่องมากที่สุด เนื่องจากตัวละครได้ทำสร้อยปลอมเส้นใหม่ขึ้นมาเพื่อมอบให้ชายที่ตนรักแทนสร้อยเส้นเดิมที่หายไป แต่กลับถูกเข้าใจผิดว่าหลอกลวง

锦绣：那怎么行呢。**จิ่นซิ่ว:อย่างนั้นจะใช้ได้ที่ไหนล่ะ**
小兰，你放心，**เสี่ยวหลาน เธอสบายใจได้**
你锦绣姐姐呢*身强力壮*，**พี่จิ่นซิ่วของเธอคนนี้*แข็งแรง***
没那么*娇贵*的。*ไม่ได้บอบบางขนาดนั้น*

(ตำนานรักมาเฟียเซี่ยงไฮ้ตอนที่5 锦绣缘华丽冒险第5集)

ตัวอย่างข้างต้นสำนวนและคำในภาษาจีนที่ว่า "身强力壮" และ "娇贵" สำนวน "身强力壮" แปลเป็นภาษาไทยได้ว่า "(ร่างกาย) แข็งแรง" ส่วนคำว่า "娇贵" แปลเป็นภาษาไทยได้หลายคำ เช่น เอาอกเอาใจ ไม่มีแรง บอบบาง คำว่า "บอบบาง" เป็นคำที่เหมาะสมกับบริบทนี้เนื่องจากตัวละครเพิ่งเข้ามาทำงานเป็นแม่บ้านในโรงแรม เพื่อนร่วมงานรู้สึกกังวลใจ ตัวละคร

จึงต้องยืนยันว่าเธอแข็งแรงและทำงานหนักได้

锦绣：谁要做你的人啊！ จิ่นซิ่ว:ใครอยากเป็นคนของคุณ

看看你那些兄弟， ดูพี่น้องของคุณสิ

一个一个*凶神恶煞*的。 แต่ละคน*โหดเหี้ยม*

更何况我跟你在一起，就没好事。 ยิ่งถ้าอยู่ใกล้คุณแล้วก็ยิ่งไม่ดีใหญ่

我不想*陷入危险*。 ฉันไม่อยากตก*อยู่ในอันตราย*

我还是离你， ฉันควรจะอยู่ห่างๆ คุณไว้

远一点比较安全。 ยิ่งไกลเท่าไรก็ยิ่งปลอดภัยเท่านั้น

(ตำนานรักมาเฟียเซี่ยงไฮ้ตอนที่**5** 锦绣缘华丽冒险第5集)

ตัวอย่างข้างต้นสำนวนและวลีในภาษาจีนที่ว่า "凶神恶煞" และ "陷入危险" สำนวน
"凶神恶煞" แปลเป็นภาษาไทยได้หลายคำ เช่น โหดเหี้ยมโหดร้าย ดุร้าย ทารุณ เป็นต้น คำว่า
"โหดร้ายทารุณ" เป็นการใช้คำที่มีความหมายใกล้เคียงกันมาซ้อนกันเพื่อเน้นย้ำให้เห็น
ลักษณะความร้ายกาจของตัวละครมากขึ้น ส่วนวลี "陷入危险" แปลเป็นภาษาไทยได้ว่า
"ตกอยู่ในอันตราย" เป็นคำที่เหมาะสมกับสถานการณ์ในเรื่องมากที่สุด เนื่องจากตัวละครมาอาศัย
อยู่กับเจ้าพ่อหรือมาเฟียในเซี่ยงไฮ้ ทำให้เธอรู้สึกไม่ปลอดภัย

何南：那我们追求*理想*，追求幸福。 เหอหนาน:ถ้าเราทำตาม*ความฝัน* ตาม
หาความสุข

我们家人摆什么位置啊？ แล้วครอบครัวเราล่ะ จะทำยังไง

何东：这还真是我的困惑。 เหอตง:เรื่องนี้พี่ก็ยังคิดไม่ตก

何西：还好，我暂时没有这方面的困惑。 เหอซี:ยังดีที่ผมไม่เคยเจอเรื่องลำบากใจ
แบบนี้มาก่อน

何北：老二，你别吹。 เหอเป่ย:พี่สอง, อย่าเพิ่งพูดไป

相信我，你早晚会有。 เชื่อผมเถอะ ไม่ช้าก็เร็วพี่จะได้รู้

何西：*闭上你那乌鸦嘴！* เหอซี:*หุบปากหมาๆ ของแกไปเลย*

(ลิขิตรัก ลิขิตใจตอนที่**9** 北京青年第9集)

ตัวอย่างข้างต้นปรากฏคำและวลีในภาษาจีนที่ว่า "理想" และ "闭上你那乌鸦嘴"

คำว่า "理想" แปลเป็นภาษาไทยได้หลายคำ เช่น อุดมคติ อุดมการณ์ ความฝันความหวัง เป็นต้น คำว่า "ความฝัน" เป็นคำที่เหมาะสมกับบริบทนี้และถือเป็นแนวคิดหลักของละครเรื่องนี้ที่ ตัวละครแต่ละตัวเลือกที่จะทำตามความฝันของตนเองส่วนวลี "闭上你那乌鸦嘴" ปรากฏการ ใช้คำเปรียบเทียบว่าปากไม่ดีเหมือนอีกา ซึ่งในภาษาไทยจะเปรียบกับหมา ดังนั้นวลีนี้จึงมีการ เปลี่ยนคำเปรียบเทียบเพื่อให้คนไทยเข้าใจได้ชัดเจนเป็น "หุบปากหมาๆ ของแก" โดยความ หมายที่สื่อออกมาก็ไม่ได้แตกต่างกันแต่อย่างใด

何东妈：你是不知道啊？ แม่เหอตง:หนูไม่รู้หรือ

这几个坏小子。*เจ้าพวกตัวแสบ*

我就是*磨破了嘴皮*。ป้าพูดจนปากจะฉีกแล้ว

他们也不肯告诉我。พวกเขาก็ไม่ยอมบอกป้า

何东现在到底在哪儿？ว่าตอนนี้เหอตงอยู่ที่ไหนกันแน่

我算是看透了。ป้ามองออก

这几个坏小子。เจ้าพวกนี้

甭管长多大都一个样。ไม่ว่าจะโตขนาดไหนแล้วก็เหมือนกัน

都是*臭味相投，互相包庇*。ใครจะทำอะไรก็เห็นดีเห็นงาม ช่วยกันปกป้อง

何东不在家这些日子。เหอตงไม่อยู่บ้านหลายวันนี้

我吃不下饭，睡不着觉。ป้ากินไม่ได้ นอนไม่หลับ

我*夜夜盼，日日想*啊。คิดถึงและเฝ้าคอยอยู่ทุกวันทุกคืน

(ลิขิตรัก ลิขิตใจตอนที่9 北京青年第9集)

ตัวอย่างข้างต้นปรากฏคำ วลีและสำนวนในภาษาจีน ได้แก่ "这几个坏小子" "磨破了 嘴皮" "臭味相投，互相包庇" และ"我夜夜盼，日日想" คำว่า "这几个坏小子" แปล เป็นภาษาไทยได้หลายคำ เช่น พวกเด็กไม่ดี พวกเด็กเกเร เจ้าพวกตัวแสบ เป็นต้น คำว่า "เจ้าพวกตัวแสบ" เป็นคำที่เหมาะสมกับพฤติกรรมของตัวละคร 4 พี่น้องตระกูลเหอและคนที่พูด ในฐานะเป็นแม่และป้าที่เลี้ยงและเห็นตัวละครทั้งสี่นี้ตั้งแต่เล็กจนโตเป็นหนุ่มวลี "磨破了嘴 皮" แปลเป็นภาษาไทยได้ว่า "พูดจนปากจะฉีก" ความหมายของวลีนี้ทั้งภาษาจีนและภาษา ไทยใกล้เคียงกันแม้ว่าจะใช้คำต่างกันก็ตาม สำนวน "臭味相投，互相包庇" แปลเป็นภาษา ไทยได้ว่า "ใครจะทำอะไรเห็นดีเห็นงามช่วยกันปกป้อง" สำนวนนี้เป็นการแปลความหมาย

โดยการอธิบาย ขยายความจากสำนวนจีนส่วนวลี "夜夜盼，日日想" แปลเป็นไทยได้ว่า "คิดถึงและเฝ้าคอยอยู่ทุกวันทุกคืน" โดยใช้สำนวนภาษาที่มีใช้ในภาษาไทยแล้วรวมความให้กระชับแต่ได้ใจความคงเดิม

> 花弧：别*胡思乱想*了。ฮัวหู:อย่าคิดฟุ้งซ่าน
>
> 现在国家有*难*。ตอนนี้บ้านเมืองกำลังมี*ภัย*
>
> 爹作为魏国*子民*。พ่อเป็น*คน*ของแคว้นเว่ย
>
> 就算年龄大了。ถึงแม้ว่าพ่อจะอายุมากแล้ว
>
> 身子骨比以前弱了，ร่างกายอาจจะอ่อนแอกว่าเมื่อก่อน
>
> 但是也不能*临阵退缩*。แต่พ่อก็ไม่สามารถ*หดหัวอยู่ในกระดอง*ได้

(มู่หลาน จอมทัพหญิงกู้แผ่นดินตอนที่ 21 花木兰传奇第21集)

ตัวอย่างข้างต้นปรากฏสำนวนและคำในภาษาจีน ได้แก่ "胡思乱想" "难" "子民" และ "临阵退缩" สำนวน "胡思乱想" แปลเป็นภาษาไทยได้หลายคำ เช่น คิดเหลวไหล คิดบ้าๆ บอๆ คิดฟุ้งซ่าน เป็นต้น คำว่า "คิดฟุ้งซ่าน" เป็นคำที่เหมาะสมกับบริบทนี้ เพราะตัวละครที่เป็นลูกสาวห่วงและกังวลใจเรื่องที่พ่อต้องไปเป็นทหารออกรบ ทั้งๆ ที่พ่อของเธออายุมากแล้วและสุขภาพไม่ค่อยดี ส่วนคำว่า "难" ก็แปลเป็นภาษาไทยได้หลายคำ เช่น ยาก ลำบาก เดือดร้อน ภัย เป็นต้น คำว่า "ภัย" เป็นคำที่มีความหมายครอบคลุมและเหมาะสมกับสถานการณ์ในเรื่องที่กำลังเกิดศึกสงครามระหว่างแคว้นเว่ยกับโหรวหร่านคำว่า "子民" แปลเป็นภาษาไทยได้หลายคำ เช่น พลเมือง ราษฎร ประชากร คน เป็นต้น คำว่า "คน" เป็นคำกลางๆ ที่เหมาะกับภาษาในยุคสมัยอดีตนั้น หากเลือกใช้คำอื่นๆ จะกลายเป็นภาษาสมัยใหม่ที่ไม่เข้ากับแนวเรื่องอิงประวัติศาสตร์ส่วนสำนวน "临阵退缩" แปลเป็นภาษาไทยได้ว่า "หดหัวอยู่ในกระดอง" ความหมายของสำนวนนี้ทั้งในภาษาจีนและภาษาไทยใช้เปรียบเทียบคนที่ขี้ขลาด ไม่กล้าออกมาเผชิญหน้ากับความเป็นจริงเหมือนกัน

2. ความเหมาะสมของบทแปล

2.1บทแปลต้องมีความเหมาะสมกับประเภทหรือแนวเรื่องเช่นละครกำลังภายในละครอิงประวัติศาสตร์ละครรัก เป็นต้น การแปลซับไตเติ้ลจึงต้องคำนึงถึงลักษณะภาษาที่เปลี่ยนแปลงตามยุคสมัยด้วย โดยเฉพาะละครกำลังภายในหรือละครอิงประวัติศาสตร์ดังนั้น

ในการแปลภาษาจีนเป็นภาษาไทยจึงต้องปรับภาษาให้เหมาะสมกับประเภทหรือแนวเรื่อง
และยุคสมัยเพื่อให้ผู้ชมเข้าถึงเหตุการณ์หรือเรื่องราวที่เกิดขึ้นในสมัยต่างๆ ได้มากขึ้น

木兰：爹爹，爹你怎么了？ ฮวามู่หลาน:*ท่านพ่อ, ท่านเป็นอะไรหรือเปล่า*

让我₁看看。 *ให้ข้าดูหน่อย*

爹，你₁这手怎么又严重了。 *ท่านพ่อ, มือท่านทำไมหนักขนาดนี้*

你说你₁手这样。 *มือของท่านเป็นแบบนี้*

你₁连缰绳都拉不稳。 *ท่านยังดึงสายบังเหียนให้มั่นไม่ไหวเลย*

你₁怎么上战场？ *แล้วท่านจะไปรบในสนามรบได้ยังไง*

花弧：你₂说不让我₂上战场。 *ฮัวหู:เจ้าไม่ให้พ่อไปรบ*

你₂是想让爹当逃兵啊。 *เจ้าคิดจะให้พ่อหนีทหารหรือยังไง*

木兰：都怪我₁不好。 *ฮวามู่หลาน:ต้องโทษข้าที่ไม่ดี*

花弧：这哪怪得了你₂呢。 *ฮัวหู:ทำไมต้องโทษเจ้าด้วยล่ะ*

(*มู่หลาน จอมทัพหญิงกู้แผ่นดินตอนที่ 21* 花木兰传奇第21集)

ตัวอย่างข้างต้นเป็นบทสนทนาในละครชุดเรื่อง "มู่หลาน จอมทัพหญิงกู้แผ่นดิน" ซึ่ง
เป็นละครอิงประวัติศาสตร์สมัยที่มีศึกสงครามระหว่างแคว้นเปยเว่ยกับโหรวหร่าน ดังนั้นใน
การแปลภาษาจีนโดยเฉพาะคำสรรพนามจึงเลือกใช้คำที่สอดคล้องกับยุคสมัยด้วย ดังจะเห็น
ได้ว่าในภาษาจีนคำว่า "爹", "我₁", "你₁", "你₂", และ "我₂" เมื่อแปลเป็นภาษาไทยเลือกใช้คำว่า
"ท่านพ่อ", "ข้า", "ท่าน", "เจ้า" และ "พ่อ" ตามลำดับ จึงเหมาะสมกับแนวเรื่องและความ
สัมพันธ์ของตัวละครระหว่างพ่อกับลูก ลูกใช้คำสรรพนามว่า "ท่าน" นำหน้าคำเรียกญาติว่า
"พ่อ" และใช้คำสรรพนามว่า "ท่าน" เรียกพ่อ เพื่อแสดงความเคารพยกย่องใช้คำสรรพนาม
แทนตัวเองว่า "ข้า" ส่วนพ่อก็ใช้คำสรรพนามเรียกลูกว่า "เจ้า" ซึ่งเป็นคำที่ผู้ใหญ่มักใช้เรียก
เด็กสมัยก่อนและใช้คำเรียกญาติแทนตัวเองว่า "พ่อ" จากการเลือกใช้คำดังกล่าวไม่ว่าจะเป็น
"ท่านพ่อ, ข้า หรือเจ้า" ก็ทำให้สอดคล้องกับแนวเรื่องอิงประวัติศาสตร์และเหมาะสมกับ
ยุคสมัยเป็นอย่างดี

2.2 บทแปลต้องเลือกใช้ระดับภาษาที่มีความเหมาะสมในภาษาจีนและภาษาไทยมีระดับ
ภาษาทั้งที่เป็นทางการและไม่เป็นทางการคล้ายคลึงกันแต่เลือกใช้ถ้อยคำแตกต่างกัน โดย
ปัจจัยที่มีผลต่อการเลือกใช้ระดับภาษา ได้แก่ เพศวัยสถานภาพความสัมพันธ์ระหว่าง

คู่สนทนาและโอกาสหรือสถานการณ์ในเรื่อง ดังนั้นในการแปลจึงต้องคำนึงถึงปัจจัยดังกล่าว
ด้วย เพื่อให้ภาษาซับไตเติ้ลที่แปลออกมานั้นมีความเหมาะสมและสอดคล้องกับตัวละครและ
เหตุการณ์ในเรื่องมากที่สุด

可心：爸，我帮你。 เข่อซิน:*พ่อหนูช่วยค่ะ*

可心爸：好的。 **พ่อเข่อซิน:ดีเลย**

可心妹：老爸，我们吃什么？ น้องสาวเข่อซิน:*พ่อคะมีอะไรกินมั่ง*

可心爸：今天啊！ **พ่อเข่อซิน:วันนี้เหรอ**

吃*你姐*最喜欢吃的， มีของที่*พี่สาวลูก*ชอบกินมากที่สุด

咱们换换口味。 เรามาลองเปลี่ยนรสชาติดู

(วุ่นรักหมู่บ้านคนโสดตอนที่ 21 只因单身在一起第21集)

ตัวอย่างข้างต้นจะแสดงถึงความสัมพันธ์ระหว่างคู่สนทนาว่าเป็นพ่อกับลูก คำว่า "爸"
หรือ "老爸" ในภาษาจีนแปลว่า "พ่อ" ในภาษาไทยเหมือนกัน แต่คำว่า "我" และ "你姐"
ในภาษาจีน เมื่อแปลเป็นภาษาไทยต้องแปลว่า "หนู" และ "พี่สาวลูก" จึงเหมาะสมกับความ
สัมพันธ์ของตัวละครที่เป็นพ่อลูกกัน พ่อจะเรียกลูกว่า "ลูก" และลูกสาวก็ใช้คำสรรพนามแทน
ตัวเองว่า "หนู" ทั้งยังมีคำลงท้ายที่ผู้หญิงใช้เพื่อแสดงความสุภาพในภาษาไทยด้วย ได้แก่ คำว่า
"ค่ะ" และ "คะ" ซึ่งในภาษาจีนจะไม่ปรากฏลักษณะทางไวยากรณ์แบบนี้

可心爸：咖喱饭。 **พ่อเข่อซิน:ข้าวแกงกะหรี่**

可心妹：咖喱，我₁最喜欢吃咖喱了。 น้องสาวเข่อซิน:แกงกะหรี่เหรอ ของชอบ
*ของหนู*เลย

可心爸：可心啊！ **พ่อเข่อซิน:เข่อซิน**

柜子里有咖喱粉， มีผงกะหรี่อยู่ในตู้น่ะ

*你帮我*₂拿出来。 *ลูกช่วยไปหยิบให้พ่อ*ที

可心：好。 เข่อซิน:*ค่ะ*

(วุ่นรักหมู่บ้านคนโสดตอนที่ 21 只因单身在一起第21集)

ตัวอย่างข้างต้นบทสนทนาในภาษาจีนจะปรากฏคำว่า "我₁", "你" และ"我₂" แต่เมื่อ
แปลเป็นภาษาไทยต้องแปลว่า "หนู₁", "ลูก" และ "พ่อ₂" ตามลำดับ จึงเหมาะสมกับความ
สัมพันธ์ของตัวละครที่เป็นพ่อลูกกัน ลูกสาวใช้คำสรรพนามแทนตัวเองว่า "หนู" พ่อจะเรียก

ลูกว่า "ลูก" และแทนตัวเองว่า "พ่อ" ทั้งยังมีการใช้คำลงท้ายของผู้หญิงว่า "ค่ะ" แทนการตอบ
รับด้วย ซึ่งในภาษาจีนจะใช้คำว่า "好"โดยไม่สามารถแยกเพศได้

> 小兰：锦绣*姐姐*。เสี่ยวหลาน:พี่จิ่นซิ่ว
>
> 锦绣：小兰早。จิ่นซิ่ว:อรุณสวัสดิ์จ้าเสี่ยวหลาน
>
> 小兰：昨天英少说今天*你*会跟我们一起干活。เสี่ยวหลาน:เมื่อวานนี้ที่อิงเส้า
> พูดว่าพี่จะมาทำงานกับพวกเรา
>
> *我*还以为*他*是开玩笑的呢。*หนู*ยังคิดว่า*เขา*ล้อเล่นเลย
>
> 没想到*你*真的来了。คิดไม่ถึงว่าพี่จะมาจริงๆ
>
> (ตำนานรักมาเฟียเชี่ยงไฮ้ตอนที่**5**　锦绣缘华丽冒险第5集)

ตัวอย่างข้างต้นบทสนทนาในภาษาจีนจะปรากฏคำว่า "姐姐", "你", "我" และ "他"
แต่เมื่อแปลเป็นภาษาไทยต้องแปลว่า "พี่", "พี่", "หนู" และ "เขา" ตามลำดับ จึงเหมาะสมกับความ
สัมพันธ์ของตัวละครที่เป็นเพื่อนกันแต่มีอายุต่างกัน คนที่อายุน้อยกว่าสามารถเรียกคนที่อายุ
มากกว่าว่า "พี่" ได้ ผู้หญิงที่ชื่อ เสี่ยวหลาน ใช้คำว่า "พี่" เรียกคู่สนทนาที่อายุมากกว่า และใช้
คำสรรพนามแทนตัวเองว่า "หนู" ซึ่งแสดงถึงความนับถือแบบพี่น้องและให้ความเคารพ ทั้งยัง
มีการใช้ คำสรรพนามแทนคนที่กล่าวถึงที่เป็นผู้ชายว่า "เขา"

> 英少：*我₁*跟你说你是左震的救命恩人。อิงเส้า:ผมบอกคุณแล้วว่าคุณคือผู้มีพระ
> คุณของจั่วเจิ้น
>
> 现在全上海滩的人都知道了。ตอนนี้คนเชี่ยงไฮ้ก็รู้กันทั่วแล้ว
>
> 你怎么可以做这种事情呢。คุณจะมาทำงานแบบนี้ได้ยังไง
>
> 锦绣：英少，你对*我₂*太好了。จิ่นซิ่ว:อิงเส้า, คุณดีกับฉันเหลือเกิน
>
> 其实*我₂*就是想靠自己的能力。จริงๆ แล้วฉันเพียงอยากจะพึ่งตัวเองให้ได้ใช้ความ
> สามารถ
>
> 在上海做点事、赚点钱，踏踏实实的。ทำงานหาเงินในเชี่ยงไฮ้เท่านั้น
>
> (ตำนานรักมาเฟียเชี่ยงไฮ้ตอนที่**5**　锦绣缘华丽冒险第5集)

ตัวอย่างข้างต้นบทสนทนาในภาษาจีนจะปรากฏคำว่า "我₁", "你" และ"我₂" แต่เมื่อ
แปลเป็นภาษาไทยต้องแปลว่า "ผม" "คุณ" และ "ฉัน" ตามลำดับ จึงเหมาะสมกับความ

สัมพันธ์ของตัวละครที่เป็นเพื่อนที่เพิ่งรู้จักกันไม่นานผู้ชายใช้คำสรรพนามแทนตัวเองว่า "ผม" และเรียกเพื่อนผู้หญิงว่า "คุณ" ซึ่งถือเป็นคำสุภาพ ส่วนผู้หญิงก็แทนตัวเองว่า "ฉัน"

权筝: 阿姨，你₁怎么来这儿了? ฉวนเจิง:คุณป้ามาที่นี่ได้ยังไงคะ

何东妈: 权筝，我₁总算找到你₂了。แม่เหอตง:ฉวนเจิง,ในที่สุดป้าก็หาหนูเจอ

权筝: 您找我₂有事啊。ฉวนเจิง:คุณป้ามาหาหนูมีเรื่องอะไรคะ

何东妈: 有事，有事。แม่เหอตง:มี, มี

权筝说: 那去我办公室坐吧。ฉวนเจิง:งั้นไปนั่งที่ห้องทำงานหนูเถอะ

(ลิขิตรัก ลิขิตใจตอนที่9 北京青年第9集)

ตัวอย่างข้างต้นบทสนทนาในภาษาจีนจะปรากฏคำว่า "阿姨, 你₁", "我₁", "你₂", "您" และ"我₂" แต่เมื่อแปลเป็นภาษาไทยต้องแปลว่า "คุณป้า", "ป้า", "หนู", "คุณป้า" และ "หนู" ตามลำดับ จึงเหมาะสมกับความสัมพันธ์ของตัวละครที่รู้จักกันในฐานะแม่ของเพื่อนกับเพื่อน ของลูก เพื่อนของลูกสามารถเรียกแม่ของเพื่อนว่า "คุณป้า" ได้ โดยใช้คำว่า "คุณ" นำหน้าคำ เรียกญาติว่า "ป้า" เพื่อแสดงความนับถือและความเคารพ ส่วนแม่ของเพื่อนก็สามารถใช้คำว่า "ป้า" แทนตัวเองได้เช่นกันเพื่อแสดงความสนิทสนมและใช้คำสรรพนามเรียกเพื่อนของลูกว่า "หนู" เพื่อนของลูกก็ใช้คำสรรพนามแทนตัวเองว่า "หนู" ซึ่งเป็นคำสรรพนามที่เหมาะสมเมื่อ เด็กพูดกับผู้ใหญ่

柱子: 花爹，你₁什么时候走。จู่จื่อ:ลุงฮัว, ลุงไปเมื่อไหร่

花弧: 初六。你₂呢? ฮัวหู:วันที่ 6, แล้วเจ้าล่ะ

柱子: 后天。จู่จื่อ:มะรืนนี้

花弧: 那你₂和铁匠是同一批走。ฮัวหู:งั้นเจ้ากับช่างตีเหล็กก็ไปกองเดียวกัน 我比你们晚走几天。ลุงไปหลังพวกเจ้าหลายวัน

(มู่หลาน จอมทัพหญิงกู้แผ่นดินตอนที่ 21 花木兰传奇第21集)

ตัวอย่างข้างต้นบทสนทนาในภาษาจีนจะปรากฏคำว่า "爹,你₁", "你₂", "我" และ "你们" แต่เมื่อแปลเป็นภาษาไทยต้องแปลว่า "ลุง", "เจ้า", "ลุง" และ "พวกเจ้า" ตามลำดับ จึงเหมาะสมกับความสัมพันธ์ของตัวละครที่รู้จักกันในฐานะพ่อของเพื่อนกับเพื่อนของลูก เพื่อน

ของลูกสามารถเรียกพ่อของเพื่อนว่า "ลุง" ได้เพื่อแสดงความนับถือเหมือนญาติส่วนพ่อของ
เพื่อนใช้คำสรรพนามเรียกเพื่อนของลูกว่า "เจ้า" ซึ่งเป็นคำที่ผู้ใหญ่มักใช้เรียกเด็กสมัยก่อน
ทั้งยังสอดคล้องกับแนวเรื่องอิงประวัติศาสตร์ด้วย พ่อของเพื่อนก็ใช้คำเรียกญาติแทนตัวเองว่า
"ลุง" เพื่อแสดงความสนิทสนม ตลอดจนใช้คำสรรพนามพหูพจน์เรียกเพื่อนของลูกทั้งสองคน
ว่า "พวกเจ้า"

จากการศึกษาข้างต้นจะเห็นได้ว่า การแปลซับไตเติ้ลละครชุดหรือซีรีส์จีนต้องคำนึงถึง
ความถูกต้องและความเหมาะสมของบทแปล ประการแรก มีความถูกต้องในด้านรูปภาษาที่
เขียนการเรียงลำดับโครงสร้างของวลีหรือประโยค และการแปลความหมายของคำวลีหรือ
สำนวนประการที่สอง มีความเหมาะสมกับประเภทหรือแนวเรื่องรวมทั้งเลือกใช้ระดับภาษาให้
เหมาะสมและสอดคล้องกับความสัมพันธ์ระหว่างตัวละครกับเหตุการณ์ในเรื่อง เพื่อให้ผู้ชม
ละครชุดหรือซีรีส์เข้าใจเนื้อหา เรื่องราว และแนวคิดสำคัญของเรื่องได้อย่างชัดเจนทั้งยัง
สามารถเกิดอารมณ์ความรู้สึกร่วมกับตัวละครและเหตุการณ์ที่เกิดขึ้นในเรื่องได้อย่างต่อเนื่อง
บทแปลที่ถูกต้องและเหมาะสมนั้นจะทำให้ผู้ชมได้รับอรรถรสในการชมเหมือนกับการชม
ภาษาจีนต้นฉบับอย่างแท้จริง

เอกสารอ้างอิง:

[1] "ซีรีส์จีน Legend of Mulan มู่หลาน...จอมทัพหญิงกู้แผ่นดิน พากย์ไทย Ep.1-57".<http //:
www.kseries.co>,2016-01-12.

[2] "ตำนานรักมาเฟียเซี่ยงไฮ้ (锦绣缘华丽冒险) ตอนที่ 5".<http//:www. series -onlines.
com>,2016.

[3] ฐปนี สำเนียงล้ำ. "คุณสมบัติของนักแปล".<http//:www.pasa24.com >,2016.

[4] "มู่หลาน จอมทัพหญิงกู้แผ่นดิน (花木兰传奇)ตอนที่ 21".<http//:www. series -onlines.
com>,2016.

[5] "ลิขิตรัก ลิขิตใจ(北京青年)ตอนที่ 9".<http//:www.series-onlines.com>,2016.

[6] "วุ่นรักหมู่บ้านคนโสด(只因单身在一起) ตอนที่ 21".<http//:nightsiam-series.blogspot.
in>,2016.

[7] ศศินุช สวัสดิโกศล. "เทคนิคการแปล (Translation Technique)".<http//:www .thai

languagecenter.com >,2017.

[8] nuchun"Subtitle-พื้นฐานการแปลซับไตเติล".<http//:www.nuchun.com>,2010-06-03.

[9] "北京青年的剧情".<http//:wapbaike.baidu.com>,2014.

[10] "锦绣缘华丽冒险的剧情".<http//:wapbaike.baidu.com>,2014.

[11] "只因单身在一起的剧情".<http//:wapbaike.baidu.com>,2014.

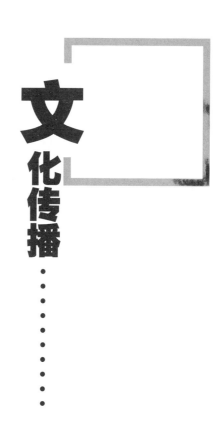

文化传播

红包在马来西亚的演变

■ 天津外国语大学　陆诗晴

【摘　要】红包是最能代表中国传统文化的物件之一，马来西亚的华人一直在海外传承着红包文化。在马来西亚华族的影响下，红包在马来族中演变出了"青包"，在印度族中演变出了"紫包"。红包在马来西亚的演变体现了马来西亚这一个多元民族、多元文化、多元宗教国家各民族文化融合的过程。

【关键词】红包；青包；紫包；民族文化；融合

一、马来西亚的"红包"

红包起源于中国明清时期，是最能体现中华民族传统习俗之一的物品，红包又称礼金封、利是封、红喜袋。送红包和收红包是中国人长久以来保持的传统习俗，直至今日红包依旧出现在节庆日中，甚至随着信息技术的发展，微信红包频繁出现在了我们的日常生活中。在异乡海外也有很多华人一直保持着这一文化传统，不单单在春节，在婚礼等喜庆日中都有派发红包的习惯。在马来西亚和印度尼西亚都把华人的红包称作"Angpau"，而在马来西亚非华人群体中却也存在着另一种类似于红包的变形，被称为"Duit Raya"，译为"青包"。马来西亚是一个伊斯兰教的国家，而伊斯兰教本身是没有"青包"的，与马来西亚相近，语言相似的印度尼西亚也没有"青包"。马来西亚是一个多元民族的国家，马来族、华族、印度族是马来西亚的三大民族。华族的红包文化融入其他民族文化中是不可能一蹴而就的。"文化的融合，总体说来，是异质文化之间相互接触、彼此交流、不断创新和融会贯通的过程。"[1]红包在马来西亚的演变也经历了一段相当长的时间。

二、"红包"文化的融合

在马来西亚这个多元民族、多元文化、多元宗教的国家，每个民族都有各自庆祝节日的风俗习惯和表达情感的方式，华人在庆祝新年的时候与中国庆祝新年的方式基本一样，长辈会给小辈发红包，通俗称为"发压岁钱"，此举是用来表达长辈对小辈的祝愿和对来年的期许。马来人庆祝最隆重的节日是开斋节，开斋节的时候除了传承以往庆祝开斋节的传统习俗以外，马来人也会发"红包"。不同的是华人发的红包封皮是红色的，马来人发的红包封皮是绿色、青色等，故将其称为"青包"。而马来西亚的印度族在屠妖节的时候也会互相发"红包"，不同的是印度人的"红包"封皮以紫色为主，所以将其称为"紫包"。

三个民族所选用的红包封皮颜色的不同是源于文化背景的不同，红色之于华族，青色之于马来族，紫色之于印度族都是有一定的文化象征。红色是中华民族最喜欢的颜色，代表着喜庆、热闹与祥和，是中华民族的吉祥色，至今在中国红色都是婚庆喜宴必选的颜色，海外华人在吉祥色的选择上也一直保持着这一传统。而马来人的吉祥色则是土耳其绿，马来人信仰伊斯兰教，因而"马来人认为绿色具有宗教意味"[2]。除此之外，绿色对于马来人来说代表着生命和活力。马来西亚是当今世界森林覆盖率极高的国家之一，马来人喜欢绿色，并把绿色作为吉祥色。马来西亚的印度族则喜欢比较鲜艳的颜色如紫色等。

---

[1]　陈平：《多元文化的冲突与融合》，载《东北师大学报（哲学社会科学版）》，2004年第1期。

[2]　齐凤山：《29个国家对色彩和图案的好恶》，载《国际医药卫生导报》，1997年第3期。

　　除此之外，封皮上的图案花纹也突出了各个民族的特色，华人红包的图案与中国传统红包图案基本一样，主要有"恭贺新禧"、"花开富贵"、"龙凤呈祥"等代表吉祥的文字和图案。而马来人的"青包"则在华人红包的基础上融入了马来文化，"青包"封皮上的图案有清真寺、古兰经文、民族风情等图案，还有一种不得不提的青包，其封皮图案是一种叫"Ketupat"的方形糯米粽，这种粽子是用嫩的椰树叶把米包扎成方形，其形状类似中国端午的粽子，是"青包"封皮图案中最常见的图案之一。青包上的祝福词则是"Selamat Hari Raya"，具有节日快乐的意思，或"Selamat Aidilfitri"，而"Aidilfitri"这个词本身就是"回归本性"的意思。而印度族"紫包"的图案大部分为神佛、孔雀、神灯及舞蹈等，祝福词为"Happy Deepavali"，同样也是祝福节日快乐的意思。但相对来说红包和青包相对较多，而紫包相对较少。

　　红包文化融入其他民族文化也经历了一段相当长的时间，特别是初期也曾出现过一些不支持的声音。一些马来人认为用这种方式来庆祝节日会让人们忘了节日的根本，而只在乎收到的青包多少。除此之外，一部分人认为如果发青包一旦流行起来一定程度上给收入不高的人群带来困扰，对于收入不高的人群来说选择发青包无形中增加了他们的经济压力，不发的话又有损礼尚往来的礼貌。马来人派发"青包"最多的节日是开斋节，开斋节当天穆斯林们会起得很早，然后必须沐浴洗净身体，穿上新衣，喷上香水，出门去清真寺进行开斋节前夕的赞词、听经、祷告等。结束祷告仪式后，穆斯林会去拜访亲朋好友，在拜访亲友的时候马来人一定要做一件事叫作"Maaf-maafan"，彼此互相道歉，通过这样的方式表达这一年来对对方的歉疚以解开彼此的心结求得对方的谅解。很多非穆斯林认为，开斋节是穆斯林的新年，然而对于穆斯林而言，开斋节的意义是在于庆祝战胜欲望，这种传统的庆祝形式体现了马来人随和自省的特点。很多人开始反思青包的出现会不会让节庆日多了"金钱味"而少了"人情味"。这样的新形式对传统观念势必造成冲击，特别是很多父母担心自己的孩子在拜访亲友的时候会因为对方没有给或少给压岁钱，而对长辈不够尊敬。

一首著名的马来班顿这样写道"Hutang emas boleh dibayar, hutang budi dibawa mati"，译为"金钱债可还，人情债不可还"，能够瞥见马来人对于金钱和真心的看法，马来人信仰伊斯兰教是不鼓励浪费的，比如一些马来人就认为华人在春节期间放鞭炮庆祝节日就是一种浪费行为，那么他们就会思考红包这样的本来在本族文化里没有的文化现在要融入进来，并且人与人之间一定意义上产生了直接的金钱交换，这种方式到底算不算一种浪费行为呢？"由文化交流和传播引发的文化冲突和对抗是一种普遍现象"①，用发青包这种方式来表达心意被马来人所认可也经历了一段时间，随着时间的推移以及文化融合的深入，越来越多的人开始接受这样的祝福方式并且开始用这种方法表达对彼此的祝福。当然，随着时间的推移、科技的进步、社会生产力的发展，马来人的生活和收入水平不断地提高，经济压力也随之减小，以往的经济压力顾虑也得到了缓解，认可和接纳红包文化相对来说阻力就比较小。初期其他民族也只是效仿华人在节庆日给彼此一点零钱以表达心意，当时并没有所谓的"青包"，直至90年代末，把零钱放入青色的封皮中才开始出现了青包的说法。现在在节庆日的时候，根据不同的收入水平给"红包"、"青包"、"紫包"的额度也不同，一般给自己的兄弟姐妹大概是10马币（约20元人民币），给父母50至100马币不等（约100至200人民币），给亲戚和邻居小孩约2马币以上（约4元人民币），但具体给多少金额得看给予者的经济条件和彼此关系的深浅，撇开金钱不谈这种彼此给予的行为和文化也被其他民族慢慢认可和接受。

三、"红包"的创新及意义

华人对于传统红包文化的传承和坚持可以体现在对红包封皮颜色选

---

① 陈平：《多元文化的冲突与融合》，载《东北师大学报（哲学社会科学版）》，2004年第1期。

择的固守上。华人一般会选择较为传统的颜色，如红色、橙色、粉红色系等作为红包封皮颜色。相对而言，马来人对青包的颜色选择则更为多样，马来人的青包并没有一定要以青色为主，所以才产生出花花绿绿的设计，相较之下比华人的红包封皮，更为多元化。马来西亚市面上售卖的青包不仅仅令许多马来人趋之若鹜，也吸引了不少华人顾客来购买，而华人购买的目的之一是用来收藏。红包在马来西亚变得更加多样化，并且有了马来族、印度族的文化色彩。在马来西亚的市场上常常会见到各种各样的"红包"、"青包"或"紫包"，在不同民族节日市面上售卖的种类也不同，这是在中国市场上看不到的，中国传统红包在马来西亚实现了创新。

青包现在作为马来西亚穆斯林的一种新型问候形式存在于马来西亚，然而与马来西亚相近的华人较多的印度尼西亚却没有青包，而马来西亚印度族间流行的紫包在印度也没有。"青包"和"紫包"源于华人的"红包"却又不同于红包，使用的民族不同，封皮颜色图案不同，表达的情感却相同。

马来西亚是一个多元民族、多元文化、多元宗教的国家。"从20世纪初，华人、印度人大量涌入马来亚，到1957年马来亚取得独立，这半个世纪的民族关系史从对立到融合，充满了曲折和艰辛。"[①]马来西亚独立之初，政府把马来人和当地土著民族统一划分为土著，把华族、印度族和外来欧亚族裔划为非土著。基于人口比例的考量，马来西亚政府实行了马来人优先的政策，即所谓的马来人特权。在政治、经济、文化等方面都给了马来人一定特权，这样一定程度上影响了马来人和非马来人之间的关系。一段时间内各个民族之间交往并不多，也并没有出现所谓民族和谐的局面，各民族间都是彼此容忍，彼此间都是基于现实的互让。马来西亚前首相马哈蒂尔曾在《马来人的贫困》一书中写道："在马来西亚，我们有三个主要的种族，他们之间没有丝毫的共同点。他们

---

① 苏莹莹：《〈融合〉——马来亚五十载民族关系之画卷》，载《外国文学》，2010年第3期。

在外形、语言、文化和宗教方面，都是格格不入的。……大部分马来西亚人民之间缺乏交流，其中甚至有许多人从未成为邻居。他们生活在各自的世界里。"[①]马来西亚的民族关系曾一度处于这样并非和谐却也能共存的状况中。随着社会的发展，政府也开始为了民族融合做出了相应举措，2009年4月2日现任马来西亚首相纳吉布就提出了"Satu Malaysia"（一个大马）的政治理念，"一个大马"理念民族团结就是一项重要的内容，随着"一个大马"下计划的实施马来西亚人民的生活水平得到了提高，各民族间的关系也得到了一定的改善。除了政府的引导，民间各民族间的文化交流也越来越多，交往也越来越频繁。其中华族的红包开始在马来西亚发生演变，在马来族中出现了"青包"，在印度族中出现了"紫包"，这都是各民族交往的结果。各民族间开始正视彼此生存在马来西亚这一片土地上的事实，开始了解彼此的文化，甚至开始接纳彼此间文化的差异并把这种不同用欣赏的眼光去解读，而不是一味地去排斥，这都是马来西亚民族关系变得和谐的体现。

四、结语

马来西亚是一个多元民族的国家，民族团结是马来西亚一直以来努力实现的社会局面。除了有国家政策的引导，各民族文化之间的交往和交流也为马来西亚各民族团结做出了重要的贡献。在世界各国都存在着华人群体，因着各个国家的情况不同各个华人群体所传承的中国传统文化程度都不尽相同。在马来西亚不仅华人传承了红包这一传统文化，马来西亚的马来人和印度人都接纳认可了红包文化，并将"红包"演变出了带有马来文化色彩的"青包"、印度文化色彩的"紫包"，这无疑不是马来西亚三大民族文化融合、民族关系和谐的体现。同时，也正靠着政府政策的引导和比如红包等这一些看似细微的民间文化交流才一步步促

---

① 马哈蒂尔·穆罕默德：《马来人的困境》，吉隆坡：皇冠出版公司，1981年版，第96—97页。

进马来西亚各民族的团结和社会的进步。

参考文献：

[1] 包昌善. 红包的文化因由 [J]. 档案春秋，2013（1）：33—35.

[2] 陈平. 多元文化的冲突与融合 [J]. 东北师大学报（哲学社会科学版），2004（1）：35—40.

[3] 马哈蒂尔·穆罕默德. 马来人的困境 [M]. 吉隆坡：皇冠出版公司，1981：96—97.

[4] 齐凤山. 29个国家对色彩和图案的好恶 [J]. 国际医药卫生导报，1997（3）：34.

[5] 苏莹莹. 马来亚五十载民族关系之画卷苏莹莹 [J]. 外国文学，2010（5）：96—154.

斯瓦希里语在中坦合作中的作用

坦桑尼亚特奥菲洛吉桑齐大学达累斯萨拉姆中心
天津市第十二批"千人计划"专家
■ Prof.Hermas J. M. Mwansoko
■ 天津外国语大学骆元媛、吴震环编译

一、斯瓦希里语的起源

斯瓦希里语起源于东非沿海地区，特别是在肯尼亚北部的海滨，即拉穆岛和塔纳河入海口之间的地区。很多语言学家、历史学家以及考古学家都认为斯瓦希里语最早可追溯至公元一世纪上半叶（Massamba，2002：55）。之后斯瓦希里语逐渐发展并传播到东非沿海各地区，南端到蒙巴萨、温古贾和基尔瓦，北部到索马里的摩加迪沙。

尽管斯瓦希里语中有很多词汇是来源于阿拉伯语，但是斯瓦希里语仍属于一种班图语言。从语言学角度，可以证明斯瓦希里语属于班图语。例如，斯瓦希里语与其他班图语言在发音规则上的相似性；词根的相似性；动词变化规则的相似性；名词单复数变化的相似性；句子结构的相似性，即主语＋动词＋宾语；以及定语位置的相似性，即名词在前，形容词或其他修饰词在后。

此外，历史学、考古学和人种学的证据也证明斯瓦希里语是班图语。

二、斯瓦希里语的地位

斯瓦希里语是东非国家语言文化的重要载体，由于受到政府的高度重视，并被列入相关国家的发展规划中，斯瓦希里语得到了很大的发展。目前，斯瓦希里语是坦桑尼亚、肯尼亚的国语。

斯瓦希里语是东非地区的通用语，也是东非共同体以及其立法议会（EALA）的工作语言之一。此外，斯瓦希里语是非洲联盟（AU）及非盟议会的官方语言之一。根据2015年非盟通过的有关非洲未来发展的长远规划，即《2063年议程》，斯瓦希里语将成为全体非洲人民语言文化的代表。此外，联合国教科文组织（UNESCO）也允许非洲代表在其会议中使用斯瓦希里语。一些坦桑尼亚政府官员已经在教科文组织总部汇报时使用过斯瓦希里语。

此外，一些专门机构或者组织（语言分析机构–LPAs）陆续成立，以繁荣和发展斯瓦希里语。坦桑尼亚的机构有国家斯语协会（BAKITA）、桑给巴尔斯语协会（BAKIZA）、达累斯萨拉姆大学的斯语研究中心（TATAKI），以及桑给巴尔国立大学的斯语和外国语学会（SIKILUKI）。在肯尼亚的机构有国家斯语学会（CHAKITA），会员主要为国内各个大学从事斯瓦希里语教学和研究的学者。在东非共同体的其他成员国国内也有发展斯瓦希里语的学术机构，包括各种斯瓦希里语团体和论坛。在东非共同体层面上，斯瓦希里语的发展由东非斯语委员会指导，该组织总部设在坦桑尼亚桑给巴尔。

由于上述学术组织和机构对斯瓦希里语的重视，该语言在文学和语法上都得以进一步发展。斯瓦希里语文学作品丰富，体裁多样，包括古体诗、新诗、话剧、短篇小说、长篇小说等；同时，斯瓦希里语语法相关研究也成果丰硕，比如音位学、形态学、语义学、句法学等等。

三、斯瓦希里语的使用范围

东非共同体共有六个成员国，即坦桑尼亚、肯尼亚、乌干达、布隆迪、卢旺达和南苏丹。斯瓦希里语的使用人口大约为1.6亿。据估计，能够讲斯瓦希里语或者能够听懂这一语言的人在坦桑尼亚是100%，肯尼亚是80%，乌干达是50%，卢旺达和布隆迪是50%以上，南苏丹是接近20%（Muchunguzi，2016：9）。东非共同体的很多成员国在其基础教育和高等教育阶段开设不同层次的斯瓦希里语课程。因此，东非地区的斯瓦希里语使用人口正在快速增长。

在非洲大陆，斯瓦希里语在东非共同体以外的国家有不同程度的使用，如刚果（金）、赞比亚、科摩罗、南非、纳米比亚、马拉维、津巴布韦、索马里和马达加斯等。在很多非洲国家的大学开设了斯瓦希里语课程，如加纳、利比亚、津巴布韦、纳米比亚、阿尔及利亚和南苏丹等。

在非洲大陆外，斯瓦希里语在新闻媒体中被广泛使用。在亚洲的中国、日本、韩国和印度，欧洲的德国、意大利、荷兰、瑞典、法国和奥地利，以及美国、加拿大、墨西哥、牙买加和澳大利亚都有开设斯瓦希里语专业的大学。此外，斯瓦希里语在阿拉伯地区也有使用，比如迪拜、也门和阿拉伯联合酋长国（UAE）等。毋庸置疑，斯瓦希里语已是国际化的语言。

斯瓦希里语是非洲大陆使用人口位居第二的语言，仅次于阿拉伯语；在全世界6000余种通用语言中排名第十。据估计，全世界斯瓦希里语使用人口约有2亿。

四、斯瓦希里语在中坦合作中的作用

中国和坦桑尼亚在政治、文化和经济上的正式合作关系开始于1960年初，由当时两国的领导人即中国的毛泽东主席和坦桑尼亚的朱

利叶斯·尼雷尔总统共同创建。而这个合作关系不断得到深化和发展，日久弥坚。

在经济方面，中坦在2014年的贸易额达到37亿美元（Daily News，2014：11）。2015年，中国在坦桑尼亚的投资额达到40亿美元（中国日报，2015：20）。目前，在坦桑尼亚投资的中国公司大约有500家以上。很多中国人在坦桑尼亚工作定居。在坦桑尼亚各个城市的商店里，近四分之三的商品来自中国。

同时，很多坦桑尼亚人经常到中国出差以处理商贸事务。根据中国驻坦桑尼亚使馆的统计，仅2011年，就有大约1万人次的坦桑尼亚人请求办理去往中国的签证（中国驻坦桑尼亚大使馆，2011：4）。

在教育领域，目前，已有数以万计的坦桑尼亚人在中国的各个大学接受了高等教育。而坦桑尼亚的大学也接受了数百人次的中国留学生。

在政治上，两国之间关系友好。政府官员及执政党（中国共产党和坦桑尼亚革命党）领导人频繁互访。例如，坦桑尼亚的国父朱利叶斯·尼雷尔（1922—1999）总统，在其执政期间曾五次访问中国。2014年，坦桑尼亚第四任总统贾卡亚·姆里绍·基奎特对中国成功进行为期五天的国事访问。访问过坦桑尼亚的中国高层领导人也很多，其中就包括在2006年6月访坦的温家宝总理。

在文化领域，来自中国的各种文化团体都曾先后访问坦桑尼亚，并向坦桑尼亚人民展示中国文化的博大精深，例如，传统舞蹈、音乐、歌曲、杂技和魔术等等。此外，中国春节的庆典已经成为达累斯萨拉姆市的年度盛事。2015年，达累斯萨拉姆市中国文化中心揭牌，尤其是中文课开班，进一步加深了坦桑尼亚人对于中国文化的认识。与此同时，坦桑尼亚的传统舞蹈团也经常去中国表演，传播坦桑尼亚特色文化。例如，坦桑尼亚国民服务队文工团就曾于2012年5月在北京和天津成功举办演出。

上述事实表明，中坦两国人民之间交流频繁。为了确保双方在政治、文化和经济上开展更深入的合作，语言是不可或缺的工具。尽管彼此可以借助翻译来进行交流，但是面对面地直接用中文或斯瓦希里语进行交流无疑更加亲切、更加准确。语言是社会文化的重要载体之一，学习斯瓦希里语有助于中国人了解坦桑尼亚文化；同样，学习中文也可以使坦桑尼亚人丰富对中国文化的认知。因此，当两个国家的人民交流时，使用彼此的母语，可以更有效地表达和传递语言承载的文化。

所以，对于中国人来说，学习斯语是非常重要的。中国政府为加强与坦桑尼亚政府的关系与合作，高度重视斯瓦希里语的教学和使用。天津外国语大学等高校开设了斯瓦希里语专业，很多中文文学作品被翻译成斯瓦希里语出版，以及中国国际广播电台斯瓦希里语频道的广播都是中国政府重视这一语言的有力证明。在中坦贸易交往中，那些精通斯瓦希里语的中国人在处理事务时往往更加灵活、有效。此外，由于斯瓦希里语在东非共同体成员国内是通用语言，所以斯瓦希里语的知识技能可以让中国人在该地区甚至非洲大陆其他地区更加便捷地开展工作。

这正是斯瓦希里语在深化中坦关系，并在"一带一路"倡议背景下密切合作中的重要地位和作用。

五、加强中坦文化领域合作的必要性

根据坦桑尼亚教育部1999年出台的文化政策（文化部，1999：1）："文化是社会群体的行为、关于事物的看法，同时也是他们区别于其它社会群体的独特的生活秩序。文化是民族国家的主要标识，同时也是反映人民热情和活力的重要载体。"正如中国文化部部长孙家正先生曾经指出的："文化关系一个民族素质，渗透在社会生活的各个方面，它的教育、启迪、审美等功能，更多的是发生在潜移默化之中。文化如水，滋润万物，悄然无声。"

文化确实能够在人与人的心灵之间搭建桥梁，让人们建立兄弟情谊。如果你了解一个国家的文化，即风俗、历史、信仰、环境等内容，那么你将非常容易与这个国家的人建立友谊。

中国和坦桑尼亚之间已经签署了文化合作协议。协议推动了坦桑尼亚文化团体和中国文化团体的经常性交流，每年都有到对方国家演出的机会，增进对彼此文化的了解。此外，一年一度在达累斯萨拉姆市举办的中国春节庆典也使坦桑尼亚人民有机会了解和感受中国文化。再有，斯瓦希里语版的中国电视剧在坦桑尼亚国家电视台（TBC）播出，也有助于中国文化在坦桑尼亚的传播，如《媳妇的美好时代》等电视剧深受坦桑尼亚观众的喜爱。

语言是沟通交流的桥梁。中坦携手共进，用中文和斯瓦希里语两种语言，巩固传统友谊，双边的合作必将进一步得到深化和发展。

参考文献：

［1］China Daily, August 5, 2015.

［2］Daily News, November 11, 2014.

［3］Massamba, D. P.B. *Historia ya Kiswahili (50 BK–1500 BK)*. Nairobi: The Jomo Kenyatta Foundation, 2002.

［4］Muchunguzi. T.　Fursa hii ya Kiswahili tuichangamkie.*Nipashe Jumapili,* Septemba14, 2016.

［5］Chinese Embassy in Tanzania.*Press Release*, April 13, 2011.

［6］Wizara ya Elimu na Utamaduni.*Sera ya Utamaduni*, 1999.

哈塔米的文明对话思想及其现实意义

■ 天津外国语大学　刘　倩

【摘　要】赛义德·穆罕默德·哈塔米（下文简称哈塔米），伊朗政治家、学者，1997—2005年间担任伊朗伊斯兰共和国总统。文明对话思想是哈塔米的主要执政思想之一，也是伊朗国内在经历霍梅尼时代和哈梅内伊—拉夫桑贾尼时代后对政治变革的一种诉求的表现。就世界范围来讲，当今世界各种不稳定因素依然存在，国家与国家之间，文明与文明之间甚至人和自然之间的冲突矛盾明显，文明对话的交往方式便是在此基础上提供了一种解决这些问题的可能。就伊朗国内而言，2013年新上任的伊朗总统——伊朗"温和派"总统哈桑·鲁哈尼以及其带领的新一届伊朗政府内阁，在伊朗对外政策上已经体现出和哈塔米时期的相似性，文明对话所倡导的一些思想在鲁哈尼政府也重新被提出和强调。哈塔米的文明对话思想是用全球性视野，针对伊朗国内形势和全球发展状况而提出的，因此对于哈塔米的文明对话思想的探讨和研究对当前伊朗社会和当今世界仍然具有重要的现实意义。

【关键词】伊朗；哈塔米；文明对话

一、绪论

1999年5月，"伊斯兰关于不同文明之间的对话"研讨会在伊朗首都德黑兰召开，研讨会围绕"文明间的对话"进行，并通过了《德黑兰不同文明之间的对话宣言》，之后在伊朗总统哈塔米的倡导下，联合国将2001年定为"文明间的对话年"。文明对话是哈塔米执政期间代表性政治思想，曾在伊朗国内和国际社会引起广泛关注和讨论。但是由于伊朗国内外的各种原因，哈塔米的文明对话思想并没有在伊朗贯彻实施，实质上最后是无疾而终。本文将首先就哈塔米生平和哈塔米的文明对话思想做简要介绍，然后从当今世界和当前伊朗国内对文明对话的现实意义做简要阐述。通过参考哈塔米和鲁哈尼在国际会议上的讲话等波斯语资料，简述文明对话内容，分析当前鲁哈尼外交政策上和哈塔米时期的相似性，文明对话思想在近期伊朗外交政策上的体现，来说明文明对话对当前伊朗社会的现实意义。

二、哈塔米生平简介和文明对话提出的背景

（一）哈塔米生平简介

赛义德·穆罕默德·哈塔米，伊朗政治家和学者，改革派人士，1997—2005年间担任伊朗伊斯兰共和国总统。哈塔米1943年出生于伊朗中部亚兹德省阿尔达坎，父亲鲁哈安拉·哈塔米是亚兹德神学院的负责人。哈塔米1969年本科毕业于伊朗伊斯法罕大学西方哲学专业，随后在伊朗德黑兰大学攻读教育学硕士，1971年前往伊朗库姆学习神学和宗教学。

1980年，伊朗举行第一届议会选举，哈塔米被选为议员，并且成为伊朗议会外事委员会成员；1982年11月—1993年8月哈塔米任伊朗文化和伊斯兰指导部部长；1993年起，先后任伊朗总统文化事务顾问、伊朗国家图书馆馆长等职；1997年5月参加伊朗总统选举以69%的高选票率当选，2001年连任，2005年8月去职。

哈塔米在宗教家庭长大，求学期间对西方哲学、神学、宗教学方面有过系统全面的理解，因此他在政治、宗教方面有自己的一套思想理论体系，这为他在政治领域的活动打下了坚实的基础。在两届任期当中，

哈塔米提出了很多引起伊朗国内和国际社会政治界、学术界关注和讨论的内政外策，其中最具代表性的是"文明对话思想"。

（二）哈塔米文明对话提出的背景

1993年，美国哈佛大学教授塞缪尔·亨廷顿在美国《外交》杂志上发表题为《文明的冲突》的论文，提出"文明冲突论"。塞缪尔·亨廷顿认为苏联解体后，西方将与非西方（主要是伊斯兰文明和儒教文明）之间产生冲突，这种冲突是文明之间的冲突，而由于文明的冲突带来的军事冲突不但不会减弱，还可能更加激烈。文明冲突论关于中西方与伊斯兰长期以来的军事冲突不可能减弱，甚至可能会更加激烈等观点"都已经反映在美国的外交政策和实践当中，从克林顿时期的美国国家安全战略把安全、经济、民主列为对外战略的三大支柱，并提出在海外推行民主是美国对外政策的三大目标之一"，"不难看出文明冲突论对美国全球战略所具有的指导意义。"[①]

哈塔米正是在这种情况下，针对塞缪尔·亨廷顿的文明冲突论提出了文明对话这一思想。1998年哈塔米在联合国发表演说，倡导文明间的对话，联合国因此将新世纪新千年的第一年2001年定为"文明对话年"。哈塔米的文明对话思想主要倡导的是世界各个文明之间通过对话、倾听、沟通的方式建立一种和平、公正、稳定、进步的社会发展方式。

三、文明对话的含义及其主要内容

（一）哈塔米对文明对话的定义

哈塔米对于"文明"和"对话"是这样定义的："文明指的是人类的思想、情感和行为奋斗的结果，它是人类根据时代的变化，解决时代需求的一种特别的生活方式。时代在变迁，人类的需求也随之变化，人

[①] 朱威烈：《文明对话与大中东改革》，载《文明对话——跨文化的思索》，宁夏人民出版社，2011年，第66页。

类产生了新的需求，由于过去的文明已经不适合新时代人们的生活需求，就建立了新的文明。"① "对话（我想它的哲学观点的含义很清楚）有本意和转意之分。我们谈到世界对话时，自然两种含义都可以考虑，即召开讨论会和就各种问题交换意见，这是对话的真意之一。而文化、艺术、科学、文学的全部努力则是在修辞上转译的对话的真意。"② 哈塔米还表示要理解文明对话就必须理解"文化"、"文明"和"人类"等词语的含义，文明对话强调人类存在的集体性，强调文化、文明的普遍性、无国界性和广泛性，"任何大的文化和文明都不是孤立的、封闭的和与其他事物分离的。换句话说，只有各部分文化文明存在，它们才能继续生存，才有进行交流和对话的可能。"哈塔米还表示文明的对话同政治谈判是有区别的，在历史过程中曾有无数的战争和谈判，而哈塔米所说的对话"并不意味着使用外交辞令去争取政治和经济利益，并不意味着继续战争"。文明对话是"为理解他人而不是战胜他人而进行的真诚的关怀和努力"。③

（二）文明对话的主要内容

文明的对话强调对话交流，反对专制、强权、暴力。哈塔米认为任何的文化和文明都不是孤立封闭的，只有各种不同的文明、文化存在，不同的文明、文化之间才能够进行对话和交流，才能使社会更加公正、更加美好、更加人道主义。文明对话是以友好为基础，就世界各种问题包括战争、压迫、剥削、恐怖以及各种文化、宗教、文明之间的和平，甚至是人与自然的和谐相处等方方面面进行合作和互助。必须承认对话的意义和重要性，阻止使用暴力，增进文化、经济和外交的往来和理

---

① 白志所:《哈塔米的文明对话思想》，载《回族研究》，2005年第3期。
② 《哈塔米思想及伊中关系回顾》，伊朗伊斯兰共和国驻中国文化处，2000年6月。
③ 《哈塔米思想及伊中关系回顾》，伊朗伊斯兰共和国驻中国文化处，2000年6月。

解，加强自由、正义和人权的基础。

四、文明对话的现实意义

（一）文明对话对当今世界的影响

当今世界，恐怖主义活动、民族矛盾与领土纠纷、霸权主义与强权政治、新的一轮军备竞赛等影响人类世界和平安全的因素仍然存在。文明与文明之间可以通过对话、交流、合作的方式实现共同发展和进步，哈塔米的文明对话思想对当今世界也有重要的现实意义。

1. 哈塔米谈文明对话影响

1999 年，哈塔米在联合国教科文组织演讲中表示，近些年来，由于科学技术的发展和军事武器的研发制造，战争、流血、压迫、剥削依然存在，甚至在一定程度上伤害性变得更大，要改变这些，只有根本改变政治思想根基，改变国际关系的现有格局，换以用文明对话的新方式来解决。因此，正确合理地理解文明间的对话，有助于解决当今世界各种问题，人类现在和以前一样需要正义、和平、自由和安全。文明对话的实现需要和平作为前提，和平实现之后，对话又可以使和平持久。

2. 文明对话的全球意识带来的广泛性影响

哈塔米的文明对话是具有全球意识的思想，而所谓的全球意识即是指"在承认国际社会存在共同利益、人类文化现象具有共同性的基础上，超越社会制度和意识形态的分歧，克服民族、国家和集团利益的限制，以全球视野去考察、认识社会和历史现象的思维方式"①。哈塔米的文明对话表现在其关注的不仅仅是伊朗和中东地区，他关注的是全世界全人类的共同利益和公共道德。文明对话思想倡导全世界和平共处；

---

① 蔡拓：《全球问题与当代国际关系》，天津人民出版社，2002 年，第439 页。

共同面对恐怖主义、极端主义、环境污染等全世界人民所面临的共同问题。当人们抛却国家、宗教、种族等不同时，其实在本质文化属性上有很多的共同点和共通点，以相同的文化为基础，在不同的文明间进行对话交流与合作，这样人类才能更好地向前发展。

（二）文明对话对当前伊朗社会的影响

文明对话思想对当前伊朗社会有很重要的现实意义。文明对话包含很多层面的含义，文明对话首先是政治层面的，具有深刻的政治意义。哈塔米针对塞缪尔·亨廷顿的文化冲突论提出文明间的对话，其首要目的是给伊朗同欧美国家缓和外交关系奠定一个良好的理论基础，同时创造一个有利于行政命令执行的国内环境。

1. 鲁哈尼政府和哈塔米政府的一脉相承

伊朗第十一届政府的总统哈桑·鲁哈尼和哈塔米的执政思想一脉相承。哈塔米和鲁哈尼都将自己划为独立于国内两大派别（改革派和保守派）之外的"中间派"、"温和派"。2013年伊朗大选期间，哈塔米对鲁哈尼给予了非常大的支持和帮助，说服一位改革派竞选人士放弃选举，并号召改革派支持鲁哈尼，为鲁哈尼赢得了不少的投票支持。鲁哈尼当选新一届伊朗总统后，致公开信对哈塔米表示感谢。[①]鲁哈尼政府执政后，在联合国大会和达沃斯经济论坛上的发言都可以看到这届政府的主张和哈塔米政府的相似性。西方媒体和伊朗媒体都有关于"鲁哈尼和哈塔米的相同处"、"鲁哈尼和哈塔米第一次在联合国大会上发言的相同关键词"等主题进行了相关报道。虽然哈塔米公开表示：鲁哈尼就是鲁哈尼，不是谁的延续，但是从目前鲁哈尼政府已经采取的外交政策上可以明显看出和哈塔米政府的相似之处。

---

① http://isna.ir/fa/news/92032112170/-خاتمی-رأی-خود-را-به-حسن-روحانی-
خواهم-داد

2. 文明对话对当前伊朗政府外交政策的影响

鲁哈尼执政后，在外交政策方面非常活跃，兑现了他在竞选时期提出的"重振经济、与世界互动"的口号。任命曾担任过伊朗常驻联合国代表的扎里夫①为伊朗外长，负责同"5+1"集团进行核谈。鲁哈尼积极推动伊朗核谈，希望通过会谈的方式解决伊朗核问题。在2015年1月4号伊朗首届经济会议上，鲁哈尼更是提出了"伊朗伊斯兰共和国宪法允许把经济、社会、政治和文化领域的重大事项交由公投，而非伊斯兰议会决定"，充分展示了他顶着国内压力，迫切期望通过同国际社会对话的方式改善伊朗的国际地位的愿望。鲁哈尼执政后在各个场合的演讲和讲话中反复强调，新一届政府的特点是："中间"、"温和"、"公正"、"审慎"和"明智"。2015年4月2日在各方的努力之下，核谈终于达成框架性协议。财政部国际财金合作司7日发布消息称："经现有意向创始成员国同意，伊朗正式成为亚洲基础设施投资银行意向创始成员国。"②

鲁哈尼政府的这些外交政策，可以说和鲁哈尼的文明对话相呼应：以友好对话沟通的方式与其他国家进行交流合作。

3. 对哈塔米文明对话的反思借鉴

哈塔米的文明对话思想在伊朗国内没能彻底实施，因此这一事实对当前鲁哈尼政府而言也具有历史借鉴意义。哈塔米文明对话作为一个新提出的理论，仍然存在很多问题。比如怎么处理民族主义和全球主义的关系，如何处理伊斯兰文明与西方文明的冲突等。文明对话因为强调同外界的交流沟通，而伊朗处于一个社会转型时期，伊斯兰革命才过去30多年，哈梅内伊更是极力宣扬"西方的物质文明……把所有的人都

---

① http://fa.wikipedia.org/wiki/محمدجواد_ظریف

② http://www.mof.gov.cn/index.htm

引向了唯利是图的道路"[①]，排斥西方文明。作为温和改革派的哈塔米在伊朗国内受到强硬保守派的反对排挤以及最高领袖的绝对领导权、法吉赫的体制，使得哈塔米在国内将自己的政治理论付诸实践变得举步维艰。

鲁哈尼政府应该吸取哈塔米文明对话和温和外交失败的教训，寻找温和外交在伊朗国内包括最高领袖和广大民众在内的支持和理解，同时向国际社会展示温和外交政策的积极和灵活。只有这样才能更好地平衡国内强硬保守派，最高领袖和西方国家等各方的力量，以寻求美伊紧张关系的缓解，使伊朗核问题谈判取得阶段性进展，加强伊朗和国际上的合作，从而解决伊朗国内接近崩溃的经济问题和民生问题。

五、结论

哈塔米的文明对话思想是其主要执政思想，也是伊朗国内在经历霍梅尼时代和哈梅内伊—拉夫桑贾尼时代后对政治变革的一种诉求，总体而言是用全球性视野，针对伊朗国内形势和全球发展状况而提出的。虽然在国内实施过程中由于受到国内政治结构和自身理论不成熟等多方面因素的影响而没有彻底实施，但是文明对话思想仍然具有重要的现实意义：文明对话所倡导的一些全球性理念，对于当前世界上的一些问题也仍然适用，对于一些全球性问题的解决方案的制定也同样具有借鉴意义，比如：环境污染、恐怖主义、战争等；对于伊朗国内而言，哈塔米的文明对话作为施政经验，对当前鲁哈尼政府制定行政政策，平衡国内外各力量等都有反思借鉴作用；文明对话思想对于其他国家预测伊朗政治倾向性也同样具有参考价值。

---

① ［美］埃尔顿·丹尼尔著、李铁匠译：《伊朗史》，东方出版中心，2010年，第248页。

参考文献:

[1][美]塞缪尔·亨廷顿著、周琪等译:《文明的冲突与世界秩序的重建》,新华出版社,2010年。

[2]《哈塔米思想及伊中关系回顾》,伊朗伊斯兰共和国驻中国文化处,2000年6月。

[3]蒋真:《从伊朗内外政策看"哈塔米主义"》,载《西亚非洲》,2005年第3期。

[4]白志所:《哈塔米的文明对话思想》,载《回族研究》,2005年第3期。

[5]蔡拓:《全球问题与当代国际关系》,天津人民出版社,2002年。

[6]杨怀中:《文明对话——跨文化的思索》,宁夏人民出版社,2011年。

[7][美]埃尔顿·丹尼尔著、李铁匠译:《伊朗史》,东方出版中心,2010年。

[8]《گفتگوی تمدن ها》سعید محمد خاتمی سازمان چاپ و انتشارات وزارت فرهنگ و ارشاد اسلامی

[9] http://fa.wikipedia.org/wiki/سید_محمد_خاتمی

[10] http://fa.wikipedia.org/wiki/محمدجواد_ظریف

[11] http://www.mof.gov.cn/index.htm

[12] http://isna.ir/fa/news/92032112170/-خاتمی-رأی-خود-را-به-حسن-روحانی-خواهم-داد

文学研究
· · · · · · · · · ·

《卡里来和迪木乃》的成书及其影响

■ 天津外国语大学　郑玉喆

【摘　要】阿拉伯文学是世界文学的重要组成部分，在阿拉伯帝国最强大的时期——阿拔斯王朝时期，涌现了诸多优秀的文学作品，《卡里来和迪木乃》（以下简称《卡》）当属其中的经典之一。这部阿拉伯寓言集是由作者伊本·穆格法从印度寓言译作而成，书中既充满了印度人民瑰丽的幻想和丰富的智慧，又融入了独特的阿拉伯伊斯兰风格。由于《卡》在文学和艺术方面的不朽价值，得以在今天仍被世界各地读者所喜爱。本文通过梳理《卡》的成书过程及其影响，期待引起更多读者对《卡》的重视和研究。

【关键词】《卡里来和笛木乃》；伊本·穆格法；成书；影响

　　《卡里来和笛木乃》（以下简称《卡》）是阿拉伯著名寓言故事集，书中借动物之口阐述伦理道德，教诲世人。它既是一部深刻的伦理典籍，又是一部优美的文学散文，是阿拉伯伊斯兰文化的珍贵遗产。其文学价值及在世界的影响堪与《一千零一夜》并驾齐驱。

一、作者简介

　　《卡》作者伊本·穆格法，波斯籍，自幼悉心学习波斯文化，信奉祆教。后来到巴士拉生活，深受阿拉伯文化的影响，青年时期便具有渊博的学识和很高的文学修养。曾为阿拉伯王公贵族担任文书和家庭教师，后皈依伊斯兰教。在担任伊萨·本·阿里的文书时，因得罪哈里发曼苏尔而被杀，终年35岁。伊本·穆格法在倭马亚王朝度过了其大半人生，在阿拔斯王朝度过了其生命的最后10年。作为释奴，他目睹了阿拉伯人的残暴、无知、贪婪，虽然迫于生活加入了伊斯兰教，在表面上与阿拉伯人站在一起，但实际上对阿拉伯人充满了厌恶与仇恨。

伊本·穆格法品德高尚、慷慨、自律、乐于助人，其学识修养更是当时社会的佼佼者，他是阿拉伯文学史上最重要的人物之一。他博览群书、精通多门外语，除波斯文化和阿拉伯文化外，他还对印度文化和希腊文化有一定的了解，是当时集诗歌、散文、翻译、演讲等学问于一体的学术全才。同时，他还具有强烈的民族自豪感，想通过传播波斯文化来改良社会、复兴自己的民族遗产。虽然壮年被杀，但他仍然给我们留下许多标榜历史的伟大作品。其从巴列维语译出的作品有：诸王传记《胡达叶那迈》，成为后来菲尔道西《列王记》的重要参考资料；传记《桂冠》、《罕世珍宝》；亚里士多德的《十范畴书》、《修辞学》、《分析篇》。在文学方面，著有《大礼集》、《小礼集》、《近臣书》和《卡》（郅溥浩：《解读天方文学》，宁夏人民出版社，2007年，第236页）。

二、成书过程

对于伊本·穆格法所著的《卡》，历史学家们对其成书过程看法不一。一种声音宣称是伊本·穆格法自己编写此书，为了躲避统治者的责备和政治责任而谎称是从外国作品中翻译而成；另一种也是大多数声音则宣称，《卡》是由伊本·穆格法翻译而成。如今，经历了对此书的科学研究，肯定了后一种说法的可信度。

此书来源于印度，书中出现了许多印度名字，也出现一些与印度理性、道德和语言风格相似的故事。经学者们考究，《卡》中的很多故事散见于印度古书中，数量最多的当属印度古籍《五卷书》，其次是《故事海》、《摩诃婆罗多》、《益世嘉言》等。此外还有一些印度民间故事也被收录到《卡》中，如《卡》中的"伊拉士、毕拉兹和王后篇"、"王子和旅伴篇"等。由此可见，此书的巴列维语译者是以印度古籍为母本，以印度民间寓言故事为题材，在翻译过程中从若干古印度书籍中收集故事，经过翻译加工最终汇集成《卡》一书。随着阿拔斯王朝的建立，阿拉伯人借助波斯人的力量维护统治，波斯人在政治和文化上占据一席之地。伊本·穆格法是杰出的波斯籍翻译家、文学家，在目睹了阿拉伯人的残酷腐朽的统治后，或出于对现世的不满，或出于强烈的民族自豪感，他把《卡》从巴列维语译成阿拉伯语，并通过自己的删改译写，希望借此书实现对社会的改良、宣扬波斯文化和劝谏君王的目的。

有人认为《卡》的阿语版本并不止一个，根据哈基·哈里发在其《释疑》中曾说："后来在伊斯兰时期，阿拔斯王朝艾布·佐法尔·曼苏尔的文书阿卜杜勒·本·穆格法将《卡》从波斯文译成阿拉伯文。后来在麦赫迪哈里发时期，阿瓦士人阿卜杜拉·本·希拉勒又为巴尔马克人叶海亚·本·哈立德从波斯文译成阿拉伯文，那是在伊斯兰教历一六五年（即公元781年）。"（汉纳·法胡里著、郅溥浩译：《阿拉伯文学史》，宁夏人民出版社，2008年，第208页）。此外，还有部分学者将《卡》译成诗歌，如阿比努·拉赫基、塞赫勒·本·努巴赫特、伊本·哈巴里叶等，但是这些改写从总体上失去了原文散文的语言风格。

早在《卡》被译成阿拉伯语之前，曾出现过一个古叙利亚文的译本，时间大约在公元570年。相对于阿拉伯语译本，古叙利亚文译本的书名和"狮子与公牛篇"中的两只胡狼的名字更接近巴列维语，也更接近梵文原文。这是由于伊本·穆格法将梵文和巴列维语的结尾音节去掉了，使之更符合阿拉伯语的习惯。这一古叙利亚文的译本在很长一段时间内都不被人所知，直到1876年，东方学家发现这个文本并将其出版。与阿拉伯语的《卡》对比，发现古叙利亚文译本大概少了十章，即使是在相同的故事中，在具体的情节上也有所差异。

公元750年，伊本·穆格法将《卡》从巴列维语译成阿拉伯语，成为历史上最重要的《卡》译本。古老的印度寓言故事借助阿文的《卡》传播到世界各个角落，成为后来各语种翻译的母本，也成为继《圣经》后译本最多的世界文学作品。

三、传播

《卡》本用梵文写成，据传作者是印度哲学家白德巴。白德巴首先撰写了第一篇，其后的作者们都是按照原文模式继续撰写。东方学者们曾试图寻找该书的梵文原书，结果没有找到。但是他们在不同的印度古书中找到了本书的一些零散章节。因此，专家认为这些篇章并非如人们所说在一本书里。《卡》的梵文原本问世后，曾被翻译成不同的译本。

该书的第一个译本是藏文译本，后被译成巴列维文译本。公元六世纪，波斯国王艾努·施尔旺登命令医生白尔泽维出使印度获得此书。于是，白尔泽维来到印度运用谋略得到此书，并将之译成巴列维文带回波斯。后译成的古叙利亚文和阿拉伯文两种版本都是从巴列维文文本译出的。

大主教阿卜杜·耶述阿·本·拜里哈在他的书中提到一个名为"布德"的人时说："是他把《卡》一书译成古叙利亚文的，他校订了这部书，将之称为《盖里来与戴木奈基》。"后来学者们发现了一部古叙利亚文首译本，发现该书中仅有十篇（李唯中：《凯里来与迪木奈》，天津古籍出版社，2004年，第356页）。

阿文译本堪称最重要的译本，通过它将《卡》介绍到世界各地，成为后来其他译本的母本。这一译本的作者伊本·穆格法具有独到的鉴赏力和出色的写作才能。经他译出的《卡》语言通达流畅、凝练深刻，使《卡》成为阿拉伯文学宝库中的璀璨明珠。

后来，在阿语《卡》的基础上又出现了很多译本，主要有：古叙利亚文第二译本、希腊文译本、波斯文译本、希伯来文译本、希伯来文第二译本、古拉丁文译本、古西班牙文译本、英文译本、俄文译本。此外，还有些从译本转译而成的法文译本、意大利文译本、斯拉夫文译本、土耳其文译本、德文译本、英文译本、丹麦文译本、荷兰文译本等。译本总数达二十多种，统统源于阿拉伯译本《卡》。

四、《卡》对阿拉伯文学的影响

《卡》不仅是一部优秀的寓言经典，也是"传到现在的最早的阿拉伯语文学作品"（希提著、马坚译：《阿拉伯通史》，商务印书馆，1979年，第359页）。该书除了在劝谏君王、教化民众等伦理方面的突出作用外，其经久不衰的影响主要体现在文学和语言两方面。

介绍外国文学，开阔民众视野。阿拔斯王朝前阿拉伯文学很少受到外来文学的影响。阿拔斯王朝建立后，各民族间广泛的交流与融合为文学创作注入了新的色彩。知识分子厌倦了传统诗歌的内容，开始进行对新的文学内容和形式的探索。至于寓言文学，早在蒙昧时期就有寓言故事的流传，只是内容并不十分丰富。伊本·穆格法将印度寓言引入阿拉伯文学，奇幻的想象和丰富的内容给阿拉伯人耳目一新的感觉，此后，外族文学被陆续翻译介绍过来，既丰富了阿拉伯伊斯兰文化，又开启了阿拉伯人瑰丽多彩的文学创作之门。

将阿拉伯语从世俗的民间语言提升至文学创作的学术语言。《卡》作者伊本·穆格法从小深受阿拉伯伊斯兰文化的熏陶，深谙阿拉伯语和阿拉伯文化，经他翻译改编的《卡》问世后被各阶层各年龄的人群所喜爱。同时，也让阿拉伯人和外族人看到，用阿拉伯语可以写出如此优美的作品，原来阿拉伯语可以跳出市井凡俗登入高雅的文学殿堂。伊本·穆格法用自己的文学素养征服读者的同时，也将阿语引入了全新的发展高度。

推动阿拉伯散文文学发展。阿拉伯文学一向以诗歌著称，早期的阿拉伯文学几乎无散文文学可言。倭马亚王朝，出于政治需要设立了书信机关，散文有了一定的发展。这时的散文主要是书信，后来出现了论文以及人物传记、战争史等。阿文《卡》问世后，书中妙趣横生的故事、优美凝练的表达、质朴流畅的风格，像是一块强大的磁铁吸引着无数的文人，开启了一代艺术散文之风。伊本·穆格法也被公认为阿拉伯散文文学的奠基者之一。自此，阿拉伯散文与诗歌一起成为两种平行的文学形式，取得不断的发展。

五、研究成果、理论意义及现实意义

如今在中国，对《卡》的研究可以分为三个阶段。第一阶段是1949年新中国成立前，这一时期是对《卡》翻译和研究的早期尝试，在中国出现了最早的部分《卡》汉译本和第一个维吾尔语手抄本，同时出现了《印度寓言》和《五叶书》汉译本，而这两本书恰好与《卡》有很大的渊源；第二阶段是从1949年至1978年，这一时期内出现了林兴华的《卡》汉译本，成为截至改革开放以前，译文最全、销量最大、影响最深的《卡》的汉译本；第三阶段是从1978年改革开放起至今，这一时期从著作来看，出现了李唯中的汉译本、康曼敏的汉译本、维吾尔语的整理本，同时还有一些学者针对《卡》及其作者伊本·穆格法展开的一些研究。在该领域最突出的学者当属对外经贸大学的余玉萍教授，在她的著作《伊本·穆格法及其改革思想》中介绍伊本·穆格法本人及其代表作，其中不乏提到了《卡》。

寓言是世界文学的重要组成部分，《卡》作为阿拉伯寓言散文的优秀代表，可以使读者通过阅读发觉其中的珍贵养料，既娱乐身心，又可以从中收获智慧，塑造良好的人文精神。笔者意在通过对《卡》的作者、成书、传播、影响的介绍，唤起国内读者对《卡》的关注，促使更多人了解、喜爱这部著作，并能真正领会该书的价值。同时也想借此机会调动学者对阿拉伯古迹及阿拉伯伊斯兰文化的研究热情。

参考文献:

［1］蔡伟良，周顺贤. 阿拉伯文学史［M］. 上海：上海外语教育出版社，1998：129—132.

［2］陈越洋. 二十世纪阿拉伯文化在中国［D］. 上海外国语大学博士学位论文，2014.

［3］陈众议. 外国文学翻译与研究60年［J］. 中国翻译（Chinese Translators Journal），2009（6）：13—19.

［4］汉纳·法胡里. 阿拉伯文学史［M］. 郅溥浩，译. 银川：宁夏人民出版社，2008：201—219.

［5］季羡林. 印度文学在中国［J］. 文学遗产，1958：144—154.

［6］黎难秋. 新中国科学翻译60年［J］. 中国翻译（Chinese Translators Journal），2010（1）：27—32.

［7］孟昭毅. 丝路驿花［M］. 银川：宁夏人民出版社，2002：94—114.

［8］秦弓. 五四时期的儿童文学翻译（下）［J］. 徐州师范大学学报，2004（6）：22—27.

［9］王向远. 东方各国文学在中国：译介与研究史述论［M］. 南昌：江西教育出版社，2001：138.

［10］吴元迈. 回顾与思考：新中国外国文学研究50年［J］. 外国文学研究，2000（1）：1—13.

［11］薛庆国. 阿拉伯文学大花园［M］. 武汉：湖北教育出版社，2007：43—56.

［12］薛克翘. 许地山、郑振铎和季羡林与印度民间文学［J］. 黑龙江社会科学，2010（1）：110—113.

［13］伊本·穆格法. 卡里来和笛木乃［M］. 林兴华，译. 北京：人民文学出版社，1988.

［14］伊本·穆格法. 凯里来与迪木奈［M］. 李唯中，译. 天津：

天津古籍出版社，2004.

[15] 余玉萍. 伊本·穆格法及其改革思想 [M]. 北京：中国商务出版社，2007：111—154.

[16] 余玉萍. 卡里来和笛木乃成书始末 [J]. 阿拉伯世界，2003（1）：29—35.

[17] 余玉萍. 伊本·穆格法对《五卷书》的重新解读 [J]. 国外文学（季刊），2003（2）：104—110.

[18] 郁龙余. 印度古代文学的世界影响 [J]. 深圳大学学报（人文社会科学版），1999（3）：71—76.

[19] 郅溥浩. 解读天方文学 [M]. 银川：宁夏人民出版社，2007：236—251.

[20] 季羡林. 比较文学与民间文学 [M]. 北京：北京大学出版社，1991：24—32，347—353.

[21] 薛克翘.《五卷书》与东方民间故事 [J]. 北京大学学报（哲学社会科学版），2006（4）：75—82.

[22] ابن المقفع، كليلة ودمنة، قدم لها فاروق سعد، دار الآفاق الجديد، بيروت، الطبعة الثانية، 1980.

[23] ابن المقفع، كليلة ودمنة، قدم لها عبد الوهاب عزام، الشركة الوطنية للنشر والتوزيع، الجزائر، 1973.

[24] من التراث العربي - آثار ابن مقفع، دار مكتبة الحياة - بيروت، 1966.

[25] مصطفى الرافعي، خضارة العرب، دار الكتاب اللبناني، بيروت، الطبعة الثالثة، 1981.

[26] د. شوقي ضيف، الفنو مذاهبة في النثر العربي، دار المعارف، الطبعة التاسعة.

[27] د. وهيب طنوس، في النثر العباسي، مدينة الكتب والمطبوعات، 1977.

探析艾布·努瓦斯诗歌的创作动因

■ 天津外国语大学　王　琳

【摘　要】 艾布·努瓦斯是阿拔斯时期当之无愧的一品诗人，传承自白沙尔以来的新诗诗风，在阿拉伯文学史上留下浓墨重彩的一笔。诗人狂傲不羁的个性和自由奔放的创作风格与伊斯兰教"禁酒"、"顺从"等教义背道而驰。然而诗人却没有在阿拔斯时期遭到封禁，相反却家喻户晓，颇受王室贵胄和市井平民的欢迎，成为一个特立独行的典范，千百年来妇孺皆知，在阿拉伯文学史上熠熠生辉。本文试从艾布·努瓦斯的诗作出发，从文学创作动因视角进行分析，探讨诗人创作与其个人、所处时代间的必然联系。

【关键词】 艾布·努瓦斯；阿拉伯古代诗歌；阿拔斯文学；创作动因

一、引言

　　文学的创造力，是指文学作品的创造性品质所得以生成的那种特殊力量（王一川，2011：284），历来文学理论通常将文学作品的创造力归结于"自然"、"天才"、"无意识"、"语言"以及更多，但终究是通过对生活深层的体验得来，并通过感知、理解和语言表达出来，进而进行文学创作。文学作品是文学创作者的思想艺术精华，是作者思想的结晶，同时它也是作者所处社会历史条件的产物，文学是社会文化的集中体现，透过文学作品可以探查当时的人物思维和社会风貌，所以透过文学作品探析创作动因，是理解文学作品所处时代状况的途径之一。

"文学创作动因是指文学创作赖以发生、推进和完成的那些驱动因素"（王一川，2011：273）。美国学者阿帕杜莱在1990年曾提出文学创作动因中包括五种"景观"模式，即"种族景观"、"媒体景观"、"科技景观"、"金融景观"、"意识形态景观"（阿帕杜莱，1990：296）。这五种景观在略变通后可以用来考察文学作品的创作动因，"如果将其中的科技景观变成个性景观，那就大致可以付诸实用解释了"（王一川，2011：273）。

本文将从阿帕杜莱提出的三种景观来分析探讨艾布·努瓦斯诗作，以此探析诗人的创作动因。

二、诗人的时代与时代的诗人

（一）诗人的时代

由穆罕默德家族后裔艾布·阿拔斯建立的阿拔斯王朝（750—1258），前后历经五百多年，是阿拉伯历史上最长的朝代；地域横跨欧、亚、非三洲，是阿拉伯历史上幅员最辽阔的朝代。纵观阿拔斯王朝的历史，史学家通常将其分为三个时期：阿拔斯朝第一时期，公元750—847年；阿拔斯朝第二时期，公元847—945年；阿拔斯朝第三时期，公元945—1258年。

诗人艾布·努瓦斯（公元762—813年）所处的阿拔斯朝第一时期是阿拉伯帝国的极盛时期。政治上，统治者态度开明，接纳来自不同地域的穆斯林贵族、学者参政，在帝国担任要职。经济上，王朝大力发展生产，商品经济得到显著发展，"巴格达、巴士拉等地东西商旅云集，店铺林立，商品丰富，阿拉伯商人的足迹遍及亚、非、欧各地，从而沟通了东西方贸易，促进了相互间的经济交流"（仲跻昆，2010：289）。文化上，波斯、印度、拜占庭、埃及、两河流域等多民族的交往促使文明碰撞、融合，阿拉伯人不仅吸收了其他民族的文化养料，并且对自身的文明开始思考，自8世纪中叶开始的百年翻译运动、教育事业的兴办、造纸术的传入都促进了文化在广度、深度的发展。

（二）时代的诗人

阿拔斯王朝第一时期同样是文学，特别是诗歌发展的黄金时代。这个时期的诗歌突破了贝都因人写诗的旧制，摆脱袭旧传统的框架，内容上也更为丰富，出现了前所未有的新主题，描写更加细腻，诗句通俗易懂，便于传唱。

艾布·努瓦斯是这一时期诗人的杰出代表，他生于波斯，父母都是波斯血统，年少时家境贫寒，十几岁时师从名家，聪敏好学，博闻强识，又于沙漠生活一年，从贝都因人那里学得一口流利地道的阿拉伯语。诗人辗转于数个王公贵族门下，因颂诗而得到财富和地位。而他的纵情声色、嗜酒如痴一方面成为他与众不同的标签，另一方面也成为他饱受争议的短处，甚至曾被拘禁入狱。他的诗作中倾注了他的灵魂，格调新颖，质朴流畅，韵律轻快，多描写王公贵族的奢靡生活，表达了自己主张个性解放、及时行乐的思想。饮酒诗是他所有诗作中的珍品，他饮酒、爱酒、颂酒，酒在他的笔下有了情致和灵魂。"艾布·努瓦斯是无可争议的颂酒诗人，酒是他真正的诗神，正是在这门诗歌中他才表现出空前绝后的创新才能。他是饮酒的魁首，也是说酒的魁首，他使咏酒诗成为阿拉伯文学中一个完整的独立的种类"（法胡里，2008：193）。

可以说，阿拔斯朝前期的社会环境是成就诗人的必要条件，这个时期社会风气自由，由于统治者对学术思想的宽容和鼓励，当时社会思想自由而活跃，不同民族的文化在共同发展融合，宽松的外部环境推动思想的交流和商品文化的发展，这不仅为诗人的写作提供了丰富的素材，也推动了诗人冲破传统因袭蒙昧时期诗歌写作套式的樊篱，使诗歌创作达到一个崭新的阶段。诗人行止不端固然不足取，但他的诗作也从文学的角度展现着那个时代的风貌。在盛世繁华的背景下，在道德观念上他主张自由解放，在生活上他更加注重个人的情感和人生体验，在写作上，他将波斯传统文学中崇尚享乐的内容带给从沙漠中走出的阿拉伯人，以诗歌创作谋得财富和地位。

三、从艾布·努瓦斯诗作探析诗人的创作动因

（一）艾布·努瓦斯诗歌创作中的种族动因

文学创作总是离不开特定的种族动因。"种族动因是指推动文学创作发生的来自民族或人种群落的整合意向"（王一川，2011：273）。阿拔斯王朝前期的伊斯兰帝国由不同民族组成，各民族五彩纷呈，但都属于一个伊斯兰政权。在这种交融中，也伴随着阿拉伯人间的宗派主义、阿拉伯人与释奴、阿拉伯人与被征服地区人民的冲突。其中表现最为突出的便是"舒欧比亚主义"的兴起。

伊本·古太白在《罕世璎珞》中说："舒欧比亚主义者即平等主义者。"《大辞典》中写道："舒欧比亚主义者是一个派别，主张阿拉伯人并不优于非阿拉伯人。"而在阿拔斯王朝前期，许多非阿拉伯民族的诗人、学者在帝国担任要职，享有较高的社会地位。有些统治者也有着非阿拉伯的血统，对于阿拉伯人处于社会优势地位的状况，他们经常在诗作中表达自己的倾向诉求。"舒欧比亚者不是清一色的，其中有波斯人，有奈伯特人，也有科卜特人和安达鲁西亚人，均各具特色。波斯人的舒欧比亚主义采取伪信和判教的形式……"（爱敏，1990：53）。出身波斯血统的艾布·努瓦斯就是其中的一位，他在诗歌中常常夸耀自己的波斯出身，贬低阿拉伯人。他的饮酒诗也突破了传统阿拉伯伊斯兰道德的束缚，体现了带有舒欧比亚倾向的价值观和宗教观。如他曾做诗道：

> "别怕违禁，快把酒喝！
> 真主会饶恕一切罪过。
> 对起美酒，泛起泡沫，
> 好似珍珠与黄金一起掺和。

当年洪水一片，把大地淹没，

这酒正是挪亚方舟所载的货色。

几度沧海桑田，几度悲欢离合，

直至一个波斯王将它收藏，舍不得喝。

他把它深深地埋在地里，

此后又是几度春秋度过！

那里，凯勒卜人从未到过，

也没有什么阿布斯、祖卜彦部落；

那里不是祖赫勒、舍伊班人的故乡，

而是自由人子孙的王国。

科斯鲁王在那片土地上创建了文明，

任何鲁莽、愚昧的蛮子都无法把脚落。

那里没有阿拉伯人的一根枯草，

也没有阿拉伯人充饥的沙漠苦果。

有的只是石榴花红似火，

还有桃金娘、玫瑰和百合。"（仲跻昆，2001：202）

在这首诗中，诗人从历史的长河中追溯酒的渊源，将饱含溢美之词的酒与波斯王、科斯鲁王相联系，称酒的所在地是自由人子孙的王国，是鲜花争艳的国度。而凯勒卜、阿布斯、祖卜彦、祖赫勒、舍伊班皆为阿拉伯古代的著名部落，阿拉伯人的鲁莽愚昧在波斯的文明下相形见绌，而沙漠的苦果在波斯的花朵前暗淡失色。可见，诗人在这首诗中表达了身为波斯民族一员的自豪感，抬高波斯人的地位，贬低阿拉伯人。

又如他在另一首诗中写道：

"管弦声伴美酒香，

手舞足蹈心欲狂。

声色似海任我游，

道统外衣弃一旁，

随意戏谑何谓羞，

狂欢豪饮敢放荡。"（仲跻昆，2001：200）

一个放浪形骸、不拘道德礼法的诗人形象跃然纸上，诗人表达了对酒的热爱，对享乐至上的追求和对伊斯兰教法的藐视。"波斯人自古以来就好酒贪杯，希罗多德说他们耽于声色之乐，处理国事时都是醉醺醺的"（爱敏，1990：168）。在传统波斯价值观和商业文化价值观的双重影响下，诗人冲破伊斯兰教教义的束缚，大胆歌颂自由。他在诗歌中倡导的生活方式和理想在当时迎合了一部分非阿拉伯人的心理预期，同时也与主流价值观背道而驰，成为特立独行的代表，更加吸引他人的关注。

（二）艾布·努瓦斯诗歌创作中的媒体动因

"文学创作是与特定时段的媒体状况关联甚深的。媒体动因是指影响文学创作的具体方式的特定媒介技术状况"（王一川，2011：273）。在不具备现代传播介质的古代，文学作品的传播往往依赖书面传承和口口相传。而作为人类最古老的文学形式——诗歌，则更依赖后者的作用广为人知，为大众所接受。

女奴是古代阿拉伯奴隶阶层的一大特色。这些女奴来自世界各地，肤色民族都各异，她们被养在大户人家和王室之中，充当奴婢、歌姬和舞女。在阿拔斯时期王朝的上层人物尤为重视教授女奴音乐与歌唱，这个时代的音乐是颇为发达的，社会各阶层都爱好音乐，市街与公共场所都有职业歌女，都是女奴的身份（爱敏，1990：13）。这些职业歌女都是奴隶身份，所以不受自由妇女不得随意出入公共场所、不能在外人之前揭开面纱、不能与人交谈的约束。她们通常多才多艺，擅长诗词，恰如中国古代的宋词一般，诗人的诗由她们传唱起到了很好的传播作用，如白沙尔的情诗中所描写的"职业的哭丧妇和歌女也都靠歌咏其诗赚钱"（仲跻昆，2010：308）。

艾布·努瓦斯毫不掩饰自己对美人美酒的喜爱，他的诗作中有大量描写宫娥、女婢的艳情诗，他描述女婢的容貌细节，描写与女婢、与娈童的放荡享乐生活，抛开他自身的个性使然，是否也在一定程度上是迎合大众猎奇的需要，进而被歌者迅速接纳，先声夺人，一举而天下知呢？

　　"还有一只羚羊，一旦放荡不羁，
　　令人如醉如痴，神摇意夺。
　　醒着时，我同她玩乐，
　　睡梦中，只有倩影陪伴我。
　　我拥抱她，依偎在一起，
　　覆盖在我们身上的唯有夜色。
　　我这颗高尚的心不肯罢休，
　　除非尝尽世间的一切禁果。
　　我享受完人世种种欢乐，
　　才不在意何时把死的苦酒喝！"（仲跻昆，2001：211）

　　在诗中，他全然不顾宗教礼法的百般禁忌，用诗歌描绘出了一幅原生态恣意享乐的图景。这种纵情酒色、主张个性解放、及时行乐的思想，是否可以理解为对束缚人自由的宗教的矫枉过正？

　　又如另一首《浴女》：

　　"为泼水，她脱掉了衣衫，
　　羞赧顿时染红了她的脸。
　　她一丝不挂，迎风而站，
　　袅娜的身段比风还柔软。
　　她将手伸进澡盆，
　　纤纤素手同水一般。
　　待她刚刚梳洗完，
　　匆忙想去拿衣衫，
　　突然发现有人要走近前，
　　于是她将光亮罩上黑暗。
　　晨光随之消失在夜晚，

唯有水滴一点点落水面。

赞美真主——他也许会发现

她是世上最美的女人，无比娇艳。"（仲跻昆，2011：196）

诗中呈现了一幅美女出浴的场景，对于对女性隐私讳莫如深的伊斯兰世界，这幅图景大多只能存在于人们的想象中。诗人描摹了女子的婀娜身姿、纤纤素手，将美人弱柳扶风的姿态与娇羞刻画得传神动人。这里固然有淫靡轻薄之嫌，但对美人的称赞也是诗人内心真实情感的外在表露。

黑格尔曾说：凡是现实的都是符合理性的，凡是符合理性的都是现实的。正因为人们心底的这种需求，所以诗人的诗得到了当时和千百年来人们的认同。我们应该批判地对待艾布·努瓦斯的这些艳情诗，不能全盘否定。他的艳情诗从一个侧面说明了阿拔斯前期商品经济文化的发展水平、社会风貌及自上而下的宽容态度。

（三）艾布·努瓦斯诗歌创作中的个性动因

在任何时代，文学都离不开个性化的创造。"个性动因是指推动文学创作的来自个人的独特个性因素。"（王一川，2011：277）诚然，时代的客观条件决定了这个时期文学普遍的高度与造诣，但个性动因驱使下个体的文学创作表现了时代的各种思潮与风貌，成就了一个个文学泰斗。而艾布·努瓦斯无疑是阿拔斯王朝前期个性鲜明的诗人之一，他的诗作自由奔放、清新流畅、想象奇谲，笔墨新颖别致，不落窠臼，臻于精妙。尤其是他的饮酒诗，超越了他之前诗人的作品，然而他的极端、彻底、创见，以及因宗教禁酒所启示他的许多有趣描写，使他在颂酒诗人中占据着一个特殊地位。艾布·努瓦斯对酒的议论中，那能充分表现诗人情趣的拟人化叙述，那轻松活泼、自然明快的风格，那来源于深刻经验和真挚感情的坦率，都很引人入胜。在颂酒诗中，诗人倾注了他的灵魂和艺术，格调新颖，朴质流畅，韵律轻快，富有音感（法胡里，2008：195）。艾布·努瓦斯自幼贫寒的家庭使他体会了生活的艰辛，而阿拔斯王朝自波斯传承而来的追求享乐、拜金至上的世风又让他迫切地希望出人头地，而辗转于各个王侯门下的命途多舛最终让他看淡了世态炎凉。所以，与其说诗人在诗中表达的是恣意狂狷，不如说是诗眼倦天涯的玩世不恭，发出了"同座一醉我两醉，谁人能解此中味"的感叹。

如之前所举例的诗句：

"声色似海任我游，

道统外衣弃一旁。

随意戏谑何为羞，

狂欢豪饮敢放荡。"

在这首诗中，诗人的叛逆和率性表现得淋漓尽致，对于这样的个性而言，伊斯兰教种种禁令的限制自然是无法容忍的，仕途的曲折也不免让他感慨人生如梦的戏剧性，只有及时的享乐才是实在。如他曾写道："人生就是酒醉一场又一场，唯有长醉岁月才逍遥自在。""享乐吧！青春不会永存，举杯畅饮，从夜晚到明天！"

对于诗歌他也有自己的见地：

"还是得在诗中写上那些废墟遗址，

尽管比起咏酒，那些玩意儿不值一提。

是权贵让我去描述废墟，

我对他的命令有无法抗拒。

信士的长官！纵然你强我所难，

我也只有遵命照办就是！"（仲跻昆，2001：198）

驻足于情人的故居前凭吊追忆是自蒙昧时期以来阿拉伯诗歌传统的起兴手法，而艾布·努瓦斯对这一传统嗤之以鼻，称其为"不值一提的玩意儿"。这是对阿拉伯游牧民族思维方式予以讥讽和鄙视，也是他不肯因循旧习、墨守成规的个性体现。

个性张扬、酷爱自由、率性而为的艾布·努瓦斯不顾忌自己的言论，更不约束自己的行为，对丰富多彩不受束缚的生活充满了热情和喜爱，"大胆指名说出我之所爱，欢乐幸福怎好遮遮盖盖！寻欢作乐难免放荡不羁，循规蹈矩岂能得到欢快。""我就是随心所欲，不肯蹈矩循规。我认为在世及时行乐，活得舒服有滋有味，比期待臆测、传说的来世，更加值得，更有道理。从未有人走来告诉过我们：谁死后在天堂，谁又在地狱里。"

如此个性鲜明的诗人，诗歌与美酒伴随着他的清醒与沉醉，美酒容纳了他的得意与失意，激发了他的率性与张扬，诗歌承载了他的思考和情感，成就了他的独特和传世。

四、结语

在阿拔斯王朝的众多诗人中，艾布·努瓦斯是颇具争议的人物之一，尽管他的诗作中有着淫靡轻薄的内容，但仍具有较高的文学价值，反映着那个时代的精神。本文通过对其诗歌创作的三个动因的分析，进一步解读了诗人与时代的必然联系，正是阿巴斯第一时期的包容精神使诗人创作享有盛名成为可能，而诗人的诗作也在一个层面反映着他对时代的迎合与抗拒。

参考文献：

[1] 艾哈迈德·爱敏. 阿拉伯—伊斯兰文化史：第二册 [M]. 纳忠，译. 北京：商务印书馆，1990.

[2] 菲利普·希提. 阿拉伯通史 [M]. 马坚，译. 北京：新世界出版社，2008.

[3] 汉纳·法胡里. 阿拉伯文学史 [M]. 郅傅浩，译. 银川：宁夏人民出版社，2008.

[4] 齐明敏，薛庆国，张洪仪，陈冬云. 阿拉伯文学选集 [M]. 北京：外语教学与研究出版社，2004.

[5] 王一川. 文学理论 [M]. 北京：北京大学出版社，2011.

［6］仲跻昆. 阿拉伯古代诗选［M］. 北京：人民文学出版社，
2001.

［7］仲跻昆. 阿拉伯文学通史［M］. 南京：译林出版社，2010.

浅析印地语作家翁姆普列卡什·瓦尔米希及其作品《残羹》

■ 天津外国语大学　蒲白璐

【摘　要】印地语达利特文学作为20世纪中后期印度文学中发展较快的文学流派，愈发引起印度社会的广泛关注，尤其是进入到21世纪以来，随着印度社会政治经济的飞速发展，种姓问题日益凸显，在这一背景下，研究达利特文学更具有社会意义。我国文学界对于达利特文学的研究起步较晚，关于达利特文学作家翁姆普列卡什·瓦尔米希，国内现今还未有相应介绍，笔者尝试浅述这位作家及其代表作，希望更多的读者能够更加全面地了解印地语达利特文学现状。

【关键词】种姓制度；印地语；达利特文学；《残羹》

"达利特"在马拉提语中意为"被分裂或沦为碎片"，实指印度的贱民阶层。1947年印度独立后，宪法中明确废除了"贱民制度"，但现实生活中不平等仍然存在，贱民阶层依然在遭受着各式各样沉重的压迫和剥削，受到非人的待遇和迫害。随着商品经济的发展，贱民阶层的活动范围不断扩大，眼界越来越开阔，加之西方平等自由主义思想的影响逐渐扩大，马克思主义在世界范围内的广泛传播，贱民群体中出现了一批受过良好教育的社会精英，他们深谙种姓制度给人性带来的残害以及对社会进步的阻碍，励志从政治权利、社会地位、经济保障、受教育机会等不同方面为贱民阶层竭力争取平等权益。印度第一任司法部长安贝德卡尔就是其中代表，他著书立说，抨击种姓制度，传达贱民的政治诉求，为达利特文学奠定了精神基调，同时也为达利特文学的兴起、发展铺就了坚实基础。20世纪60年代初，在马哈拉施特拉邦马拉提文学界出现了"达利特文学"风潮，这股风潮逐渐扩散到印度其他语言文学领域。由于对"达利特文学"的定义仍有争议，所以有些学者把这类文学称为"贱民文学"。达利特文学是随着贱民运动的蓬勃发展应运而生的，一批贱民身份和描写贱民生活的作家将文学当作一种反抗压迫的有效手段，通过这种方式声嘶力竭地高呼贱民阶层备受压迫的愤慨，表达想要摆脱传统印度教枷锁下宿命论的急切愿望，流露对尊严、平等和自由的迫切渴望。他们试图通过文学之火在整个印度社会燃起一场废除种姓制度的革命，真正洗刷掉贱民身份所带来的耻辱，觅得平等自由的最终身份。翁姆普列卡什·瓦尔米希、布雷姆·申格尔、莫尔汗·辛哈、莫汗达斯·奈尼什耶尔等一批优秀的达利特文学作家，利用手中的笔杆，向印度种姓制度发起了挑战。其中，作家翁姆普列卡什·瓦尔米希出身贱民阶层，他为印地语达利特文学发展做出了卓越贡献，自传体小说《残羹》是其代表作。

一、作者生平及《残羹》简介

翁姆普列卡什·瓦尔米希（1950.6.30—2013.11.17）是印度达利特文学代表作家之一，同时也是达利特文学的奠基者，主要用印地语创作。他出生于印度北方邦一个名叫泊尔拉的小村庄，来自"瓦尔米希"这个贱民种姓，在印度拥有这个种姓意味着无论是在经济地位还是社会地位都处于底层。家庭的贫穷与周围高种姓对他的歧视，让他的求学之路充满了辛酸，在父亲的鼓励下，他完成了小学、中学的学业。后经哥哥的鼓励，进入了大学。在德赫拉杜尔的D.A.V学院学习期间，他受到安贝德卡尔思想的启蒙，逐渐开始思考贱民种姓的处境原因，同时积极参与到各种社会活动中去为贱民种姓奔走呼告。大学还未毕业，他找到了一份在政府军工厂实习的工作，这份工作为他打开了新的世界的大门——马克思主义。凭借着对文学的热爱，他阅读了大量俄国文学作品，初步了解到马克思主义中的阶级斗争思想，同时开始尝试写作，将自己的见解与感知融入到诗作话剧当中。之后，由于工作调动，他来到了孟买，接触到了更为丰富的西方文学作品，反抗压迫、平等自由的思想深深地影响到了他的生活与创作。作为一名社会活动家，他参与到了如火如荼的贱民运动中去，同时又真正以作家的身份，开始活跃在文学界，并在达利特文学圈内，获得了自己的一席之地。之后在马哈拉施特拉邦，他一边工作，一边写作。2013年11月17日，因病，在德赫拉杜尔去世。

1970年前后，瓦尔米希开始了自己的文学写作生涯，他的一生中共出版了三部诗歌集：《这已足够》（1997）、《世纪悲哀》（1998）以及《如今未知》（2009）；两部小说集：《问候》（2000）和《入侵者》（2004）；一部文学评论：《印地语达利特文学的审美价值》（2000）；一部历史评论：《清扫之神》（2009）；一部自传体小说：《残羹》（1997）。其中自传体小说《残羹》是翁姆普列卡什·瓦尔米希的代表作，一经问世，便轰动文坛，得到了文学界较高赞誉。因长期致力于贱民运动，反抗种姓压迫，1993年他获得了安倍德卡尔奖。由于在印地语达利特文学上的贡献，1997年获得文学光环奖，获得2008—2009年度文学普什奖。

印地语自传体小说《残羹》，1997年在印度出版，2003年由作家阿努·博尔帕·慕克吉翻译成英文，在美国出版。在书中，瓦尔米希毫无保留地叙述了作为一个"贱民"的悲惨的成长经历。作为"朱赫拉"①，他的生活环境极其恶劣，一口干净的水对他来说都是奢求，童年时期在学校里，面对同学的欺辱，他只能默默忍受，因为反抗带来的

---

① 贱民种姓中从事清道工作的人。

是变本加厉的暴力；中学时，老师竟然因为他是贱民种姓，而不让他进实验室学习，类似的歧视更是深深刺痛着他的心。父亲的关爱支撑着他，他一次又一次地取得了优异的成绩，这让他感到，接受教育可能是挣脱种姓枷锁的最有效途径。在风起云涌的贱民运动影响下，安贝德卡尔等人的思想给他指明了方向，他找到了自己人生的定位——成为一名作家，用笔墨来书写属于贱民的历史，来唤醒贱民阶层的反抗意识，来呼吁社会给予他们应有的尊严。《残羹》中所叙述的经历，从文学性的角度来评判并不十分出色，但是，真实的成长经历中掺杂着的内心的矛盾，挣扎与痛苦，却能够淋漓尽致地反映贱民阶层的切肤之痛。从一个受压迫者到主导发声者的身份转换，不仅代表了翁姆普列卡什·瓦尔米希自己的觉醒与反抗，更重要的是，他通过文学的方式，把一个曾被历史忽略了十几个世纪的阶层，重新带入了大众视野。他的《残羹》是写给贱民阶层的，他要唤醒所有被压迫的同胞，世界上是存在自由和平等的，要团结起来推翻奴役，《残羹》更是写给高种姓的人们，对贱民的歧视是何等的泯灭人性，社会的进步需要彻底废除种姓制度。

与之前的达利特文学体裁不同的是，《残羹》这部小说采用了自传体，这种题材对于描述贱民生活来说，无疑最为真实。其次，在平等自由思想广泛传播的今天，瓦尔米希通过自己的作品表达着一种对人类痛苦与解脱的思悟与探索，这种人文关怀远超过作品本身。最后，瓦尔米希及其作品无论是从文学形式还是文学意义上，对于达利特文学的发展有着重要的推动作用。因此，对于瓦尔米希及其作品研究就显得尤为重要。

二、《残羹》——真实的贱民生活绘本

种姓的特点决定了贱民阶层一直处于一种被孤立，被隔离的状态。"传统的种姓世界是隔离和对立的世界，种种限定把人们禁锢于一个个自我封闭的集团之内。"（尚会鹏，2016：23）由于种姓上的严格隔离，

所以其他种姓在饮食、住房、日常接触等方面对于贱民生存境况的了解非常有限。其次，尽管印度政府自20世纪初以来，为了使受教育机会均等，颁布了一系列的法律法规，但是，贱民接受教育的条件仍然有限，就连识字率也相当低，很少有贱民能在社会中产生一定的影响力。所以，贱民的真实生存状况一直都不受关注，同时，也很少有人能代表贱民阶层在社会中发声。瓦尔米希的《残羹》却是一幅真实的贱民生活绘本，他关于生活细节的入微描写，真实地反映出了这个阶层人民的日常点滴，同时也是以文学的形式向忽略这个阶层的人们展示着贱民如何在命运的悬崖峭壁上挣扎着求生，正是这些现实的生存状况描写，使得这部作品具有了更为深厚的社会意义，在揭露这种"贱民制度"中非人性和反人性的性质方面，的的确确具有了对人的精神关怀的人文价值。

"四周到处都脏得要命，臭气熏天，连呼吸都困难。狭窄的巷子里猪在闲逛，小孩子光着身子乱跑，土狗每天叫嚷个不停。是的，我就是在这样的环境下长大的。让那些把种姓称为哲学的人在这儿住上三五天，估计他的想法也就变了。" （ओमप्रकाशवाल्मिकी，1999：12）

瓦尔米希不过寥寥几句，就从嗅觉、视觉、听觉、感觉上把贱民的生活环境还原得真真切切。作为自传体小说，当他回忆到童年时期，他依然能够清晰记得自己的成长环境，能让读者与其感同身受，说明这种经历对他的印象之深。没有在这个阶层中生活过的人，是根本无法想象的。在描述环境的同时，瓦尔米希还不忘调侃一番高种姓的人，那些冠冕堂皇、手捧印度教经典的高种姓人，如果置身于此处，可能也会觉得种姓制度，并不多好。这种讽刺的手法，把那些道貌岸然的高种姓人描绘得荒谬又真实。

"借举行婚礼之机，客人和迎亲队在大厅里吃吃喝喝时，我们这些人就手捧着碗在门巴巴地候着，等到人们吃完，我们就把那些吃剩的没用的倒到碗里，带回家去。一两口油饼子，一半块甜食或者多多少少几口剩菜就能让人心花怒放。能吃到这样的残羹，绝对是津津有味……老老少少一听说有这样的好事儿就激动得不行，这么多剩饭剩菜可够吃一

个月呢。"（ओमप्रकाशवाल्मिकि, 1999：19）

传统的印度婚礼晚宴是自助式的，在大厅里宾客们可以自己选择喜爱的食物，肉食者和素食者都有各式各样的选择，从沙拉，到主菜，再到主食甜品，琳琅满目。人们吃完后，会将吃剩的食物和餐具一同存放在收纳的大箱子里，之后会有专门的人去收取。瓦尔米希描述了印度传统风俗中婚宴的场景，作为村里的贱民，只能"在门巴巴地候着"，等待的不是能够进去一饱口福，而是尝一口"美味的"残羹，对于食物的渴望，让他们俨然忘却了作为人的自尊，所剩残食也成了竞相争抢的东西。作者并没有用同情和怜悯的目光来描述这样的场景，而是捕捉表面生活所掩盖的真相，用这种真实的描写，来引发人们读后的沉思，使读者在同情贱民的感情基础上，进一步思考，以此来揭示种姓制度的不合理。"残羹"一词更是具有了丰富的文学象征意义。黑格尔认为："象征无论就它的概念来说，还是就它在历史上出现的次第来说，都是艺术的开始。"（黑格尔，1979：9）"残羹"，这种符号式的具象象征意象，暗示着被社会所遗弃的贱民阶层，这种对应关系，既真实直接又富有印度传统社会的文化意义，达到一种意境鼎足的艺术境界。

三、《残羹》——真实犀利的语言特色

达利特文学作家独特的生命体验和生存感受，在文学里得到再现和言说，这种再现和言说是独特的。由于贱民阶层出身以及受教育的局限性，达利特文学作家大多没有接受过系统的文学素质培养，其次，由于贱民阶层生活在社会最底层，他们的恶劣的生存环境决定了他们周围所接触到的事物都无法与主流文化的高雅精致相媲美，再者，达利特文学作家有意避开主流世界观的文化传统，而这种传统恰恰是在以印度教为基石建立起来的。"达利特文学拒绝以梵语文学为传统的语言风格和审美情趣，达利特文学是一种包罗万象的文学。"（ओमप्रकाशवाल्मीकि，2014：81）如此，达利特文学必然与印度传统主流文学审美有所不同，

除了恢宏的叙事、哲理的思辨和华丽的修辞，达利特文学风格则以真实见长，充满了反抗意味，使用的语言更多趋向生活化，俗语方言的运用频繁，有时甚至会出现脏话粗口。《残羹》这部自传体小说的整体语言风格直接犀利，毫不掩饰地描写高种姓对于贱民的压迫，同时也真实自然，体现出作者成长历程中丰富而复杂的感情变化，此外，他的语言贴近生活又不乏讽刺，能在贱民同胞中产生共鸣，更能激发起读者的同理心。

"如果你摸摸猫儿狗儿，并不会觉得被玷污了，但是你要是接触了一下朱赫拉，那可就是犯了天大的错了。不可接触者就生活在这样的环境里。在社会中，这群人是没有资格被称为'人'的，只是一种工具而已，用来完成工作，用完然后扔掉。"（ओमप्रकाशवाल्मिकी，1999：12）

贱民们从事的清扫、制革、屠宰等职业被印度教徒视为"不净"，同贱民种姓说话、听到他们的声音，或看到贱民，这是一种较轻的污染，而接触过贱民或者接受了贱民给的食物则被认为是十分严重的玷污。瓦尔米希的描述实质是在说明一种客观的长期存在于印度社会中主流的认知，这种认知是被几千年来的印度教传统所扭曲异化。而后，他以如此尖锐的语言控诉着贱民被整个社会所遗弃的事实：生而不为人，是种姓制度剥夺了贱民的最基本的生存权利。

"读完安贝德卡尔的书，我逐渐明白甘地把贱民称为'哈利真'[①]这种行为根本不可能将贱民阶层真正纳入民族主流，反而却更加夯实了印度教的正统地位，保全了他们的利益。然而，这些印度教却对甘地也很不满，因为甘地让贱民抬起头来了。《浦那协定》[②]真正让我对甘地的幻想破灭，也让安贝德卡尔彻底失望。"（ओमप्रकाशवाल्मिकी，1999：

---

① 哈利真，印地语हरिजन的音译，甘地曾领导过贱民运动，将贱民阶层称为"哈利真"，意为"神之子"。

② 《浦那协定》，1932年9月24日，为反对《英国教派裁定》（该裁定同意成立不可接触者单独选举区，他认为这会导致印度教徒分裂，并使不可接触制永久化），甘地代表的国大党与英国签订《浦那协定》，在该协定中安贝德卡尔博士同意，不可接触者不会利用单独选举区。

89）

20世纪30年代甘地领导的一系列为贱民争取权益的运动，让贱民看到了一丝希望，但《浦那协定》的签订让瓦尔米希意识到，甘地本质上是不愿颠覆种姓制度的。他直言不讳地道出了自己的失望，贱民为自身谋求权益的人权运动最终还是被政治所利用。尽管甘地为印度独立做出巨大贡献，但在贱民问题上，甘地过分地强调利用人的同情和善举来消灭种姓问题，这种不切实际的想法，更把贱民置入一种孤立无援的境地。

"种姓，是印度社会中非常重要的元素，从呱呱坠地起，种姓便会伴随个人一生。我们根本不能选择自己的出身，如果能选，为什么我们要选贫民窟，而那些所谓的高种姓精英就能出生在优越家庭？虽然他们一再搬出宗教典籍来证明自己合法地位，但同时这些传统也建立起了一个封建的体系，这个体系制约着平等和自由的发展。"
（ओमप्रकाशवाल्मिकी，1999：159）

小说的结尾，瓦尔米希提出了种姓制度的弊端就是制约社会发展。支撑着印度教体系发展的古籍经典已不再适应现代社会，这种封建体系运行的代价是有千千万万的同胞摒弃了对自由和尊严的追求。这已不是对贱民制度的控诉、对悲惨经历的描绘、对扭曲意识的讽刺，这是一个具有社会责任感的作家的最终呐喊。瓦尔米希作为贱民出身的文学家，他并没有沉浸在自己悲痛经历中不可自拔，而是以客观为尺度，衡量当今的印度社会，他勇敢地担当起达利特文学的历史使命，为着贱民的权益奔走呼喊。

四、《残羹》——贱民意识的觉醒之路

虽然1947年宪法中明确废除了"贱民制度"，政府采取了一系列措施来保护贱民的权益，但是由于几千年来根植于印度社会中的种姓观念从未有削减的趋势，贱民的处境依然堪忧。社会和宗教上的不

可接触实践已经形成一种心理因素，不论这种压迫来自高种姓还是来自贱民阶层，他们普遍认为这都是命中注定，贱民展现出的精神面貌就是"蒙昧，麻木"。瓦尔米希的文学就是要唤醒贱民阶层的觉醒意识，启发贱民心智，他在《达利特文学的审美价值》中写道："关于贱民阶层的痛苦折磨的描述，或者情感上对于受压迫的泣诉都不是贱民意识，真正贱民意识是破除文化历史以及社会所强加在贱民阶层身上的桎梏。"（ओमप्रकाशवाल्मीकि，2014：29）通过自传《残羹》，他把变化挣扎的内心展示给读者，其真正目的在于唤醒贱民阶层的"麻木不仁"，同时也教育高种姓阶层，在一个文明社会里，所有人都是平等的，实行贱民制度在道德上是罪恶的，在法律上更是不被允许的。

《残羹》中瓦尔米希将自己对于贱民制度的认识变化逐一铺陈，小学的学习经历是"默默忍受、难以启齿"，有一次，老师让他连续几天清扫整个校园的事件让他的自尊受到极大伤害，"因为害怕，我只能拿起扫帚，这把干枯的扫帚就和我一样。我禁不住流泪了，哭着扫完整个院子。透过窗户，我感到老师和同学的眼神似乎在和我玩捉迷藏，我一点一点陷入痛苦的深渊，越陷越深。"（ओमप्रकाशवाल्मीकि，1999：15）因为恐惧，因为"理所当然"，默默流泪就成了小学生活的常态，当一个孩子还未意识到什么是贱民制度的时候，他已经学着去接受这些不公平的待遇了。

中学时期的经历让他对种姓"产生疑问、思考出路"。他读到了《薄伽梵歌》中关于业报轮回的思想，开始思考贱民制度存在的哲学基础。高中入学考试的成功让瓦尔米希意识到接受更高的教育能换得别人的尊重。可是让他没有想到的是科学老师竟然公开在语言上行为上诋毁贱民种姓的同学，一位有着硕士学位的数学老师同样也因为怕被贱民"玷污"，所以从来不接受从朱赫拉手中递来的水。这些经历都使他感到极大的挫败感，教育根本不能把被种姓观念所腐蚀的心转变过来。

大学时期的经历对于他来说是"寻得方向，尝试反抗"。安贝德卡尔关于"贱民"身份哲学解析，对于种姓制度的社会因素以及关于贱民斗争的实践总结，让瓦尔米希豁然开朗，他开始在公开场合与同学就种姓制度进行辩论，在课堂上直言不讳地向老师发问，在学校中凝聚起一股反对贱民制度的年轻力量。

工作之后的经历可以用"坚定意志，勇敢反抗"来形容。俄国作家的文学打开了另一扇世界的大门，而马克思主义思想更让他深刻冷静地理解了印度社会中所存在的根本问题：种姓制度这一违背历史发展规律的阶级制度终将毁灭。他利用作家身份参与到学术活动和社会活动中去，发表评论演讲，博取社会各界的共鸣支持，真正实践着反抗。

瓦尔米希自身的觉醒之路，也是千万贱民同胞的觉醒之路。当面对的是同一个社会体系，有着相同人生经历，瓦尔米希不自觉地就将贱民同胞凝聚起来，他告诉受害的人，不能深陷其中，诉诸他人也是无效，只有自己挣脱压迫才是出路。他讲述这些并不是想要博得同情，而是指明一条道路，给予同胞们更多精神上的力量，唤醒还未被唤醒的人，鼓励已经意识到的人。

五、结语

自传体小说《残羹》以真实的笔触和犀利的语言向读者展示了一位贱民作家的心路历程，其鲜明独特的文学旨趣更是丰富了达利特文学的内涵与外延，为21世纪印度达利特文学的发展做出卓越贡献。近些年来随着印度的经济政治发展，由种姓引起的社会问题日益凸显。在面对这一问题时，瓦尔米希也承担起了文学家应有责任，他借用自传体小说《残羹》来把一个被社会边缘化的阶层纳入到大众的视野当中，启发压迫阶层奋起反抗，唤醒社会的伦理良知。在印度种姓冲突不断的今天，达利特作家借由文学建立起一种与主流意识形态价值的对话机制，终极目的是实现达利特的解放、自由和平等，如此，达利特文学的社会意义更是远超于文学价值。

参考文献：

［1］尚会鹏. 种姓与印度教社会［M］. 北京：北京大学出版社，2016.

［2］林承节. 印度近现代史［M］. 北京：北京大学出版社，1995.

［3］黑格尔. 美学：第二卷［M］. 北京：商务印书馆，1979.

［4］张春晖，叶汝惠. 在政治表征与政治文明之间：印度达利特文学评述［J］. 红河学院学报，2012（10）.

［5］Anjaly Mohan. *Joothan: A Dalit's life: The Magical Transformation of Muteness into Voice*［J］. India: International Journal of English Language, Literature and Humanities, 2014 (2).

［6］Om Prakash Ratanker. *Resistance and Assertion in Om Prakash Valmiki's Joothan*［J］. European Academic Research, 2014 (1).

［7］ओमप्रकाशवाल्मिकी. दलितसाहित्यकासौंदर्यशास्त्र［M］. राधाकृष्णा, नयीदिल्ली, 2014.

［8］ओमप्रकाशवाल्मिकी. जूठन［M］. राधाकृष्णापेपरबैक्स, नयीदिल्ली, 1999.

［9］शरणकुमारलिंबाले. दलितसाहित्यकासौंदर्यशास्त्र［M］. वाणीप्रकाश, नयीदिल्ली, 2014.

《素丽瑶泰》典型人物性格分析

■ 天津外国语大学　岩温香

【摘　要】《素丽瑶泰》（《สุริโยไท》）是一部反映泰国历史上泰缅战争的史书，也是一部歌颂民族英雄的史书，书中通过作者巧妙的手法展现出สุริโยไท在少女时期、婚后宫廷斗争时期、作为暹罗王后时期三个不同成长时期的不同性格特点，展现出民族英雄สุริโยไท为国捐躯的大无畏精神！

【关键词】《素丽瑶泰》；典型环境；宫廷斗争，民族英雄；人物性格；分析

一、《素丽瑶泰》历史背景及故事梗概

（一）《素丽瑶泰》历史背景

公元1528年，正值泰国历史上最强大的大城王朝统治时期，当时的泰国（时称暹罗）虽然是一个统一的封建国家，但在领国缅甸强大的军事打击以及内部社会阶级矛盾刺激下，正慢慢走向衰退，王室争权夺利的斗争更是另国内战乱四起，境内诸侯割据。在它的版图内有许多诸侯国，如大城王朝北方的彭世洛国，是大城国版图内的一个卫国，此时的兰纳王朝还是一个独立的国家，但也受到大城王朝的渗透。

历史上泰国的封建王朝并不像中国封建王朝那样建立起高度集权的专制主义中央集权政治，虽然大城王朝是泰国历史上最强大的封建王

朝，但王朝统治的经济基础是"萨迪纳制"即授田等级制度，它是泰国封建专制政体的经济基础，形成于大成王朝中期的莱洛加纳王，他把全体贵族和各地封建按其社会地位的不同，分成不同的等级，并按等级授予"食田"①，这是一种类似与封建领主制而非封建地主土地所有制的经济制度，通过这种制度，国王把全国土地分封给各个等级的王公贵族，即食邑之地，这样就相当于封建领主了，这样的政治经济制度，容易出现封建割据的局面。这个时期正值缅甸历史上最强大的王朝——东吁王朝前期，缅甸接二连三入侵大城，使得大城王朝面临内忧外患的局面。而此时，西方资本主义开始萌芽，大批西方人在与泰人交往中带来了泰国从未见过的东西。《สุริโยไท》正是在这样内忧外患的历史时期产生的。

（二）《素丽瑶泰》的故事梗概

阿瑜陀耶时期的泰国，诸侯林立，战乱纷纭。这其中最强盛的要数大城王国，统治该国的是各诸侯国的共主拉玛铁菩提二世。虽然北方有着强大的敌人缅甸，但暹罗仍是一派太平盛世的景象。

1528年，大城国的二王阿锡塔亚一行前往山区欣赏大象节的盛景，葡莱王王室的公主สุริโยไท[su²²ri⁴⁵³jo³³thai³³]也在同一天前往，因为难得出门，又可以见到青梅竹马的堂兄彼勒王爷，สุริโยไท的兴奋之情溢于言表，人群中的她娇小可人、美貌异常，但就是这样一个女子最终成了为国捐躯的英雄。

那天的大象节上，除了堂兄彼勒王爷向สุริโยไท表达了爱慕之情，貌美的她同样吸引了二王阿锡塔亚的儿子天亲王的注意。之后，二王阿锡塔亚便派人到สุริโยไท家提亲。因为天亲王是大城二王阿锡塔亚的儿子，而彼勒只是北方小城彭世洛的王爷，为了避免两个王国为此引发冲

---

① 贺圣达. 东南亚文化发展史［M］. 2版. 昆明：云南人民出版社，2011：202.

突，สุริโยไท第一次为国家做出了牺牲，嫁给了天亲王。

多年后的สุริโยไท已不见了当年的稚嫩，早已长大成人，她与天亲王婚后的生活美满，并有儿女绕膝，过着安逸舒适的生活。这期间，拉玛铁菩提二世驾崩，二王阿锡塔亚继位，他的侄子蔡赖甲成为二王，并成为军队的统帅。

1533年，一艘葡萄牙的商船运来了丰富的货物，但同时也带来了一种暹罗从没有过的传染病——天花，人民暴死无数，国王阿锡塔亚也未能幸免，王国内一片混乱。内乱未平，外忧又起，缅甸国王宏萨趁大城王国群龙无首之际，攻打大城。蔡赖甲率兵出征北方诸省，平息了缅甸侵扰，但随后他又发动了政变，成了新的大城国王。

蔡赖甲即位不久，王后就死于难产，他迎娶了乌通王国的苏达珍，并重新立她为后。很快，玉法王子出世，这给一直处于战乱的大城王国带来了暂时的安宁，然而作为曾经的贵族，作为乌通王国的血脉，王后苏达珍始终心存复辟之心，为了能恢复乌通王国的统治地位，重现当年的辉煌，她串通同样流着乌通血脉的大殿管事彭西，设计毒害了国王蔡赖甲，又亲手除掉了王子玉法，朝中的异己也被一一除掉，她则以王后的身份亲理朝政，随后又将大权渐渐转交给彭西。

眼看整个王国即将成了两人的"盘中餐"，贤明德慧的สุริโยไท诏回了在边界驻守的彼勒王爷，又鼓励丈夫天亲王出面挽救大城。多年以来，天亲王一直躲避权力纷争、淡漠地位，但在王国行将毁灭之际，在彼勒王爷的帮助下，苏达珍的复辟最终没有成功。天亲王即位，成为大城国王。

然而大成王国这一系列的权力纷争传到了缅甸王宏萨的耳中，他再度大规模出兵，包围了大成。为了确保国王的安全，สุริโยไท请愿亲自出征，以鼓舞士气。1549年，在对抗缅甸人的混战中，สุริโยไท献出了宝贵的生命。战后一个月，宏萨的军队终因粮草耗尽，撤回了缅甸。从此，暹罗王后 **สุริโยไท** 的英勇便为后人所称颂和铭记。①

二、《**สุริโยไท**》中典型人物性格分析

（一）典型环境下女主人公 **สุริโยไท** 的典型形象

"真实的再现典型环境中的典型人物"，是现实主义文学创作的著名原则。"所谓典型环境，不过是充分地体现了现实关系真实风貌的人物的生活环境。它包括具体独特的个别性反映出特定历史时期社会现实关系总情势的大环境，又包括由这种历史环境形成的个人生活的具体环境。"②人物性格的塑造与环境息息相关，总的来说，阿瑜陀耶王朝时期这种封建生产关系下的各种现实关系就是"大环境"，而在这种历史环境下形成的 **สุริโยไท** 生活的王宫以及她和她身边每个人错综复杂的关系就是"具体环境"。"作家在塑造典型人物时总是要把人物放在现实社会生活之中，这个人不能是游离而只能是扎根于特定的社会环境，与一定的集团、阶层和习性发生联系"③。其中，阶级关系、政治文化、宗教法律、伦理道德等可以直接塑造作品中典型人物的性格特征。这篇作品的主人公 **สุริโยไท** 的性格特点就是在这样一个典型的环境下被塑造出来的。在这些环境因素影响下对她的性格的描写可分为三个时期，每个时期都有不同的变化，她的性格特点都会随着不同时期而产生不同的变化：少女时期、婚后宫廷斗争时期和国难当头作为暹罗王后时期。三个不同时期对她性格的塑造主要是根据她地位的变化以及不同时期环境的变化。

---

① http://www.xunleicang.cc/JQP/5582.html

② 童庆炳. 文学理论教程［M］. 4 版. 北京：高等教育出版社，2008：214.

③ 邓望鸿. 关于文学作品中典型人物的探析［J］. 河池师专学报，1987（2）：82.

1. 少女时期 สุริโยไท 的性格特点。

"典型性格的艺术魅力更来自它所显示的灵魂的深度。是文学典型的必备品格，这种深度，首先看它在何种程度上表达了人类解放自身的需要和改变现存秩序的愿望。"[①] สุริโยไท 性格特点的艺术魅力，不仅仅体现她个人的性格魅力，也从侧面体现出封建社会下急切需要人性解放和改变那种"吃人的社会"的愿望，所以 สุริโยไท 就是一种象征。

少女时期的 สุริโยไท 是一位王爷的公主，贵为王族的她每天过着王室贵族应有的生活，因为各种王室礼仪的束缚，每天只能待在宫里，从来没有离开宫门半步，但她又是一位天真活泼、对生活充满希望的怀春少女，绝对不会满足王宫里枯燥无味又孤独寂寞的生活，而且她非常痛恨种种束缚人的王室礼仪、礼节。

作者在这个阶段里对她性格的描写主要还是根据这个年龄段少女共有的特征来塑造，主要突出女主人公纯情、羞涩、对美好生活的向往和对圆满爱情的憧憬，虽然还是离不开封建社会阶级对立这样一个大环境，但那时候的她也只是一位不为人知的小公主，她主要的活动范围只在狭窄的王宫里，很少受到不同政治势力和阶级对立关系的影响。

但毕竟是王室贵族，多少也会受到一点影响，而此时的她最痛恨的是封建伦理道德和繁杂的王室礼仪。所谓"有压迫就会有反抗"，繁杂的伦理道德和礼仪礼节也造就了她除了有同龄少女天真活泼的性格外的反叛精神。在跟随二王阿锡塔亚前往山区欣赏大象节盛景的旅途中，对 สุริโยไท 性格的刻画表现得淋漓尽致。สุริโยไท 因为是王室贵族，所以有机会跟随国王一起出巡，她在侍从的护卫下，坐在专为她准备的龙船上浩浩荡荡地顺水而下，因为第一次出宫，สุริโยไท 难掩兴奋之情，她已按捺不住激动的心情，不顾王族礼节拉开窗帘以欣赏外面美丽的世界，可见当时的她也是一位天真活泼、对外面世界充满无限好奇的少女。而这也

---

① 童庆炳. 文学理论教程［M］. 4 版. 北京：高等教育出版社，2008：212.

就激起维护王室传统的侍女的阻挠：

侍女："公主殿下，不要这样！人们会看到您的，也不符合王室礼仪。"

สุริโยไท："奶妈，我们在放假，难道我连看风景都不行吗？"

侍女："您已经长大，得像个淑女，宫廷的礼仪很清楚……"

สุริโยไท："礼仪！礼仪！你不会说别的？我都听腻了。我会跟彼勒王子见面吗？"

侍女："当然不会了，殿下，您不再是小孩子了，不可以随便跟男人见面，这是绝对不可能的。"

สุริโยไท："就算那男人是我的表兄？也不行吗？"

侍女："殿下，彼勒王子不是您的兄弟，他只是您的表亲，远房表亲。"

通过以上的对话，我们可以看到สุริโยไท对王室礼仪的痛恨以及她的反叛精神，作者着重描写สุริโยไท和侍女的对话，实际上是对当时繁杂的封建礼仪的痛斥和批判，表达作者对生活在那种环境下天真少女的无限怜爱之情。

สุริโยไท在后来的巡游中，借故逃出了侍女的随从，和彼勒王子手牵手漫步在林中，并且相互许下诺言，这充分表现出สุริโยไท希望摆脱伦理道德和王室礼仪的约束，追求美好爱情的愿望，即使对方是自己的表亲，并且地位比自己低，但也不能阻碍她对美好生活的向往和对美好爱情的憧憬。

典型环境对典型人物的性格起到直接塑造的作用。少女时期的สุริโยไท虽然很少受到政治文化、阶级关系的影响，但在当时社会背景下，繁杂的伦理道德和宫廷礼仪直接塑造了สุริโยไท天真活泼的性格特点和反叛精神。

2. 婚后宫廷斗争时期 สุริโยไท 的性格特点

在这个时期，作者着重塑造สุริโยไท作为一个已婚的王族女士该有的品格：关爱丈夫、关心国家。婚后的สุริโยไท已不见了当年的稚嫩，早已长大成人，并且在见证了残酷的宫廷斗争甚至是政变流血后，还能化险为夷，保护丈夫避免卷入残酷的宫廷斗争中。她能够在不同政治势力斗争中保全自己和家人，表明此时的สุริโยไท已不是当年的小女孩了，她已在残酷的斗争中磨炼出自己的意志和本领，成为一个沉着冷静、机智勇敢、聪明伶俐而又温柔贤淑、爱国爱民的妇女形象及性格特点。作者之所以把สุริโยไท塑造成这样一个形象，是为她以后为国献身成为泰国人民心目中民族英雄做铺垫。

สุริโยไท在和自己的表亲私下许下承诺后却不能像普通恋人一样相恋，在欣赏大象节盛会的时候，除了堂兄彼勒王爷向สุริโยไท表达了爱慕之情，貌美的她同样吸引了二王阿锡塔亚的儿子天亲王的注意。之后不久，阿锡塔亚王就向สุริโยไท的父母提出了婚约的要求，希望她嫁给自己的儿子天亲王。สุริโยไท在得知此事后非常伤心难过，一天夜里，她趁人们熟睡之际逃出了宫廷，但被暹罗国王拉玛铁菩提二世的夜巡军队抓住，她被带到了国王跟前，国王和她说了其中的利害关系，为了避免国家分裂，สุริโยไท忍痛割爱，嫁给天亲王，也算第一次为国牺牲了。

在对สุริโยไท性格特点的塑造上，作者通过描写สุริโยไท和表亲彼勒王子及天亲王三人复杂的感情纠纷，衬托出สุริโยไท虽然渴望自由，向往美好的爱情及生活，甚至为了爱情逃离宫廷，勾画出她与众不同的性格特征，但也在最后关头为了国家利益宁愿牺牲自己个人利益的大不畏精神，以及遇事沉着冷静、能够权衡各方利害关系的人格特征。

作者在这一节里也描绘了สุริโยไท温柔贤淑的一面。婚后她与天亲王幸福美满、开枝散叶。表明了她虽是民族英雄，但也是泰国众多温柔贤淑的妇女形象。但此时，暹罗国王拉玛铁菩提二世驾崩，二王阿锡塔亚即位为王，他的侄子蔡赖甲成为二国王，并成为军队的统帅。

之后不久，国王阿锡塔亚染上了葡萄牙人带来的暹罗从来没有见过的疾病——天花而驾崩了，太子继位。此时，缅甸看中了暹罗国王驾崩、新王登基的时机，入侵暹罗。蔡赖甲也以新国王无能保卫国家为由，发动政变，血洗宫廷。在这些事件中，สุริโยไท始终保持着沉着冷静的心态，使自己置身于宫廷政变之外，可见她的聪明和智慧。

而在她的丈夫天亲王正为政变这件事指责蔡赖甲的时候，สุริโยไท却以自己独到的眼光和敏锐的洞察力说出了自己的观点：

天亲王："那种事不可以再发生，我绝不容许这类事情再次发生！"

สุริโยไท："我认为蔡赖甲这次做对了。"

天亲王："做对了？杀死无辜的孩子（指年幼的国王）也是对的？"

สุริโยไท："是的，牺牲一条性命，无论无辜与否，能够救回全国千万人的性命。二国王知道如果什么也不做，无疑是坐以待毙，阿瑜陀耶也就完了。若你是他，你也会这样做的。"

这段简短的对话彰显出สุริโยไท独到的眼光和敏锐的政治洞察力，也道出了她忧国忧民，宁愿牺牲一个人而换来广大人民性命的卓越眼光。

菜赖甲国王登基后，过了一段时间，为了收复被缅甸占领的国土，平息北部诸侯国的叛乱，他亲自率领大军出去征战，而他的王后——出生于乌通家族的苏达珍，为了夺回家族作为王朝统治者的地位，与一位同是出生乌通的内务总管联合准备发动宫廷政变，而在外征战的国王则受了枪伤危在旦夕，就在这危急关头，สุริโยไท又以她敏锐的洞察力向丈夫建议出面保卫国家和人民：

สุริโยไท："国王受伤了，是枪伤。如果他死了，国家便没有领导人，您现在必须做决定了。"

天亲王："什么决定？"

สุริโยไท："准备出兵，如果国王驾崩，唯一能保卫国土的人就只有你了。"

天亲王："但国王还未驾崩……"

สุริโยไท："等到那时候可能已经太迟了，苏达珍王妃，一定不会放过这个大好时机。"

简短的对话，足以表明สุริโยไท忧国忧民，能够在危急关头沉着冷静，权衡分析各方各派势力的英雄形象。

蔡赖甲国王带着受伤的身躯归来，而苏达珍王后在下毒害死国王后，企图嫁祸给天亲王，天亲王为了自身安全皈依佛门，从而躲过了一劫。此时，出生乌通家族的王宫内务总管登上了王位。从此，苏达珍和新国王极力铲除异己，在形式非常危急的情况下，สุริโยไท毅然做出请求远在边疆领兵打仗的表亲彼勒王子班师回朝保卫国家的决定。这其中的英雄气概便一目了然了：

สุริโยไท："莱沙肯将军已经告诉了你我召你前来的原因了吧？"

彼勒王子："就算没有什么原因，只要是你的愿望，我也会前来。"

สุริโยไท："你一定知道国家已经陷入危机。"

彼勒王子："由国王登基的那天起，我便已知道。但我没有智慧和力量，我其实什么也做不了。"

สุริโยไท："这一切都是新国王和苏达珍，若没有他们，国家就不会这样，就能够国泰民安。"

彼勒王子："但国家便会没有国王。"

สุริโยไท："天亲王绝对有权统治阿瑜陀耶，只要国家失去了统治者，天亲王便会顺利登基为王，你不同意吗？"

สุริโยไท在彼勒王子的帮助下顺利推翻了新国王和苏达珍的统治，拯救了国家和人民。

สุริโยไท在宫廷政变中顺利地躲过一次又一次的浩劫，足以看出她是一位拥有卓越眼光和敏锐洞察力的统治者，但看到了几次流血政变和无辜的生命被杀后，她的仁慈和宽广的女性形象体现出来了：

สุริโยไท："慢着彼勒王子，施力王子是蔡赖甲国王的后裔，不该被处决。"

彼勒王子："但他也是苏达珍王后的儿子，不杀死他有违法律，而且还会继续威胁我们。"

สุริโยไท："难道血还流不够吗？"

彼勒王子："斩草不除根，岂不是要下一任国王和整个王朝……"

สุริโยไท："如果不是为了前任国王，那就当作为了我，我求你不要杀死那孩子。"

从对话中我们可以看出，สุริโยไท也是一位仁慈、心胸宽广的女性。

从上面的论述中我们可以看出สุริโยไท既是一位能够明察秋毫、沉着冷静、机智勇敢、聪明伶俐、温柔贤淑、爱国爱民的妇女，又是一位仁慈宽广的女性。

3. 作为暹罗王后时期สุริโยไท的性格特点

สุริโยไท在彼勒王子的帮助下挽救了国家和人民，此后，天亲王登基，成为暹罗国王，而สุริโยไท则成了他的王后，这时期的สุริโยไท已经是母仪天下的王后了，此时的对国家的责任也就更大了，作者在这一时期描绘的สุริโยไท既是一位受人尊敬的王后，又是一位能舍身救国的民族英雄！在缅甸军队攻城的危急关头，她毅然决定亲自参战杀敌：

สุริโยไท："王儿已经跟我深入讨论过了，这一场战是最艰难的，无论男女，都要为保卫阿瑜陀耶而牺牲。"

国王："我衷心感激你……，但保卫国土是男人的天职，让我和我的战士征战吧！"

สุริโยไท："缅甸的军队、战象犹如排山倒海般，若陛下有任何不测，阿瑜陀耶将失去国君，王儿和我已经准备在每一仗与陛下并肩作战！"

1549年，在与缅军作战过程中，สุริโยไท这位暹罗王后为国献出了宝贵的生命！

这样的大无畏精神足以证明สุริโยไท就是一位英勇、甘为国牺牲的民族英雄！

"典型环境不仅是形成人物性格的基础，而且还逼迫着人物的行动，制约着人物性格的发展。优秀的文学作品，总是自觉不自觉的符合这一艺术规律。"[①]สุริโยไท典型性格的形成，虽然与作者想要描绘的人民

---

① 童庆炳. 文学理论教程［M］. 4版. 北京：高等教育出版社，2008：215.

大众的形象息息相关，但我们不得不承认，สุริโยไท这个历史人物从出生到为国捐躯，她所处的历史环境时时刻刻都在"逼迫和制约"着她，使得สุริโยไท能在那个时期产生不同于任何人的历史意义，正因为这样，สุริโยไท这个名字已经不是某个时期的遢罗王后了，而是一个具有代表意义的符号，是整个泰民族勇敢、坚强的象征。

สุริโยไท的善良及甘为国家牺牲的大无畏精神也是在佛教熏陶下慢慢培养出来的，也是千万泰国人民善良勇敢的象征！

泰国普遍信仰南传上座部佛教，千百年来，佛教塑造了泰国人民乐善好施、温柔却又勇敢的性格特点。《สุริโยไท》中人物形象的塑造不仅仅是当时泰国社会典型环境下形成的典型性格，还有上座部佛教影响下形成的泰国民族性格，通过สุริโยไท性格的描写，作者刻画了泰国民族性格的佛教特色。因此，สุริโยไท也是泰国民族性格的集中反映，是千万泰国人民善良勇敢的象征！

三、结论

《สุริโยไท》是一部反映泰国历史上泰缅战争的史书，也是一部歌颂民族英雄的史书，书中主要分三个阶段描写สุริโยไท的性格特点：首先描写少女时期สุริโยไท天真活泼、纯情、羞涩、对美好生活的向往和对圆满爱情的憧憬，对生活充满希望但对王室礼仪的痛恨和因此产生的反叛精神少女形象。其次是婚后宫廷斗争时期的สุริโยไท，描写其在见证了残酷的宫廷斗争甚至是政变流血后，还能化险为夷，并能够在不同政治势力斗争中保全自己和家人，成为一个沉着冷静、机智勇敢、聪明伶俐而又温柔贤淑、爱国爱民的妇女形象及性格特点。最后是作为遢罗王后时期的สุริโยไท，这时期作者把สุริโยไท描写成为国牺牲的民族英雄的形象，歌颂了สุริโยไท国家民族至上的大无畏精神。这三个时期主要是典型环境下形成的反映当时泰国社会的人物性格特点，但也是千百年来南传上座部佛教熏陶的结果，是千万泰国人民勇敢善良的象征！

"每当评论一篇作品的思想性和艺术性时总要看它在塑造典型人物这个问题上的成败如何"。① 毋庸置疑，《สุริโยไท》对人物性格的描写是成功的，因此，它是一部伟大的作品，是一部值得我们去细细品读和研究的历史著作！

参考文献：

［1］贺圣达. 东南亚文化发展史［M］. 2版. 昆明：云南人民出版社，2011.

［2］童庆炳. 文学理论教程［M］. 4版. 北京：高等教育出版社，2008.

［3］邓望鸿. 关于文学作品中典型人物的探析［J］. 河池师专学报，1987（2）.

［4］廖宇夫. 泰国《坤昌坤平唱本》女性形象对社会现实的影响［J］. 东南亚纵横，2006.

［5］邵瑜莲. 女性形象及其文化形态［D］. 济南：山东师范大学，2002.

［6］เทิดพงษ์ เผาไทย.สมเด็จพระศรีสุริโยไท.สำนักพิมพ์น้ำฝน.ประเทศไทย

---

① 邓望鸿. 关于文学作品中典型人物的探析［J］. 河池师专学报，1987（2）：81.

学术争鸣
·········

韩语学科中核心素养的培养

■ 天津市第四十一中学　李　曼

【摘　要】语言类学科的核心素养，主要就包括语言表达能力、思维品质和文化品位三个方面。培养学生的核心素养在全世界范围内都引起了关注，而且还会随着时代的变革和发展进行更深层次研究，当今社会，需要的是综合素质和创新能力突出的人才。那么，在我们的韩国语教学课堂中如何才能根据学生的认知特点而渗透培养学生的核心素养呢？总的来说，主要是通过表达、模仿、阅读、引导等方法慢慢实现的。

【关键词】核心素养；语言表达能力；思维品质；文化品位

就一门学科而言，知识、能力和品质构成了核心素养，但并不是简单的相加。如果设计任何一门学科的教学目标和教学活动都站在素养的角度，那任何学科培养出的学生不仅仅是学习能力的提高。所以，为了培养学生全方位的能力和品格，当今教师的核心任务就转到知识引导、思维培养和品格塑造上面了。

一、核心素养的教学意义

北师大肖川教授认为："从学科角度讲，要为素养而教，学科及其教学是为学生素养服务的，而不是为学科而教，把教学局限于狭隘的学科本位中，过分地注重本学科的知识与内容，任务和要求，这样将十分不利于培养视野开阔、才思敏捷并具有丰富文化素养和哲学气质的人才。"实际上，任何学科知识都可以分为表层涵义和深层涵义。表层涵义就是我们常说的学科内容，深层意义是蕴含学科内容之中的精神和意义。任何学科的教学都不是仅仅为了使学生获得知识和技能，而是要同时获取思想和方式等的生成与提升。这就是为什么我们教学目标的设计不仅有知识与技能目标，还有情感态度价值观目标。因此现代教育的最终目标是努力把学生培养成为有知识、思维灵活、品德高尚的人。

二、重点培养学生的三大核心素养

语言的魅力就在于，它可以通过简单的几个单词或是不同的语调来表达不同的情绪和独特的思维。所以，具体到语言类学科的核心素养，主要就包括语言表达能力、思维品质和文化品位三个方面。语言表达能力，指通过语言来理解和表达思想内容和思想感情的能力；思维品质，指思想特征或方式，往往能体现出逻辑性或创造性的水平高低；文化品位，指学生对文化的理解和认知，并对此表现出的认可度。

三、韩语学科培养核心素养的方法及途径

（一）语言表达能力

我们都知道，语言表达能力实际是三方面的集合体，即深厚的语言功底、坚定的自信心和多听多读多说的毅力。古人云："一言可以兴邦，一言也可以误国。"言语得失，小则牵系做人难易，大则连及国家兴亡。可见，语言能力显得尤为重要。韩语，对于刚刚踏入中学校门的学生来说，既新奇又陌生，既热爱又恐慌。周遭的环境和媒体的宣传，使得学生们对于韩语很熟悉，但又不知该如何掌握，所以，作为教师，想要培养学生的语言能力，就应该同时从功底、自信和毅力三个方面着手，帮

助学生慢慢建立良好的学习习惯和坚定的自信心。比如，课堂上为学生设计"描述我眼中的她（他）"的游戏时，起初，学生们玩这个游戏都很紧张，不知道要选择谁来描述，更不知道要用什么样的词或句子来描述，但如果把学生分成了几个小组，大家集思广益，学生的状态就慢慢回归了，讨论热烈，选词丰富，乐趣性增添，跃跃欲试。慢慢地，学生们的自信心增强，之前学过的词汇也都扎实牢固，在游戏中，通过听、说，也都锻炼了表述能力。我相信，长此以往，通过类似活动，学生们一定会提高语言能力。

（二）思维品质

认知心理学认为，思维品质体现在五个方面：深刻性、灵活性、独创性、批判性和敏捷性。教师要想培养学生的思维品质，必须要根据学情特点和不同的教学内容，设计形式多样、内容丰富的教学活动。

1. 深刻性

思维的深刻性是一切思维的基础，因为只有记忆深刻才能深入思考，从而发现规律。比如，学习韩语单词时，韩语单词中形容词和动词的构词很有特点，只要学生通过大量的词汇仔细观察就能发现其中的规律，所以，在课上，用此方法，学生明确了韩语的动词和形容词的构词形式，这种发现和记忆有助于日后学习和理解"词干"的含义，从而也有利于学生记忆"终结语尾"的添加方式。

2. 灵活性

思维的灵活性是思维深刻性的展现形式，是指学生在深刻记忆的基础上，把所学的内容通过不同形式展示出来，以实现知识的多样应用。比如，在韩语活动课时，为学生设计游戏，这个游戏有点类似于"谁是卧底"，就是让每个学生随机抓一个纸条，每个纸条上面都有一个物体名词，学生抽到哪个名词，就描述哪个，如果别的同学猜到了就赢，没猜到就继续下一轮游戏。游戏全程都要使用韩语，如果不会整句描述，可以选择自己熟悉的单词。通过此方法长期的训练，学生可以灵活运用所学，在不同的环境和情境下，表达出自己的本意。

3. 独创性

思维的独创性是思维灵活性的又一表现形式，是指学生能够将所学知识创新性地迁移或再造，形成新颖的想法。比如，给学生拟定一个情景，可以对话可以作文，学生就可以从脑子里调出所有学过的知识进行重新组合和迁移，使之能够适合所拟定的情景。以下是假定欢迎韩国人来校参观学生写的简短欢迎简介词：

여러분,안녕하십니까?

한국에서오신 여러분들께 열렬한 환영을 드리겠습니다. 우리학교는 1933년에 지어진"지달"학교로 발전해오고 천진시에서 첫째 역사 명문중학교라고 합니다. "지달"라는말은 의지력이 있으면 모든게 성공할 수 있다는 뜻입니다. 우리학교의교풍은 상지,후덕,독학,려달입니다. 그것은 의지력과 도덕을 송상하고,열심한 공부를 통해 이상을 달성할 것이라고 하는 뜻입니다.

4. 批判性

思维的批判性是指学生在理解和分析所有信息之后，经过思考，判断出对与错、好与坏、适合与否等的想法体现。比如，在教授过去时表达时，让学生回忆周末在家做了什么，答案肯定多种多样，但这时如果我们突出表扬那些在家能够帮助父母做些家务或者做其他更有意义的事的同学，就能为学生指出一个更好的榜样和学习方向，这就会培养学生的批判性思维能力。

5. 敏捷性

思维的敏捷性是指学生能够快速反应出相对立或相对应的知识，或者是能够快速想到某些问题答案的能力。比如，在平时的韩语学习中，我会经常设计一些听力或阅读的活动，听力可以是有关知识的，也可以是娱乐性的，多练习听力可以培养学生快速调动脑中单词的能力，而后再快速将单词组成句子，最后找出相应的答案。娱乐性的听力，乐趣性就更高一些了，学生可以不用考虑答案，只把听到的反应出来即可。如果再增添一些乐趣的话，可以每周抽几节课组织学生去阅览室或者图书馆上阅读课，因为设计阅读问题时，可以把同义的句子用不同语法来表达，所以对培养学生快速理解和反应能力有好处。

（三）文化品位

文化是智慧群族的一切群族社会现象与群族内在精神的既有、传承、创造、发展的总和。更具体一点说是一切信仰、思想、风俗、行为等的总和。韩国语教学的根本目的就是与韩国人进行交流，培养学生的文化意识，锻炼学生与不同文化背景的人进行文化交流。这种能力的培养不是靠单纯的语法知识的灌输来实现的，而是需要教师能够根据学生的特点和认知，拓展文化知识的内容和范围。

比如，我们在教授用"안녕하세요?"问好时，给学生讲了韩国人问好的习惯是45度鞠躬，即使是关系特别亲密的人之间见面也要点头问候；还有，韩国人在有老人在场的情况下进餐时，如果老人不动筷，小辈就不能动。这些行为和生活习惯让学生了解韩国也是个文明当先的国家，它们这种尊老和互敬的品格是值得我们每一个人学习的。又或者，在讲授"上楼或下楼"这个词组时，如果此时我们同时教给学生在上下楼梯或扶梯时，应该靠右行或站立，这样就能为后面着急的人让出通道，方便大家出行。这种渗透式的讲解就把三个目标融合成了一个教学任务。如果我们教师把这些点滴的品格渗透在教学活动中，就不用刻意地另寻他径去提高学生品格素养，学生自然而然就能形成文明的行为规范，提升自身的品格修养。

从2005年开始，我国的台湾地区启动了核心素养研究，确立了专题研究计划——《界定与选择核心素养：概念参考架构与理论基础研究》（简称DeSeCo计划）。从2009年起，日本国立教育政策研究所启动了为期5年的"教育课程编制基础研究"，关注"社会变化的主要动向以及如何有效地培养学生适应今后社会生活的素质与能力，从而为将来的课程开发与编制提供参考和基础性依据"。这样看来，培养学生的核心素养在全世界范围内都引起了关注，而且还会随着时代的变革和发展进行更深层次研究，当今社会，需要的是综合素质和创新能力突出的人才，所以我们的教育也要跟上时代的步伐，力争将我们的学生培养成未来需要的人才。

参考文献：

[1]蔡永新.运用谈话语言艺术，提高班级管理实效[J].读写算（教育教学研究），2015（5）.

[2]陈祝群.浅谈班主任对个别学生的谈话技巧[J].中学教学参考，2015（24）.

[3]刘芳.高校英语教师批判性思维发展研究：一项基于学研共同体的个案研究[D].上海外国语大学，2015.

[4]粟勇.高中英语教学培养学生批判性思维的实验研究[J].南北桥，2014（10）.

[5]王秀军.浅谈说话的艺术[J].现代交际，2012（7）.

[6]王月芬，徐淀芳.论三维目标的设计、实施与评价[J].上海教育科研，2010（2）.

[7]徐明秀.加强中学生思想道德素质教育应注意的原则[J].铜仁师范高等专科学校学报，2003（4）.

[8]杨颖.语言的魅力[J].新课程（教育学术），2012（1）.

[9]张荣.浅谈语言表达能力在教学中的应用[J].教育界，2015（27）.

［10］核心素养：为了培养"全面发展的人"［EB/OL］. http://www.
hrbie.com/newsInfo.aspx?pkId=14796.

［11］核心素养与教学改革［EB/OL］. 百度文库. http://wenku.
baidu.com/view/785970db7375a417876f8f63.html.

非洲本土知识分子领导非洲民族主义运动的必然性分析

——以曼德拉和克鲁梅尔为例

■ 天津外国语大学　刘　丽

【摘　要】为了拯救"非洲人的非洲"，争取"民族独立和自由"，古老的非洲大陆自19世纪末至20世纪中后叶掀起了轰轰烈烈的民族主义运动，无数的民族主义者为探寻非洲的出路进行了艰苦卓绝的不断尝试。首先，基于非洲其他阶层弱小的现实状况，非洲知识分子义无反顾地肩负起了民族主义运动的领导重任。其次，非洲本土知识分子和非洲海外知识分子的思想及观点又有不同。因此，本文以两位具有代表性的非洲知识分子——曼德拉和克鲁梅尔为例，通过对他们的成长过程、生活经历、思想特点等进行对比，分析非洲本土知识分子最终获得非洲民族主义运动领导权的必然性。

【关键词】非洲知识分子；非洲民族主义；殖民主义；种族主义

一、非洲民族主义思想的形成

古老的非洲大陆既孕育了人类生命的起源，又遭受了奴隶贸易、殖民统治的深切苦难。非洲人民在痛苦中挣扎的同时，形成了具有"非洲特色"的民族意识，即非洲民族主义，并在二战的炮火声中将民族独立运动逐步推向了历史的高潮，赢得最终的胜利。

（一）奴隶贸易时期——种族主义理论甚嚣尘上

随着大西洋奴隶贸易的发展，在缺乏有力的伦理和宗教观点的支持下，为了将其合理合法化，欧洲学者们借助17世纪兴起的动物植物分类学的相关理论，妄图凭借人种的外在差异来断言，非洲人是愚昧野蛮的代名词，只配成为奴隶，并大力鼓吹其种族主义理论。

1735年，瑞典博物学家卡尔·冯·林奈发表了《自然系统》一书，以颅骨学和肤色为依据将人划分为欧洲人、美洲人、亚洲人、非洲人四类，其中黑色人种的非洲人位于最末。这被一些别有用心的西方学者当作了种族主义的理论依据。此后，法国博物学家乔治-路易·布丰在《自然历史》一书中提出，白人是最健全的人种，有色人种则是退化的人种，黑人比其他任何人种更接近于猴子；英国哲学家大卫·休谟在《论民族的特征》中指出黑人与生俱来不能被文明化，他们之中找不出任何值得称道的伟人；德国古典唯心主义创始人伊曼努埃尔·康德在《对美和高尚感情的观察》中认为，非洲黑人之所以愚钝在于种族遗传特性使然，而肤色正是这一遗传特性的明显标记……[①]不难看出，欧洲学者借助各种理论进行的人种分类其实是一种阶层的划分，其最终目的是进行生命的价值判断。

四百年的奴隶贸易带给非洲的绝不仅是骨肉离散、家庭破裂的人伦悲剧，还有非洲人深入骨髓的自卑感，其民族创造力和进取心因此大大受挫，"黑人"成了奴隶的代名词。1766年10月，法国路易十五国王的海军大臣在一项指令中明确指出："所有黑人都是作为奴隶运到殖民地来的，奴隶制将不可磨灭的印记打在他们后代的身上。可以相互颠倒的公式'奴隶=黑人'成为被接受的、确定的、合法的真理。"（Koben，1981：85）但也正是伴随着这种巨大的心理压迫，在与奴隶贸易和奴隶

---

① 张宏明：《近代非洲思想经纬》，北京：社会科学文献出版社，2008年，第35页。

主的斗争中，"非洲意识"随之觉醒，奋发自强的种子在非洲的沃土中生根发芽，仇视白人的"泛非主义"则成了非洲民族主义思想的源动力[①]。

（二）殖民统治时期——非洲民族主义茁壮成长

随着1884年柏林会议的召开，欧洲列强开始加大对非洲内陆的侵吞力度，远在欧洲谈判桌上达成的协议却决定了本应作为主人的非洲人的前途和命运。一批非洲的有识之士最先意识到非洲已经到了生死存亡的重要关头，外部的侵略促使他们号召所有的非洲人团结起来，争取"民族独立"，保卫"非洲人的非洲"，提出了"反对一切殖民政策"的斗争口号。全民族的同仇敌忾引燃巨大的精神力量，并成为非洲民族主义产生的精神基础。

随着西方教会学校的建立和西方"民族—国家"概念的引入，最先接触这一西方价值观念的非洲本土知识分子，和远在美洲、绝大部分为获释奴后代、同样深受苦难却接受了西方现代教育的海外非洲知识分子必然成为尝试拯救非洲的先驱者，肩负起非洲民族主义运动的领导重任。

二、非洲知识分子的重要作用

非洲的无产阶级组织程度不高，政治上不够成熟；大多数国家民族资产阶级尚处于形成过程中，力量薄弱。而民族知识分子具有强烈的民族意识和国家观念，最先接触西方自由民主思想并认清了殖民主义的本质，是文化水平最高的社会集团。在这种特定的历史条件下，非洲民族知识分子作为一支最先觉悟的政治力量，不但充当了反帝反殖斗争的先

---

① 李安山：《非洲民族主义研究》，北京：中国国际广播出版社，2004年，第31页。

锋队，而且成了整个民族独立运动中的领导骨干。[①]

（一）非洲知识分子的特点

在处于特殊历史时期的非洲国家当中，民族知识分子的出现与教会学校的建立、殖民地教育政策等都具有不可分割的紧密联系，因此其思想特点也具有明显的两面性。

首先，萦绕在他们生活环境中浓郁的非洲传统文化与接受现代教育时所接触的强调"自由、民主"的西方文化和价值观产生对撞，对于新生活的向往和探寻解救国家道路的希望使他们对西方文化和政治产生幻想，容易产生"西化"的倾向。

其次，在接受西方教育时，非洲知识分子会对非洲传统文化的价值进行反思，同时也会对其产生疑惑甚至蔑视。西方资本主义道路是否完全适合于非洲国家，始终困扰着非洲民族知识分子。

此外，强劲的内聚力使得非洲知识分子容易"曲高和寡"，在保持内部团结的情况下容易脱离广大人民群众。

虽然如此，非洲知识分子的两面性中总是优越的一面占有优势，因此他们仍然坚定地领导着非洲民族主义运动。

（二）非洲知识分子在民族主义运动中所起的重要作用

1. 支持兴办教育，创办报刊以启迪民智

非洲老一辈的民族主义者始终认为唯有教育才能使非洲重新崛起，才能使非洲的文明和传统文化获得承认。黑色人种完全不逊色于白色人种，甚至优于白色人种。

布莱登一生都致力于改造非洲教育，他坚持认为维系和弘扬非洲个性应该成为非洲教育发展的宗旨和方向。1881年1月5日，时任利比里

---

① 李安山：《论西非民族知识分子的特点及其在民族独立运动中的作用》，载《世界历史》，1986年第3期。

亚学院校长的布莱登在蒙罗维亚的一次演讲中直言不讳地指出："在通常情况下，由非洲本土培养的黑人学生比外国培养的黑人学生优秀；而在非洲本土，由非洲传统方法或伊斯兰学校培养出来的黑人学生要比西方教会学校培养出来的黑人学生优秀。"①

除此之外，非洲民族知识分子还努力创办报纸杂志来启迪民智，在法属西非，据统计，达荷美从1894年到1960年共出版了62种报纸杂志，其中大部分是由本地知识分子创办。②

2. 唤起西非人民的民族自尊心和民族自豪感

非洲的有识之士早在20世纪初就指出："奴隶的思想状态是非人道的贸易遗留给我们的罪恶之一。所有那些极大地阻止个人或共同体进步的心理特征都有理由归于这一罪恶的财富。"③因此，创造力和自信心的缺失是殖民统治带给非洲人民更具隐蔽性的巨大伤害。

非洲知识分子利用所学，积极探索非洲古代文明和历史，最先提出了"非洲个性"，强调非洲人的特点及与其他种族的区别。20世纪30年代出现了"黑人传统精神"文化运动。桑戈尔和西塞尔等留学巴黎的黑人学生崇尚非洲文明，以黑人为骄傲，"寻找非洲血统之根源"，他们的诗歌著作中充满了火一般的激情。④这种"黑人传统精神"是黑人个性的延伸和发展。民族自信心的恢复大大推动了非洲民族独立运动的开展。非洲知识分子不仅使广大非洲人民认识到了非洲文明和传统文化的真正价值，而且给他们指明了进行反对殖民主义斗争的重大意义。

---

① 张宏明：《近代非洲思想经纬》，北京：社会科学文献出版社，2008年，第320页。

② 李安山：《论西非民族知识分子的特点及其在民族独立运动中的作用》，载《世界历史》，1986年第3期。

③ 利奥·斯派泽：《塞拉利昂的克里奥人》，威斯康星1974年版，第110页。

④ 李安山：《论西非民族知识分子的特点及其在民族独立运动中的作用》，载《世界历史》，1986年第3期。

3. 领导民族独立运动

反对殖民统治、争取民族独立，这是非洲民族知识分子在民族独立运动中的最重要的目标。作为反殖的先锋队，他们毅然肩负起了民族独立运动的领导重任。

1897年，黄金海岸殖民政府为了掠夺土地，发布了土地法案。这一新法案引起人民的极大愤慨，由一些民族知识分子发起组织的土著权利保障协会应运而生。这个协会影响很大，有一份当时的报告提到："这些先生们，由于他们所受的教育和所处的职位，成了同胞们的领袖，受到同胞们的追随、信任和爱戴。"①

三、非洲本土知识分子与非洲海外知识分子的思想差异比较

面对殖民当局施加的巨大压力，非洲知识分子毅然肩负起反殖的领导重任。但基于他们成长求学经历的差异，非洲本土知识分子和非洲海外知识分子在思想上仍有不同，他们在探索非洲的未来时所选择的道路也有所不同，其最根本的差异就在于他们对非洲传统文化的态度和对西方文化和价值观的评判。非洲的民族主义运动究竟应该由与非洲传统文化融合更为紧密的本土知识分子，还是由远在海外却更早接触现代教育、更早提出"泛非主义思想"的海外知识分子来领导呢？

案例一：纳尔逊·曼德拉——非洲本土知识分子代表

1918年7月18日，纳尔逊·曼德拉诞生于南非东开普省科萨族滕布人的一个贵族家庭，父亲任大酋长的重要顾问。他从小就深受非洲民族主义思想的熏陶。族中老人经常给孩子们讲述祖辈为保卫自己的家园

---

① D.基姆伯：《加纳政治史（1850—1928）》，第92页。转引自李安山：《论西非民族知识分子的特点及其在民族独立运动中的作用》，载《世界历史》，1986年第3期。

而奋战到底的故事，如祖鲁人丁干和班巴塔，科萨人欣查和马卡纳，以及北部的塞库库尼等反抗白人入侵的英勇事迹。这些人被当作非洲民族的光荣和骄傲。[①] 在他16岁的成人礼上，主持人的一句话让一颗自由的种子在曼德拉心底扎根："你们现在也许成为一个男人，但是一个被征服的民族绝对不会享有自由和独立。"[②]

1938年，曼德拉来到非洲第一所招收非洲学生的大学——黑尔堡大学学习，在那儿他进一步受到非洲民族主义的影响。1944年，在沃尔特·西苏鲁的介绍下他加入非洲国民大会，正式投身于非洲民族解放运动。1948年，曼德拉当选为青年联盟全国书记，并在1952年6月领导了以"非暴力抵抗"和"与其他种族联合"为特点的"蔑视运动"。

随之而来的长达27年的牢狱生活没有磨灭曼德拉的斗争热情和意志，相反，给了他更多思考与沉淀的时间。虽然没有著书立传，但是曼德拉的精神不断地激励着非洲民族主义的后继者。

由此可见，通过童年与青年时期的耳濡目染，灾难深重的非洲深深触动了曼德拉的心弦，成年后与殖民主义者的斡旋斗争促使曼德拉从一个狭隘的、排外的地方民族主义者逐渐成长为一个团结一切可以团结的力量，与棕色人种、白色人种共同合作反抗殖民统治的彻底的非洲民族主义者。

基于他的成长经历，曼德拉非常推崇和向往非洲早期的社会结构——酋长制。他认为，在这样的社会里，"主要的生产资料——土地，属于整个部落，没有任何私人所有制，也没有阶级，没有贫富和人剥削人"。[③]虽然这样的制度有些不合时宜，无法带来先进的生产力和生产关系的变革，但是毫无疑问，这其中蕴含着非洲人民对于民主的渴望。

① 《曼德拉1962年法庭辩护》，转引自杨立华：《南非黑人领袖纳尔逊·曼德拉》，北京：社会科学文献出版社，1988年，第131页。

② Ruth – Anna Hobday, op. cit, p.15.

③ 纳尔逊·曼德拉：《斗争是我的生命》，南部非洲国际防务和援助基金出版社，1978年，第142页。转引自杨立华：《南非黑人领袖纳尔逊·曼德拉》，北京：社会科学文献出版社，1988年。

其次，作为一个贵族家庭中成长起来的受过良好教育的非洲人，曼德拉依然因为他的肤色受到歧视和侮辱，其他贫苦百姓的遭遇由此可知，因此曼德拉坚定地反对种族主义，追求种族平等。他说："我极其强烈地仇恨种族歧视，无论其表现形式如何。我过去同它斗争，现在同它斗争，并将继续同它斗争，直至生命的最后一刻。"①

为了积极开展反对种族主义斗争，1952年，非国大与印度人大会联合发起了一场规模盛大的"蔑视不公正法运动"，曼德拉任该运动的总指挥。活动从6月持续到10月，曼德拉的足迹遍布南非各地，积极地发动群众，募集志愿者，活动从城市蔓延至农村，志愿者们进入只准白人进入的火车入口、公共车站、邮局等，公然蔑视不公平的种族主义法令。虽然运动遭到了南非当局的残酷镇压，但是它依然表达了曼德拉对种族主义政策的愤恨和对自由的向往。

此外，曼德拉主张与其他种族协同合作，共同斗争，不但要协调"黑色人种"与其他人种间的合作关系，同时也要加强"黑色人种"间的内部团结。

通过曼德拉的成长轨迹和思想主张可以发现，非洲本土知识分子由于从出生开始就亲眼看到并亲身体会了殖民压迫和种族歧视的悲惨命运，因此对殖民统治有着较为深刻的反抗意愿和需求，对于西方殖民统治者推行的殖民政策的本质也有较为清醒的认知；对于从小伴其长大的非洲传统文化有较为深刻的理解，在接受现代教育的熏陶之后可以将二者有机地融合起来，既能利用现代知识和文化推动本土生产力的发展，又能把非洲传统文化中的精华发扬光大。

案例二：亚历山大·克鲁梅尔——非洲海外知识分子代表

1818年，亚历山大·克鲁梅尔出生于美国纽约，他的祖先是约鲁

---

① 纳尔逊·曼德拉：《斗争是我的生命》，南部非洲国际防务和援助基金出版社，1978年，第142页。转引自杨立华：《南非黑人领袖纳尔逊·曼德拉》，北京：社会科学文献出版社，1988年。

巴人，父亲波士顿·克鲁梅尔在奴隶贸易中被劫掠并贩卖到美洲。在克鲁梅尔的童年时期，他的父亲已经获得自由身份，因此他得以在较好的环境中成长。在纽约居住时，他的邻居多为有自由意识的非洲知识分子，使他获益良多。在纽约完成基础教育后，1847年，年近三十的克鲁梅尔在废奴主义者的帮助下前往英国深造。1853年，完成学业后他选择移居利比里亚，作为美国圣公会的黑人牧师，在西非地区传教。①

关于克鲁梅尔的思想主张，首先，由于他的整个童年及青年时期都在纽约度过，与非洲社会的接触极为有限，受到的更多是西方文明的熏陶，因此他并不是一个文化民族主义的追随者，对于非洲传统文化既不熟悉，也不热衷。但同时他又具有爱国热情，坚定地支持废除奴隶制和消除种族歧视。值得关注的是，克鲁梅尔的废奴主义观点是以神学为基础。许多种族主义者往往以"遵从神的旨意"为借口，进行种族压迫。而克鲁梅尔本身就是一位造诣颇深的神学家，对于《圣经》内涵的解读使他可以"以彼之道还治彼身"，戳破种族主义者的荒谬借口，揭露其受意识形态驱使的丑陋嘴脸。

其次，对于西方殖民主义，克鲁梅尔始终抱持着一种较为矛盾的心理。一方面，通过在西非的传教经历，克鲁梅尔亲眼看到了殖民统治的残酷性和掠夺性，以及由此产生的"黑人种族主义"对当地人的毒害，因此他毅然举起了反对殖民统治和种族主义的大旗；但是另一方面，从小接触的西方价值观念又使得他对于"借用西方文明来改造非洲"抱有幻想，他极力主张把西方价值观引入已经病入膏肓的非洲社会机体，从而使非洲能够站在所谓的"西方巨人"的肩膀上，利用成熟的西方文明来引导落后的非洲的变革，从而使其获得政治上的独立和经济上的自强。

此外，克鲁梅尔是最早从事语言与社会关系问题研究的黑人知识分子之一，他支持英语在非洲的普及，认为这是构建利比里亚共同文化的

① 张宏明：《近代非洲思想经纬》，北京：社会科学文献出版社，2008年，第202页。

基点。在《利比里亚的英语》一书中，他指出，所有西非的语言"象征着思想观念的落后"，而英语是一种"带有不同寻常力量的语言……并且非常简洁易懂"，"象征着自由"①。克鲁梅尔之所以得出这个结论，主要是基于利比里亚的现实情况。上万名返回非洲的获释奴，他们的祖先来自不同的非洲民族，具有不同的传统习俗，甚至混杂着不同种族的血统，而英语是他们共同熟悉的语言，可以成为彼此沟通的桥梁。对于崭新的利比里亚来说，没有比共同的语言更好的社会黏合剂了。

通过对克鲁梅尔思想主张的分析，我们可以看出，以其为代表的非洲海外知识分子绝大部分在美洲出生、成长，空间因素导致他们对于非洲传统文化产生疏离感，但"黑色人种"的根本属性又激励着他们关注并积极投身于非洲的反对殖民主义和反对种族主义的斗争中去。相较于本土知识分子，非洲海外知识分子更早接触自由、民主、人权等西方观念，思想更为开明，眼界更为广阔，善于利用知识作为武器反击种族主义和殖民主义的谬论，使其以己之矛攻己之盾；在海外流离失所的生活经历使得他们更注重彼此间的团结互助，也极早醒悟只有团结的力量才能拯救非洲，因此最早提出了"泛非主义"的构想，并得到其他非洲同胞的赞赏与支持。但是，全套西方知识体系和价值观念武装起来的头脑更易产生"西化"问题，认为西方的一切都是现代的、文明的、精致的，而非洲的一切都是落后的、野蛮的、粗鄙的，极力革除非洲的一切传统符号，这必然导致海外非洲知识分子在面对殖民主义时产生动摇，乃至于认可其合法性，认为这是非洲走向现代化的必经之路，是分娩"新生命"的阵痛期。对殖民政策抱持幻想，妄图以西方经验全盘否定非洲传统，往往是海外非洲知识分子存在的较大问题。

---

① Alexander Crummell, *The English Language in Liberia*, New York: Bunce & Co., printers, 1861, pp.11–12.

四、结论

非洲的民族主义运动在非洲本土知识分子和非洲海外知识分子的领导下蓬勃发展，在二战后达到巅峰，并最终赢得了民族独立的巨大胜利。非洲具有独特的历史和文化，古代桑海帝国、马里帝国等都曾创造辉煌的人类文明，为人类的进步做出了巨大贡献。因此批判非洲没有文明或全盘否定非洲文化的做法都是错误的。在非洲民族主义运动中，需要一支既了解非洲传统文化，又积极探索现代文明，既经历过残酷的殖民压迫，又对推翻殖民统治具有迫切需求，既能客观地评价西方文化和经验，又能使其为己所用，积极发展非洲社会经济和民生的先锋力量。通过对非洲本土知识分子和非洲海外知识分子的思想特点进行对比，我们发现，本土知识分子从小受到更为浓郁的传统文化熏陶，对于"非洲个性"有更为深刻的理解和代表性；亲历过殖民统治的残酷迫害，又迫切地渴望获得民族尊严和自决；通过在西方教会学校的学习，接触并掌握了现代知识和西方价值观，在探寻非洲未来发展方向时能够做到知己知彼，将非洲传统与现代相结合，寻找到一条适合非洲的独特发展道路。同时，海外非洲知识分子对于非洲民族主义运动的支持和贡献也不可漠视，他们利用所学，率先觉醒并启迪非洲本土同胞，利用自己独特的视角，为非洲的独立和发展探索不同的道路。同时，对于反殖的不确定性和不坚定性又使得他们极易处于自我矛盾之中。

综上，非洲的民族主义运动必然由本土知识分子来领导，同时非洲海外知识分子的全力支持和帮助也是最终赢得非洲独立不可或缺的重要因素。

参考文献：

[1] 贺文萍. 曼德拉的民族主义 [J]. 世界经济与政治，1992（5）：27—32.

［2］李安山. 论西非民族知识分子的特点及其在民族独立运动中的作用［J］. 世界历史，1986（3）：33—42.

［3］李安山. 西非民族主义思想的产生及其表现形式：西非民族主义思想论纲之一［J］. 西亚非洲，1995（3）：28—38.

［4］李安山. 西非民族主义思想的基本特点：西非民族主义思想论纲之二［J］. 西亚非洲，1995（4）：28—38.

［5］李安山. 曼德拉民族主义思想的缘起与演变［J］. 北京大学学报，1997（6）：95—103.

［6］李安山. 非洲民族主义研究［M］. 北京：中国国际广播出版社，2004.

［7］李保平. 传统与现代：非洲文化与政治变迁［M］. 北京：北京大学出版社，2011.

［8］李新烽. 论曼德拉精神及其产生原因［J］. 西亚非洲，2014（6）：65—81.

［9］舒运国. 试析早期泛非主义的特点［J］. 西亚非洲，2007（1）：15—20.

［10］杨立华. 南非黑人领袖纳尔逊·曼德拉［M］. 北京：社会科学文献出版社，1988.

［11］张宏明. 近代非洲思想经纬［M］. 北京：社会科学文献出版社，2008.

［12］Crummell, A. *The English Language in Liberia* [M]. New York: Bunce & Co., printers, 1861.

基于国家认同塑造的新加坡语言政策选择

■ 天津外国语大学 王晓峰

【摘 要】作为多民族、多文化、多宗教的国家，新加坡在独立后，由于特殊的地理位置和与马来西亚历史政治关系，在语言政策上经历了从以马来语为尊的多语教育，到逐步系统化地以英语为重的双语教育模式转变。近年来，新加坡政府开始大力推广华语教育，强化了国民的国家认同感。国家认同包括历史认同、文化认同、政治认同三个维度。文化认同最基本的着眼点就是国民教育，而国民教育培养国家认同感的最基础途径就是语言教育。独立后的新加坡的语言政策变革状况，是新加坡经济政治社会历史发展状况的反映，其转变亦影响着新加坡国民的国家意识和文化认同。

【关键词】新加坡语言政策国家认同；教育

近代以来，伴随着发达资本主义的生产和产品的世界性扩张，全球化浪潮已势不可挡，强烈地塑造了世界的面貌，冲击了《威斯特伐利亚合约》确立的民族国家体系，民族国家作为人类社会存在方式的核心地位被削弱。美国政治学家亨廷顿（Samuel P. Huntington）说过："在这个新的世界里，最普遍的、重要的和危险的冲突不是社会阶级之间、富人和穷人之间，或其他以经济来划分的集团之间的冲突，而是属于不同文化实体的人民之间的冲突。"（亨廷顿，2010：6）许多国家不得不面临国家认同的危机，不得不强化并发挥语言教育在维护政治价值、文化传统等方面的功能。教育政策、语言政策和文化认同之间相辅相成。作为具有多元文化的新型民族国家，新加坡的国家认同更具有紧迫性，更加注重通过调整语言政策，强化新加坡人民的国家认同。本文通过分析新加坡语言政策的变化过程的三个阶段，研究新加坡语言政策选择的历史必然性以及语言政策对新加坡国民国家认同的影响。

一、独立初期百废待兴

新加坡在二战前是英国的海峡殖民地，二战中又是皇家殖民地，长期以来都是大英帝国在东南亚最重要的港口和军事基地，因此，新加坡长期处于英国的管控之下，盛行英语。全英文的环境促使当时的新加坡人有着英国式的文化价值观和英式口音，且早前英国人在海峡殖民内推行分而治之的政策，使得新加坡各大民族鲜有来往，各自保留自己独特的经济文化和社会生活特征。

新加坡并入马来西亚联邦后，将马来语定为国语。同时新加坡的教育方针要求各种族的教育与语言平等，不同源流的教育体系统一，要求用"共同的国家观念和衡量事物的共同标准"教导民众。但合并后的新加坡未能得到预期的经济利益，华人与马来人关系紧张，甚至爆发了种族骚乱，新加坡人诸多政治诉求难以实现。1965年，新加坡非自愿正式脱离马来西亚而独立。新加坡宣布独立后，在国内各种族彼此分离的背景下，选择一种通用语来打破各民族之间的隔阂、培养以新加坡为中心的国家意识和文化认同，对保障建国伊始新加坡的生存而言，是一项迫在眉睫的任务。

所以，在这个面积仅有700多平方千米，华人占多半，背处马来世界的小国，其地理位置和政治角色变得十分特殊与尴尬。如何快速实现经济高速发展，如何使得新加坡的多民族和谐相处、共同发展，同时又能在国际化浪潮中最大限度保证新加坡本国的利益，是新加坡自建国以来一直考虑的问题。

李光耀认为，一个新兴国家百废待兴，最需要的就是统一人民的语言。如果政治立场是以种族为本，那么教育政策就以种族为出发点；如果政治立场是以国家为本，那么教育政策同样反映这个立场。

独立后的新加坡仍规定国语为马来语，其国歌的歌词也使用马来语，以其表现历史上的新加坡与马来西亚有过紧密的联系。新加坡政府规定新加坡的官方语言为英语、华语、马来语和泰米尔语，同时马来语为新加坡的国语，英语为行政管理用语。李光耀还认为，无论是华语、马来语，还是其他语言，都不能够团结不同种族的人民，只有英语作为第一语言才能有"好日子"。

语言是文化的重要载体，很大程度上来说，语言代表了相应民族的文化，即通过母语以保留传统文化价值。那么在这样多语并存的情况下，新加坡语言政策选择的依据何在？用意何在？该语言政策如何塑造了新加坡人的文化认同和国家认同呢？

新加坡人的文化认同和国家认同的倾向，很大程度反映了其语言政策的取向。华人占人口的75%以上，看起来似乎华语理应成为新加坡的主要语言，但新加坡并没有这么做。新加坡与马来西亚和印度尼西亚为邻，是在东南亚马来人包围下的多民族国家，也是在东南亚地域内，唯一以华人人口占绝大多数的国家。这种环境决定了新加坡国内的对于"华人"这个身份的看法必须十分谨慎。从国内族群结构来看，新加坡的华人虽占到75%以上，但是马来人仍有13%左右的比例，而华人和马来人之间的冲突，也是当时新加坡被迫离开马来西亚联邦的导火索。如果新加坡一味采取亲华、放弃多元种族政策，势必将加重种族冲突，深化种族矛盾。1959年，李光耀曾在南洋大学发表过这样的讲话："我们决不要忘记：新加坡是东南亚的一部分，我们处于马来亚人民的中心，尽管我国人口的80%是华人，但我们不能避开我们的环境。"（乔西，1976：134）他认为，如果新加坡认同中国，将激怒邻国，可能会使得其他国家认为新加坡是中国在东南亚的代理人。因此，万不能将华语立为国语。另外，当时新加坡大量华人华侨把中国作为自己的"根"与祖国，为新中国的成立感到骄傲与自豪。为了帮助人民树立新的国家认同，放弃旧的国家认同，新加坡政府还限制了新中人员的相互来往。（张骥等，2011：218）

而若将英语定为国语，也并不是一个最佳选择。当时东南亚各民族正掀起脱离殖民的独立运动，英语作为原殖民的官方语言，若被立为国语则会有逆历史潮流而动的嫌疑，可能导致社会的动荡。

出于应对生存危机的政治策略的考虑，新加坡确立了以马来语为主的多语政策，规定马来语为国语，以此向马来族领袖表明新加坡加入联邦的诚意，承认马来语是各民族交际的共同语。在这时期，新加坡更多追求的是独立初期的生存，而采取尽量脱华、认同于东南亚文化，有意不将华族文化当成自己的文化。

1965年8月，新加坡脱离马来西亚正式独立。在当时逐渐缓和的东南亚政局下，鉴于马来语的实用性过低，而新加坡政府又非常清楚全面普及英语对新加坡稳定和发展的重要性，因此1967年以后，新加坡政府决定放弃马来语为共同语，恢复殖民地时期以英语为尊的政策。同时英语不代表新加坡的三大种族，其中性语言的角色作为各种族的共同交际语言还可以促进政治上的统一。为了吸引海外投资者来新加坡建厂发展本国经济，新加坡人必须讲一种投资者能懂的语言，因而这种语言只能是英语。为了促进民族和谐与平等，新加坡将马来语、华语、英语和泰米尔语都定为官方语言，其中马来语又为国语，英语为其行政语言。至此，新加坡确立了英语的重要地位，而英语所带来的西方文化也在潜移默化中影响着新一代的新加坡人。

二、英语教育脱华入英

李光耀认为：语言政策可能会成为经济成功的关键，它确实能决定一个国家的成败。出于政治和经济原因，新加坡把英语作为工作语言。

在确立了英语的行政管理地位之后，新加坡政府开始推行以英语为主、母语为辅的双语教育制度，要求所有公民在学会英语的同时，必须掌握自己的母语，即在中学毕业之时就可以掌握两种语言。1979年，政府实施"浸儒计划"，即让华校中学生到英校学习，加快提高英语程度。到了20世纪80年代，对于华族学生来说，华语在中小学只是一门单独的课程，整个基础教育阶段的教学语言是英语。徐长恩（2009：61）认为：这样的双语政策目的是给国内的民族关系带来稳定，但是实际上，双语政策逐渐演变成以英语为中心的强制性语言教育，其直接的后果是母语学校的迅速衰亡。由此可见，新加坡的语言政策并不是平等对待每一种语言，而是明显偏重英语教育。

有数据表明，在1961年只有51.8%的小学新生进入英语学校读书，1970年增至66%，1976年达80%，到1985年则达到了99%。相比之下，华语学校新生的比例则由1961年的39%，逐年减少到1984年的0.7%，马来文和泰米尔文学校更是在1982年彻底消失（曹云华，1992：92）。使用英语的初衷是使各民族在国家认同上达到一致，尽管新加坡领导人在指出英语重要性的同时，也试图保存各民族本身的文化，但是在英语至上的情况下，必然导致其他语种的式微。

英语在新加坡的至上地位，与其经济发展需要有关。20世纪80年代初期，新加坡在都市建设和经济发展取得显著成就的情况下，迅速成为富足的国家。在工业化、都市化和现代化的快速进程中，新加坡作为一个开放的社会，不断引进西方的科学技术、资金、管理经验和经营方式，与此同时，英语的使用使其接受西方价值观念的影响日益加深。在英语至上的语言环境中，政府的一切文件以及对外通信均使用英语，政府机关及大公司一律聘用懂英语的职员。一个只懂母语的人几乎和文盲差不多，因此家长纷纷把子女送到英语学校就读。尽管为响应政府的教育政策，顺应社会发展的趋势，学校努力在教学中双语并重，却仍然无法避免母语日渐边缘化的命运。新加坡的年轻一代从小就习得英语，很自然地产生认同西方文化的偏好，而逐渐对于本民族的文化漠不关心，就连人口最多的华族也是如此。华语的使用已经出现了"语"与"文"分离的现象，很大程度上降低了华语的社会功能。随着华语使用范围的缩小，新加坡华人阅读、书写华语的能力大大降低。政府积极鼓励华人以普通话代替方言，新加坡人听说华语的能力有所提高，但多停留在简单口语表达的层面上。谢仲贤在《母语将成为新加坡华人的外语》一文援引了中国中山大学唐钮明教授的评论，"华语被英语取代的趋势势不可挡……这种'脱华入英'的趋势每年大约以2%的速度推进，如果不加以扭转，快者三十年、慢者五十年，新加坡华人的母语将变成英语，而华语反而变成外语"（谢仲贤，2000）。

对20世纪70年代末、80年代初新加坡语言政策效果的研究表明，新加坡在独立后20年间政治、经济向现代化转变，而教育上则英语化，思维观念和生活方式逐渐西方化。黄松赞（1987：126）认为：当时的许多新加坡人以欧化为荣，许多传统思想被看成为封建落后。他们以说英语自豪，甚至以不会用筷子，只会用刀叉来炫耀自己十分的欧化。

新加坡华人对于母语的生疏，不但使他们远离了华文媒体，也使他们远离中华民族传统文化与道德，潜移默化地影响了他们对于华人文化的认同。

李光耀这一辈人经历了新加坡的独立并见证了新加坡华人脱离中国的过程，从情感上仍然延续着中华文化的一脉相承。而对于在新加坡独立后出生的年轻人来说，他们从小受到的就是英语的教育，体会到的是西方式的生活，母语的重要性对于他们来说已经退居次位。尽管政府推崇的是双语政策，但实际上在中学毕业能够习得两种语言的人数并不多。1987年，新加坡各学校实现了语言源流的统一，即均以英语为第一语言，母语为第二语言，换句话说，民族语言实际上已降至附属地位（韦红，2003：186）。政府此举的目的是加强新加坡的国际地位，使之在国际舞台上更有优势，但是不可避免地导致了新加坡华人的文化认同倾向西化。

三、华语运动乔木抽芽

吴元华博士说："新加坡的华文就像一株经历严寒的乔木，叶子掉了一地，但是它的根很深，散布得也很广，它不会就此枯萎甚至死亡。如今中国崛起为经济大国，华文日益受到国际社会的重视，它将会在新加坡再度透出新芽。"（吴元华，2004）

在道德问题日益严重之时，国家也开始意识到价值观重塑的重要性。在以李光耀为首的新加坡政府的领导下，从20世纪70年代末期开始，新加坡掀起了一场反对西化倾向、捍卫和弘扬亚洲价值观的旷日持久的运动。这场运动的实质是反对新加坡社会中日益严重的西化倾向，是一场道德重建运动（郑维川，1996：181）。运动倡导弘扬和捍卫新加坡各民族的传统价值观，而因华人比例最大、人口最多，儒家文化传统和价值观成了运动的核心。

从语言政策上看，政府开始做出许多努力保证英语和民族语言处在一个平衡的位置，捍卫传统价值观，其中最重要的是从1979年开始推广的华语运动。李光耀曾就华语运动多次表态，"我们坚持双语政策的一个持久不变的原因，就是在情感上我们无法接受英语为母语。用一种我们在情感上无法接受的语言作为母语，将会使我们的情感蒙受伤害。"（李光耀，1996：419）"由于经济上的理由，英文至关重要，它对我国的经济发展有帮助。但是，就我国多元种族、多元文化的人民来说，如果只学英文，那是愚不可及的，因为这将使他们脱离自己的文化根源"（李光耀，1996：385）。华语运动日后成为每年10月政府所举行的一项常年性活动，通过华语运动，政府采取多种措施鼓励人们多用华语，包括要求政府及法定机构的华族员工在办公时间尽量用华语和华族公众交谈，以通晓华语的职员取代只懂英语的职员；在媒体行业逐步取消方言节目，以华语节目取代之，等等。

总的来说，新加坡自1979年以来的华语推广运动，是在英语盛行的情况下推广母语的行动，同时消除华人之间的方言差异，代之以华语，让华语成为华人之间的共同语；同时通过这样的母语推广来加强本民族的民族意识和亚洲价值观，防止过于西化的倾向。

随着华语的推广，政府也就重塑价值观进行了其他一系列活动，例如1982年新加坡正式提出要学习和发扬儒家思想，把它作为"治国之纲"和社会道德标准，并拟于1984年为中学制定一项"道德教育计划"（鲁虎，2004：251）。

在新加坡，华语教育式微，华人文化的延续所面临的危机，并不单纯是由语言教育政策引发的，而是政治、经济和种族文化等多方面因素共同作用的结果。进入21世纪，随着中国综合国力的显著提高，华语国际地位和经济价值的提升，已经触动新加坡政府检讨和调整语言教育政策，鼓励培养华语精英或是双语并重的精英，力求把握中国崛起为新加坡带来的发展机遇，将成为新加坡人需要直面的课题。苏亚华（2009）认为，二十多年间，新加坡的华语运动取得了明显的成效，李光耀也不断提出新加坡华人作为"华人"的根本性，要追随祖先的历史认同。李显龙总理认为，随着外部环境的改变和国内情况的变化，华文教学方式也必须相应进行必要的更新，以确保语文能力和家庭语文背景不同的学生，都能通过为他们特别设计的教学法，学习以各自能力所能达到的最高华文水平。

四、总结

历史证明，一个国家的国民享有共同的语言，有利于促进提供价值观的形成，有利于建立比较稳定的国家认同。反之，一个国家内部国民分化为不同的刚性社群，语言系统的多元化状态，不利于构建国民的国家认同。在新加坡多元文化背景中，为避免新加坡国家统一完整的文化、信念和价值被多元化的价值、追求和意识形态瓦解，进而全面侵蚀新加坡的国家认同，导致新加坡滑向国家存在合法性的困境，必须通过语言政策强化共同的文化和价值观，巩固国家认同形成的语言根基。

新加坡多民族共存的格局，导致了文化的多样性，多元民族和文化的存在，导致语言环境复杂性，提出了国家认同的紧迫性，提出了国家和社会价值整合的必要性。文化语言政策具有激活国家认同的功能，新加坡语言政策的选择不是随意的，而是遵循了基本国情的需要，满足了国家认同的需要。为了族群间融合和社会沟通，又不伤害民族感情，新加坡决定执行"英语加母语"的双语政策。各民族只讲自己的语言不仅影响彼此之间的沟通，还会造成国民意识缺失以及文化认同感不强，因此要选择一种语言作为社会沟通的中介语，同时新加坡政府也要保留其多元民族特色和传统，因此，新加坡推行"英语加母语"的双语政策。全体民众都要学习英语，英语作为社会沟通的主要语言，民众要在家里或私人场合讲各自的民族语言。

新加坡的华人大多数是中国广东、福建等地南方人的后裔，在建国伊始，他们骨子里的中国传统儒家文化十分明显。例如李光耀以仁政、德治作为立国之本，它包括两方面内容，即对于统治者而言，是要求贤人政治、精英治国，对于普通民众则是实施道德教化（罗传芳，2002：53）。

在建国初期，新加坡出于自身生存考虑而选择马来语作为其国语，实际上就是儒家思想中"中庸"的具体体现。而发展过程中，随着英语在新加坡通用语言地位的确立，西方文化的进入对其传统价值观产生了影响，20世纪六七十年代新加坡的价值观一度由西方主导，人们的道德意识世风日下。到了七十年代末，新加坡政府开始意识到了这样的问题，开始通过推广华语来加强人们对于传统价值观的认识，回归历史认同。一位新儒家学者看到了这一点，认为新加坡是一个多元种族、多元文化和多元宗教的国家，它唯一要寻求的是创造性的一体化，一种寻求文化认同和普遍观点的结合。实现一体化的途径类似掘井，挖掘新加坡多民族和多文化的本源，达到足够的深度则找到了社会的共同泉源。此言相当深刻！

早在执政初期的1959年，李光耀就曾说过："这是亚洲人历史发展的过程：先是受了西方教育，不再成为亚洲人，转到学会西方语言、技术和科学而仍为亚洲人，并以其为亚洲人感到自豪。"（乔西，1976：212）新加坡自独立以来的发展历程，也正是李光耀这样"不再成为亚洲人"到"仍是亚洲人"改变的印证。在这样的转变中，语言政策是对国民的国家认同的塑造，具有重要的导向作用。

双语政策的另一个目的是培养国家意识，提升国家认同，消除种族差异，促进各民族之间的交流、团结，但也不放弃新加坡各民族传统的语言文化价值。双语政策在减少狭隘的民族主义，淡化强烈的民族认同、增强国家认同方面，具有积极的意义。新加坡是一个多民族的移民国家，如果对单个族群的忠诚和认同感过分强烈，势必会影响民众对国家的感情和国家的团结，基于此，新加坡政府选择了打破单一民族认同的"淡化大族（华人）认同，照顾小族生存的民族政策，以及共同语言政策"。新加坡以英语作为各民族的共同语言，是因为英语在之前很长时间内都是公用语言和行政用语，如果新加坡选用任何一个民族的语言作为共同语言，则一定会引起其他民族的不满，引起民族间的隔阂。而选用英语这个中介则会让各民族在很短的时间内和谐地沟通和交流，消除不同民族之间文化障碍，有利于社会整合和民族融合。所以政府大力促进少数民族说英语。

共同语言是培养国家认同和确保国家内部稳定的一个重要因素。双语政策以消除种族壁垒为目的作为文化中介，增强了国家认同意识，培养了各民族之间的感情，促进民族融合与社会整合，切实有效地增加了民众对国家的认同感。

文化的差异多样和多元互竞性，是人类文明演进的真正源泉和不竭动力。新加坡构建所谓的多元文化，是一个各民族文化互相包容的过程。在这个过程中，东方传统文化和西方现代文化得以良性交融，形成所谓的"新加坡"文化。

如今，随着全球化的不断加深，世界发展正表现出区域化进程的趋势，而东亚地区则作为一个统一的文化区域产生了东亚价值观，即以儒家思想为核心的东亚价值观。东亚许多国家在发展过程中都经历了西化的过程，而在新加坡，这样的过程发生得更早。新加坡的领导人在20世纪70年代末80年代初就已认识到了传统文化、传统价值观的重要性，逐渐重新建立起了以东亚人为本的东亚价值观，即共同价值观，是以隐性的儒家伦理思想为核心，吸收了包括马来族等其他民族的一些文化元素，最后由政府亲自倡导的价值体系。倡导"一个民族、一个国家、一个新加坡"的观念，有助于产生新加坡民族的一体化和认同感，力图铸造超越各种族的、具有东方传统特色的、具有普遍性和包容力的国家意识，塑造"新加坡人的新加坡"，并以"新加坡意识"塑造一代又一代的新加坡人。什么是新加坡人？李光耀这样解释道："新加坡人是一个出身、成长或居住在新加坡的人，他愿意保持现在这样一个多元种族的、宽宏大量、乐于助人、向前看的社会，并时刻准备为之贡献出自己的生命。"（乔西，1976：368）

参考文献：

［1］曹云华. 新加坡的精神文明［M］. 广州：广东人民出版社，1992.

［2］黄松赞. 战后新加坡华人社会变化略述［J］. 东南亚研究，1987（1、2）：123—127.

［3］鲁虎. 新加坡［M］. 北京：社会科学文献出版社，2004.

［4］苏亚华. 李总理：我国的华文教学方式须进行必要的更新［N］. 联合早报，2009-12-03.

［5］罗传芳. 儒家传统与新加坡发展模式［J］. 哲学研究，2002（6）：50—57.

［6］吴元华. 华语文在新加坡的现状与前瞻［N］. 华生报，2004-07-01.

［7］韦红. 东南亚五国民族问题研究［M］. 北京：民族出版社，2003.

［8］谢仲贤. 母语将成为新加坡华人的外语［N］. 联合早报，2000-09-24.

［9］徐长恩. 二战后至1970年代末新加坡华文教育衰落原因［J］. 八桂侨刊，2009（3）：60—64.

［10］张骥，等. 新加坡现实主义外交纲论［M］. 北京：世界知识出版社，2011.

［11］郑维川. 新加坡治国之道［M］. 北京：中国社会科学出版社，1996.

［12］［美］萨缪尔·亨廷顿. 文明的冲突与世界秩序的重建［M］. 周琪，等译. 北京：新华出版社，2010.

［13］［英］亚历克斯·乔西. 李光耀［M］. 上海：上海人民出版社，1976.

［14］［新］李光耀. 李光耀40年政论选［M］. 新加坡：现代出版社，1996.

坦桑尼亚采矿业的历史、土地以及冲突

■ 天津外国语大学　吴震环

【摘　要】本文研究了坦桑尼亚采矿业的情况，包含其历史、结构、现行政策以及大规模采矿公司和手工采矿者两大组成部分。本文通过对坦桑尼亚土地政策的分析，探讨了大规模采矿公司和手工采矿者之间矛盾冲突的根本原因。并且通过对于1997年、1998年和2012年矿产法案的分析以及其对于大规模采矿公司和手工采矿者的影响，探究了双方矛盾激化的原因。本文认为冲突的根源在于土地政策所造成的手工采矿者的非法性，且在政府对于两者的区别对待下被扩大。

【关键词】坦桑尼亚；采矿业；大规模采矿公司；手工采矿者；冲突

一、引言

坦桑尼亚，自独立以来被普遍认为是非洲大陆最和平安定的国家之一，"拥有生机勃勃的黄金采矿业经济：是最快速发展中的黄金矿开采国之一（仅次于南非和加纳的非洲大陆第三大黄金供应商），这是自国内采矿业改革后所取得的丰硕成果。"（Carstens and Hilson，2009：309）然而，繁荣背后，手工采矿业（artisanl mining）和大规模采矿业（large-scale mining）之间的纷争冲突开始浮现，并且在1998年"采矿法"（*Mining Act 1998*）通过后逐渐加剧。冲突的原因是复杂的，有观点认为是手工采矿者的社会隔离和被边缘化（Fisher，2007）；也有其他观点认为是政府职能失调以及司法不公（Lange，2011）。事实上坦桑尼亚的采矿业和其自殖民时期延续至现代社会的土地政策是紧密相连的。因此，笔者倾向于认为冲突根植于坦桑尼亚的土地政策，并且因为1998年和2010年"采矿法"自身的局限性以及政府对于外资和大型采矿公司的偏向性而被扩大加剧。本文第一部分将介绍坦桑尼亚采矿业的历史和改革；第二部分将分析双方冲突的根本原因，即土地政策下手工采矿者的非法性；而第三部分将讨论1997年、1998年和2012年矿产法案带来的影响以及其双方冲突激化的原因。

二、坦桑尼亚采矿业的历史以及乌贾马运动失败后的改革

（一）自殖民时期坦桑尼亚采矿业的历史

在探讨坦桑尼亚采矿业的历史之前，了解坦噶尼喀（Tanganyika）和坦桑尼亚的殖民主权是十分重要的。因为主权就包括对土地的控制，而土地对于采矿业至关重要，这种关系自殖民时期就初现雏形。1886年，德国殖民者开始了对坦噶尼喀领土的控制。1887年，德国东非公司（German East African Company）发表主张宣示对于坦噶尼喀地区的主权。（Emel, Huber and Makane，2011）

当然，这种主权申明包含了强制宣告所有权尤其是土地所有权的目的。在坦噶尼喀，殖民者首先将目标锁定在那些不为私人拥有的土地上。根据1895年颁布的"帝国土地法令"，这些土地由德国殖民政府所有（Iliffe，1969：127）。之后，一种"鼓励私有化公司开采矿产资源"（Chachage，1995：48）的模式被确立，而这种模式被认为是"私人资本攫取矿产财富的最重要的形式"（Emel, Huber and Makane，2011：74）。也就是以私有化公司为主体来收集由殖民政府强权的保障下矿产资源所带来的收益。同时，这个"有约束力的制度"保障了来自全球的

"合法的、稳定的"资本的投资（Emel, Huber and Makane，2011：74）。
这样的私有化公司为主体，并鼓励外来资本投资的思路也影响了后面坦
桑尼亚采矿业的生产模式和发展轨迹。

在一战之后，因为德国战败，英国作为战争胜利方接过了德国人在
坦噶尼喀的统治权。英国人在当地的土地政策和德国相似。在1920年
颁布的矿产法令中，英国人申明所有矿产资源土地由殖民政府管理，并
且明确将表层和地下土地所有权区分割开来（Cole & Denison，1964）。
这个主张也被独立之后的坦桑尼亚政府沿用，而在此基础上的土地政策
对于其采矿业也产生了深远影响。

（二）乌贾马运动失败后的改革

在二战后，坦桑尼亚获得了主权独立。为了恢复经济，新政府重
新建立了采矿工业。而在殖民时期矿产开采的成功经历增加了该地区
对于黄金生产的期望。在坦桑尼亚第一届总统朱利叶斯尼雷尔的带领
下，1967年乌贾马（Ujamaa）运动开始。在这样一种将个体劳动集体
化的政策影响下，采矿业成了国有化产业，由政府直接管理运营。"通
过采矿业国有化，政府希望以创造本地就业机会，增加采矿业社区社会
服务的支出，以及提高税收的方式刺激采矿业发展，从而获得更高收
益。"（Kahindi，2010：260）。然而，随着乌贾马运动的失败，通过发
展采矿业刺激国家经济工业化的计划也宣告破产（Newenham-Kahindi,
2009）。在乌贾马运动中，整个矿产开采活动分为国有化采矿业和手工
采矿业两部分且收效甚微：国有采矿业因为政府有限的资金和技术支
持黄金生产总值急剧下降；手工采矿活动则造成了环境和社会问题。
（Kahindi，2010）

为了改变困境，1972年，国家矿产公司（STAMICO）建立并负责
指导采矿部门的运行。然而在其指导下的矿产产值依然很小（Lange,
2011）。1976年乌贾马运动失败后，因为博茨瓦纳的成功经历以及来自
世界银行的建议，坦桑尼亚政府开始向采矿业的投资者开放市场。这样

的转变吸引了国际大型矿产公司开始参与到坦桑尼亚的矿产工业里来。

1983年，政府正式开始鼓励手工采矿业的发展。然而，"根据官方数据，在1986年至1989年四年内，记录在案的黄金产值仅为401千克"（Lange，2011：238），这个数据对比北部地区包括吉塔地区（Geita District）以及维多利亚湖区丰富的矿产资源让人难以接受。但是，"据统计，73%的黄金总产值被走私出境"（Kulindwa, Mashindano, Shechambo, and H. Sosovele，2003：60）。手工采矿者的问题让人担忧，政府也加紧对于手工采矿者合法化的进程。

20世纪90年代坦桑尼亚开始进行经济改革，包括经济自由化和减少国家干预，在采矿业方面，在私人资本主导的框架下，政府的角色由矿产资源的主要投资者和发展者转变为"调整者、促进者、引导者和服务提供者"（Mutagwaba，1998：51）。

为了接下来的讨论和分析，我们需要清楚坦桑尼亚手工采矿者和小规模采矿者之间的区别。然而对于两者的定义似乎是模糊不清的，实际上在多数场合，他们的意思相近但仍有区别。"手工采矿业者和小规模采矿业者的区别在于，前者采用手工的、低技术水平的方法采矿；而后者在一定程度上实现机械化。并且区别也不仅仅是技术层面或者是生产水平上，同样也在于其合法性和非合法性，也就是说手工采矿者是作为个体且没有采矿从业资格证的存在。"（Fisher，2007：735）其中，手工采矿者的非法性这一属性尤为重要，结合坦桑尼亚的土地政策我们将在后文中详细分析。

三、大规模采矿公司和手工采矿者之间冲突的根本原因

（一）坦桑尼亚的土地政策

首先申明，此处讨论的矿产开采活动均指陆地上的矿产采集。举例来说，如果某人想要在一片土地上挖掘黄金或者开采钻石，首先他必须拥有这块土地或者获得土地拥有者的许可，所以拥有权是至关重要的。

"在坦桑尼亚，所有的土地归政府所有，但是土地可以被租赁并由租赁者使用，租赁时间从5至99年不等（可以续租）。土地可以以以下三种方式出租：由政府保障的土地使用权；坦桑尼亚投资中心分派出去的土地使用权（多用于外部投资者）；以及以上述两种租赁权所产生的二次租契。"① 除了以上三种之外，这里还有一个非常重要的概念，即习惯居住权（customary right of occupancy），这是一项非官方认证的合法居住和使用土地的权利。如果某户人家世世代代在某片土地上居住，形成了一种习惯和传统，那么他们就拥有这片土地的合法居住和使用权。多数坦桑尼亚的农村人口都享有这项由1972年"习惯居住权利法案"所规定的权利。根据1999年颁布的"农村土地法案"，"习惯居住权享有和政府保障的土地使用权相同的地位"② 。然而，即使是习惯居住权，也仍然需要注册在案。原因在于习惯居住权更像是一个非正式的申明，很多坦桑尼亚的居民都可以声称他们的家族在某片土地上已经生活了数代，但是居民们的这些主张的真实性很多时候无据可考。这就意味着习惯居住权的合法性，还是要通过注册来解决。

然而，即使经过注册，这种土地所有权依然脆弱。首先，即使所有权被注册在案，土地所有者经常没有持续更新因为诸如死亡、继承甚至出售等原因造成的土地所有权转移的情况。其次保障习惯居住权的优先级很低。③（Shivji and Wuyts，2008；Lange，2011）"当政府因为发展的需求而需要使用土地时，1999年'土地法案'允许政府征用农村和私人占用的土地。"（Lange，2011：241）此外，"根据2004年'土地法案'的修正案，对于未使用土地的私人所有权是被认可的，但是这个土地所有权仅仅指地上，并不包括采矿所需要的地下。这是采矿业的一个

---

① 坦桑尼亚投资中心（TIC）：《土地法》，http://www.tic.co.tz/TICWebSite.nsf/，2010-06-30。

② 坦桑尼亚政府：《农村土地法案》，1999，18（1）。

③ 《坦桑尼亚投资环境申明》，www.state.gov/e/eeb/rls/othr/ics/2009/117190.htm，2010-05-31。

相当重要的限制条件。"(Lange，2011：241）所以，在习惯居住权保障下的土地如果进行矿产开采有诸多限制，而这点直接威胁了手工采矿者的处境。

（二）手工采矿者的非法性

以上的这些土地政策对于手工采矿者是致命的。首先，大部分手工采矿者进行矿产开采的土地都是农村土地，都是所谓祖祖辈辈传下来的土地，而这类土地使用权正是由习惯居住权所保障的。但是习惯居住权本身并不可靠，并且手工矿业者因为有限的资金条件和低下的受教育程度，很难保证能够将自己手中的土地注册在案。即使能够成功注册来确保自己土地使用权的合法性，也并不意味着就可以进行地下的采矿挖掘活动。所以从根本上，在坦桑尼亚手工采矿者都是非法的。然而这种说法并不会被他们接受，对比之下，自己作为本土的采矿者被定义为非法，而大型采矿公司（很多是外资企业）却可以得到政府的扶持大肆开采。同为采矿产业的组成部分，在本身就是竞争关系的前提下，这样的情况只会造成手工采矿者和大规模采矿公司之间的对立和冲突。以坦桑尼亚的巴里克黄金为例，作为世界最具代表性的全球化矿业公司，2009年巴里克黄金在维多利亚湖区被划分了四个黄金开采区。（Kahindi，2011）该地区黄金采矿业始于1894年，一直是手工采矿者的大本营。然而巴里克黄金的进入改变了一切。因为手工矿工们的非法身份，巴里克黄金始终没有与其达成和解，并在政府的支持下保持着强硬的态度。虽然前者希望推动该地区的经济发展和基础设施建设，并颁布了涉及安全、利益以及社会责任等方面的企业社会责任政策CSR（Corporate-Social-Responsibility），但是最终并没有得到当地团体的理解和支持。没有赔偿金的抱怨，开采造成的环境问题，政府的不作为以及对于巴里克黄金开采资格证的质疑甚嚣尘上并最终发展成了暴力冲突。笔者认为，坦桑尼亚的土地政策剥夺了手工业采矿者的合法性，而这一点也是其与大规模矿产公司之间冲突的根本原因。

四、大规模采矿公司和手工采矿者之间的冲突的激化

（一）手工采矿者的合法化及其弊端

因为20世纪70年代的政府对于手工采矿者的敌视而没有将其纳入国家采矿业发展的大框架里，政府依然是采用扶持大型采矿公司和外来投资者的方针政策。这个情况一直持续到1993年，当联合国在哈拉雷举办的论坛强调了手工采矿者在经济上的重要性后，将两者包含进同一系统的需求日益增长。在这样的背景下，为了繁荣采矿经济的改革开始了：1997年"矿产法"和1998年"采矿法"被迅速通过，其中重要内容就包括将手工采矿业合法化（由世界银行支持）。

1997年的"矿产法"和1998年的"采矿法"确定了手工采矿者的合法性，并且政府开始转变对于他们的敌视态度。"针对这种情况导致的许多社会、环境和经济问题以及合理化控制矿产资源的需求，非洲政府和国际捐助者强调了将手工采矿者整合在正规的法律、体制和经济结构中的重要性。"（Fisher，2007：755）1998年的"采矿法"中为手工业采矿者转变为合法小规模采矿者提供了途径，也就是发放矿产开采资格证。申请初级勘探许可证［Primary Prospecting License (PPL)］需要支付1万先令（Tsh）的申请费用，该证允许一年之内勘测矿物和宝石并且可以续办。但是只有矿产储备的勘探权，并不包含其他权利。初级开采许可证［Primary Mining License (PML)］，五年内提供实施矿产开采活动的权利，该证可以在获得勘探许可证后获得。该证允许持有者在不超过10公顷的土地上开矿，并且可以被抵押、续办或转让给其他人持有。（URT，1998）

但是申请这些证件的门槛对于手工采矿者来说很高。首先是因为手工采矿者自身的窘迫处境。作为社会中最贫穷的团体，初级勘探许可证需要1万先令，再加上其他的费用，对他们来说是一笔巨款；另外其他一些诸如卫生问题、人道主义危机（滥用童工、性别歧视、性暴力等）

都会阻碍到手工采矿者获得资格证。其次是因为手工采矿者自身成分的多样性。"事实上，这个团体在矿产种类、采集规模、地理位置、矿工的社会经济背景、个体的社会地位和劳动流程中所扮演的角色等方面具有高度差异性"（Fisher，2007：752）所以，实际上，只有拥有一定教育背景、资金以及和官方沟通途径的采矿者才能得到资格证。这种情况将手工采矿者分为两部分：一部分变为合法的小规模采矿者，逐渐成为采矿业中的重要个体并积极寻求咨询、信息共享以及技术支持；剩下的部分依然是手工采矿者，非法的"隐身人"（cf. Haraway，1988）。这些"隐身人"正是被边缘化的个体，更没有获得矿产资源的合法途径。对他们来说，在坦桑尼亚新的采矿业中成为大小规模采矿者的"雇工"或许是一个选择，但是因为游走在合法和非法的灰色地带，工作环境的安全性以及报酬等等都无法得到保障。

（二）大规模采矿公司的优厚待遇以及土地的争夺

同时，两部法令对于大规模采矿公司的优先待遇并没有动摇。1998年"采矿法"为潜在的黄金开采者和勘探投资者提供一系列的激励措施，包括各种减税，免除进口税，3%的低特许使用金，100%的折旧免税额以及所有利润的归还许可。（Forster and Bills，2002；Campbell，2003）并规定外国人采集矿产的低版税金为黄金出口金额的3%和钻石的5%。（在1998到2002年，矿产公司占有90%的出口额）（URT 1998）。不仅如此，法令还让大规模矿产公司在与手工采矿者的"土地争夺战"中占得先机。

在坦桑尼亚，大规模采矿公司通过由坦桑尼亚政府机构分发的矿产采集资格证来享有采集矿产的权利。投资者的土地通过坦桑尼亚投资中心（TIC）由土地银行（Land Bank）分配。土地银行建立于1998年，负责管理所有的非个人所持土地，或者未被使用的土地（或者看上去未被使用的土地）。根据1998年"采矿法"第14条，国家能源和矿产部长经由矿业咨询委员会的磋商，"拥有将任何空置区指定为专门用于勘探和采矿作业的区域的权利，如果他确定其符合坦桑尼亚采矿业的有序发展"[1] "对于空置区的定义尚存争议，然而投资者们已经在森林保护区和乡村土地上拿到了矿产采集资格证。"（Lange，2011：242）理论上那些可以被分配给投资者的土地不应该包含习惯居住权所保障下的土地，因为那些土地是有所有者的，不应该被认为是"空置区"。然而，实际情况是这些土地被分配的情况时有发生。而这种情况往往是在矿场委员会默许下，甚至是政府的默许下进行的。

所以，大规模采矿公司几乎可以得到任何他们想要的土地。原因显而易见，大规模采矿公司意味着先进的技术和强大的资本，在此基础上可以推动采矿业的发展以及带来巨额的利润。然而，作为其对立面，手工采矿者技术落后，资金薄弱，还时常伴随着诸如走私之类的犯罪行为，所以政府对于大规模采矿业的偏重态度仍然是难以动摇的。另外，在习惯居住权保障下的土地并不包括"被政府授予个人或者团体的土地"，而坦桑尼亚大部分土地正属此类。退一步说，即使是前者，如1998年"采矿法"第14条所规定，它仍然可以被国家征用。当然还有诸如政府腐败、大型公司的贿赂、土地投标暗箱操作等其他原因。结果就是大规模采矿公司夺走了大量的原本属于手工采矿者的土地。举例来说，维多利亚湖区矿产公司拥有28个矿产开采资格证，涵盖至少5300平方千米的土地，而这些土地大多是有主之地。

综上所述，1997年的"矿产法"和1998年的"采矿法"让手工采矿者们拥有了成为合法矿工的途径，但是实际情况是仍然有大部分的矿工是非法的；并且由于法案中对于大规模采矿公司的偏重和优惠，更让他们在无论是与非法的手工采矿者还是合法的小规模采矿者的土地争夺中大获全胜，这无疑更加激化了双方的矛盾和冲突。

---

[1] 坦桑尼亚共和国，"坦桑尼亚法律改革委员会：坦桑尼亚采矿业发展的合法框架的立场文件"（URT，多多马，2001），p.27。

（三）2010年"采矿法"的改进以及遗留的争议

2010年"采矿法"在1998年"采矿法"的基础上进行了改进，给予坦桑尼亚人更多的机会参与到采矿产业中并从中获益。2010年"采矿法"除了降低申请两种资格证的标准外，还通过实施外来投资者与坦桑尼亚公司合资进行工业采矿的方案来解决大部分外资对于矿产资源的所有权问题，并为手工业采矿者提供了重要的新条款。比如黄金矿业的特许使用金比重由3%上升至5%，为矿区迁出人口提供赔偿金并划分专门供小规模采矿者采矿的区域，并且资格证的发放程序也有去中心化的趋势，使农村人口更容易得到。同时资格证包含的权利也发生了变化：现在初级采集许可证也包含矿产勘探权，并将期限延长至7年。而大规模采矿公司也开始为小规模采矿者提供就业岗位（尽管相当有限）。（URT，2010）但是，这项法令并不影响之前已经存在的矿井，同时分配给小规模采矿者的采矿区域也很小。所以实际情况来讲这些新条款中有的卓有成效（更容易得到资格证、更多的就业岗位），但是有的却收效甚微（大型采矿公司依然掌握大部分的矿区开采权）。

这个法案本质上还是对于冲突纷争进行妥协的产物，所以它对现存的问题不可能进行完全的修正。所以争议仍然存在。小规模采矿者并不满足，他们认为这并不足以保障他们的利益，大规模采矿公司的优先地位并没有得到改变。而且因为政府的腐败问题，申请资格证的冗长过程和高额的价格让他们依然难以获得。这个问题在1998年的"采矿法"就已经存在，并且在2010年的"采矿法"里仍然没有得到解决。他们享有法律赋予的权利，却没有保障权利的途径。

五、结论

坦桑尼亚的采矿业是由本地的手工采矿者和以外来资本为代表的大规模采矿公司组成的。一方面政府提供优厚的条件来吸引国外投资，另一方面则通过了手工采矿者的合法化进程。但是结果是，大规模采矿公司和手工采矿者之间的矛盾开始出现并逐渐加剧。笔者认为其原因根植于以下两个部分。

首先，模糊不清的土地所有权导致的手工采矿者非法化。根据宪法，所有坦桑尼亚的土地属于国家，然而，也存在习惯居住权保障下的由个体拥有的土地。但是这个权利本身暧昧模糊且很难得到法律的保障。而且习惯居住权本身也并不包含矿产采集权，因为这些土地政策，手工采矿者自身就是非法的。而对比大规模采矿公司在政府支持下的蓬勃发展，手工采矿者因为非法身份生存空间被不断缩小。这正是矛盾冲突出现的根本原因。

其次，手工采矿者合法化的困难以及双方土地争夺中的不公平待遇。为了缓解冲突，增加收入，政府决定改变手工采矿者的非法地位，1998年和2010年的"采矿法"提供了两种矿产从业资格证。然而，因为诸如资金等实际困难，大部分手工采矿者很难获得证件，所以手工采矿者的困境并没有得到改善（Kahindi，2011）。其次，在与大规模矿产公司争夺土地的时候，手工采矿者的缺乏保障的土地被政府强行征用分配给前者，并造成了其控制绝大部分矿产资源的情况，而手工采矿者则没有获得资源的途径。他们不能理解为什么外来人在开采他们的资源，而他们却被排除在矿产资源之外。举例来说，在维多利亚湖区的黄金矿区，很多手工采矿者对于土地和矿产资源的非正式声明是不被法律承认的，这个情况在20世纪90年代末期愈演愈烈。为了解决争端，土地被重新分配，一些人得到了赔偿金，但是绝大部分没有。不管是1997年"矿产资源法"，还是1998年和2010年的"采矿法"，这种情况都没有改变。这样的情况下，双方矛盾的激化是不可避免的。

参考文献：

［1］Aloysius, N. K. *A Global Mining Corporation and Local*

Communities in the Lake Victoria Zone: The Case of Barrick Gold Multinational in Tanzania [J]. Journal of Business Ethics, 2011, 99 (2): 253-28.

［2］Bose-O'Reilly, S; Drasch, G; Beinhoff, C; Tesha, A; Drasch, K; Roider, G; Taylor, H; Appleton, D; Siebert, U. Health assessment of artisanal gold miners in Tanzania [J]. Science of the Total Environment, 2010, 408 (4): 796-805.

［3］Bryceson, D. F & Jønsson, J. B. Gold Digging Careers in Rural East Africa: Small-Scale Miners' Livelihood Choices [J]. World Development, 2010, 38 (3): 379-392.

［4］Carstens, J & Gavin H. Mining, grievance and conflict in rural Tanzania [J]. International Development Planning Review, 2009, 31 (3): 301-326.

［5］Chachage, C.S.L. The meek shall inherit the earth but not the mining rights [C]// P. Gibbon (Ed.). Liberalised development in Tanzania: Studies on accumulation processes and local institutions. Uppsala: Nordic Africa Institutions, 1995: 37-108.

［6］Charles, E; Thomas, D. S. K; Dewey, D; Davey, M; Ngallaba, S. E; Konje, E. A cross-sectional survey on knowledge and perceptions of health risks associated with arsenic and mercury contamination from artisanal gold mining in Tanzania [J]. BMC public health, 2013, 13: 74.

［7］Cole, J. S. R., & Denison, W. N. The British Commonwealth: The development of laws and constitutions in Tanganyika [J]. Vol. 12. London: Stevens & Sons, 1964.

［8］Fisher, E Occupying the Margins: Labor integration Social Exclusion in Artisanal Mining in Tanzania [J]. Development and Change, 2007, 38 (4): 735-760.

［9］Holloway, J. Policies for Artisanal and Small Scale Mining in the

Developing World: A Review of the Last Thirty Years [C] // L. Landner (ed.). Environment and Mining inEastern and Southern Africa. Dar es Salaam: Dar es Salaam University Press, 1998: 35—42.

［10］Jody Emel, Matthew T. Huber, Madoshi H. Makene. *Extracting sovereignty: Capital, territory, and gold mining in Tanzania* [J]. Political Geography, 2011, 30: 70⁻79.

［11］John C. *A new means of governing artisanal and small-scale mining?Fairtrade gold and development in Tanzania* [J]. Resource Policy, 2014, 40: 128⁻136.

［12］Lange, S *Gold and governance: Legal injustices and lost opportunities in Tanzania* [J]. African Affairs, 2011, 110 (439): 233⁻252.

［13］Iliffe, J. *Tanganyika under German rule 1905-1921* [M]. London Cambridge Press,1969.

［14］Kulindwa K, Mashindano O, Shechambo F, & H. Sosovele. *Mining for Sustainable Development in Tanzania* [M]. Dar es Salaam University Press, Dar es Salaam, 2003: 60.

［15］Morten S. H. *Tangled up in Blue: Tanzanite Mining and Conflict in Mererani, Tanzania* [J]. Critical African Studies, 2012, 4 (7): 58⁻93.

［16］Taylor, H.; Appleton, J.D.; Lister, R.; Smith, B.; Chitamweba, D.; Mkumbo, O.; Machiwa, J.F.; Tesha, A.L.; Beinhoff, C. *Environmental assessment of mercury contamination from the Rwamagasa artisanal gold mining centre, Geita District, Tanzania* [J]. Science of the Total Environment, 2005, 343 (1): 111⁻133.

［17］Wesseling, H.L.. *Divide and rule: The partition of Africa, 1880-1994* [M]. New York: Praeger, 1996.

［18］Issa G. S & Marc W. *Reflections: interview with Issa Shivji by Marc Wuyt* [J]. Development and Change, 2008, 39 (6): 1079—90.

外语类院校辅修专业建设问题与解决探究
——以天津外国语大学朝鲜语专业辅修为例

■ 天津外国语大学　苑维乐

【摘　要】"十三五"期间我国经济、社会文化等领域不断发展，对外语人才需求日益提高，为了更好地适应国家和地方发展的需要，外语类院校学生单纯掌握一门外语技能或是一门专业技能远远不够。外语类院校为提升人才竞争力，不断拓展培养复合型外语人才的途径。天津外国语大学不断深化教学改革，探索多类型复合方式。本文以朝鲜语辅修专业为例，简要分析辅修专业运行情况，指出外语类院校辅修专业建设的问题，并借鉴国内其他大学成熟经验，有针对性地提出对策，探索多样化的成长路径，深化人才培养模式改革。

【关键词】辅修；复合型人才培养；朝鲜语教学

一、概述

随着国家综合国力不断稳步上升、"一带一路"建设的不断推进、周边外交的不断扩大，外语专业，特别是非通用语种专业的重要性日益得到国家的重视，在新形势下外语类专业人才只掌握一门外语技能已经无法满足时代要求，通过本科阶段的学习，外语院校毕业生不仅要扎实掌握语言基本功，还应该具备良好的英语和其他专业知识，学有余力的学生还可以掌握多门外语。

十八大以来，为适应中国政治、经济、社会、文化、生态"五位一体"发展的需求，外语类专业人才培养模式由以语言文学为主转变为依托外语语言文学优势向国别区域研究转型。《国家教育事业发展"十三五"规划》中要求深化本科教育教学改革，推动高校针对不同层次、不同类型人才培养的特点，改进专业培养方案，构建科学的课程体系和学习支持体系。探索建立适应弹性学习、学分制和主辅修制的教学管理制度，逐步扩大学生自主选择专业、课程和教师的权利，加快培养复合型人才。人才培养是学校的根本任务，教学改革更是提高教育教学质量的动力。外语类院校需要在原有人才培养模式的基础上，顺应国家和社会的发展需要，不断调整人才培养目标和人才培养模式。

二、天津外国语大学辅修专业实践与探索

辅修制度建立在选课制和学分制基础之上，在修主专业的同时，允许学生以选课的形式学习其他学科或者专业的课程，按照规定取得相应的学分的教育制度。20世纪80年代，我国部分高校对辅修制度进行探索，以武汉大学为首的部分试点高校率先施行了学分制、选课制以及辅修制，为学有余力或有兴趣的学生提供了更多学习机会，但受办学条件所限，辅修种类并不丰富，教学模式单一。随后经过十余年的发展，学分制已经逐渐在全国高校普及，对主辅修制度的探索也不断深入，教育部号召高效利用教学资源，提高办学效益，辅修专业数量不断增长，招生规模逐年扩大。如今，辅修专业不仅限于校内专业，国内一些区域内校际学分互认，临近的几所高校联合办学，优势互补，共享优势教育资源，充实了辅修制度。

天津外国语大学坚持以服务国家发展战略和区域经济社会发展为导向，坚持以全面提高人才培养质量为核心，坚持深化教育教学改革为手段，坚持以学生为中心和个性化培养为目标，为实现"外语+"与"专业+"复合培养，积极为学生自主选择复合方式和内容创造条件，经过

多年发展，专业布局逐渐完善，语种不断增加，为学有余力的学生根据自身特点和兴趣自主选择符合学习方式，实现复合培养提供了可能性。贯彻"以学生为中心"的教育理念，修订、完善全面实施《天津外国语大学2016版本科人才培养方案》，科学调整各个专业的总学时，压缩课堂学时，增加自主学习、在线学习等形式的学时。创新人才培养模式方面，现有天津市教育体制改革示范项目"亚洲、非洲非通用语多语种专业创新型人才培养模式"天津市教育体制改革试点项目、"求索荣誉学院复合型涉外人才培养模式改革与探索"。吸收试点的成功经验，推广至全校范围，持续深入推进外语与专业交叉融合，整合全校优势资源，完善双学位、辅修等多种多样的复合培养方式。

辅修与双学位作为最常见的两种复合型人才培养方式，各有利弊，相互补充。相对于双学位学习周期长的不足，辅修形式上更加灵活，是培养复合型外语人才的较为有效的模式。天津外国语大学坚持以学生为中心和个性化培养的目标，将全面发展和个性发展相统一，以实现完全学分制为目标，不断深化学分制改革，在两个校区最大范围内调动教学资源，扩充授课时段，排课方式更加灵活。在对两个校区学生的需求进行充分调研，根据问卷调查统计数据，合理科学开设外语类和非外语类辅修专业，为全校每个学有余力的学生提供自主选择一门甚至多门外语或专业的机会。不同于部分院校辅修专业面向部分年级学生，并设置门槛，限制学生选择不同门类的专业，天津外国语大学将选择权完全交由学生，在入学后自主决定，充分尊重学生兴趣。在学校教务处颁布的辅修管理规定的基础上，由开课部门制定本专业的辅修培养方案。

天津外国语大学在马场道校区和滨海两个校区开设了日语、英语、朝鲜语等语言类辅修专业，并开设新闻学、广告学等非语言类辅修专业，实现外语与专业融合，为学有余力的精英人才创造条件。朝鲜语辅修专业作为第一批开设的语言类辅修专业之一，开设前问卷调查显示对开设的需求较高。朝鲜语系针对学生的特点，根据学校发布的辅修管理办法，制定了辅修培养方案。对学生进行全面、严格的基本技能训练，以培养学生实际运用语言的能力为主要教学任务。课程设置上，针对辅修专业学生的特点做了优化，以训练听说读写等语言技能为主，锻炼学生对韩国语的基本应用能力。课程设置分为专业技能及专业知识必修课，相关专业知识必修课，相关专业知识讲座等。共设置为三学期，总课时384课时，共24学分。课程包括基础韩国语、韩国语口语、韩国语听力三个部分，考核为口试与笔试结合。

三、辅修专业存在的不足

朝鲜语辅修专业开设以来取得了一定的成绩，为两个校区几乎所有专业的学生提供了一个系统学习朝鲜语的机会，但在运行过程中也有需要改善的地方。

1.辅修专业定位不清晰。对于辅修专业国家没有既定的模式，完全由高校自行掌握，存在定位不够清晰的问题。朝鲜语辅修专业不依附于主修专业，是培养复合型人才的一种方式，修读与否不受主修专业门类的限制，完全取决于学生自己的意愿。辅修专业独立运行，单独编班，经历独立的培养过程，通过考核最终获得单独的辅修证，不体现在主修体系的成绩单或毕业证上，辅修经历在求职过程中的社会认可度还需要时间的检验。

2.学生对于辅修专业认识不足，学生水平参差不齐。天津外国语大学辅修专业设置充分考虑本校优势，为每位同学提供了较大的选择余地。报名条件及选拔方式由开课部门自行设置，部分语种进行笔试或面试筛选。与双学位不同，辅修专业学生涉及学院和专业以及年级范围广，部分大一学生还未开始主修专业学习，就有一个选择辅修专业的机会，但大多数学生存在对自己主修及辅修专业之间的关系认识不足，对大学的学习生活不熟悉，对未来几年个人发展没有规划的问题。例如主修泰语的学生，除泰语之外还要学习英语，且要达到一定水平方可毕业，在此基础上再报名朝鲜语选修，忽略了同时零起点学习两门外语的困难，上课初期仅靠热情支撑，第一学期期中时因负担过重选择退出。此类例子屡见不鲜，原因一方面在于学生选择辅修专业的动机不端正，往往仅仅出于兴趣爱好，或是盲从舍友的选择，中途放弃情况较多。一直以来的韩国热，使学生对韩国文化的热情高涨，部分学生自学或是参加了相应的培训，有一定的韩语基础，但受到时间、场地、师资、运营成本的局限，暂时无法满足这一类学生的需要，无法按照水平分别开设课程。

3.辅修管理制度需完善。辅修教学管理是由学生学院、开课学院共同负责，对于开课学院来讲，面对的辅修专业学生涉及面非常广。以朝鲜语辅修专业为例，考虑到学生们学习朝鲜语的积极性，对报名对象的要求比较宽泛，覆盖了除求索荣誉学院之外的所有学院，除毕业年级之外均可报名修读。辅修班没有单独的班导师，对于政策的解读、后期班级维护都由学生学院和开课学院共同协商解决，这无疑加大了管理难度。在各二级学院教学管理人手紧张的情况下，难免会出现通知滞后等问题，管理人员疲于应对，对辅修专业的发展也难有主动积极的投入。

4.授课时间安排不合理，教学方法较单一，缺乏实践教学。专任教师本科专业课时较多，造成师资紧张。主修专业本科课程优先，授课时间安排上受限较大，不得不选择晚上和周末时间，存在连排现象，课堂效果受到一定程度影响。由于马场道和滨海两个校区的地理因素的制约，通勤时间较长，考虑到学生安全，无法做到集中授课或是完全共享另一个校区的教学资源。教学方法单一，班容量较大，加之上课时间多在晚上或是周末等休息时间，如遇考试、节假日只能顺延或取消，课时难以保障。现有班容量较大，初级阶段很难对每位同学的发音进行一对一纠正，教学方法以讲解为主，课堂气氛不活跃，缺乏互动，实践课时难落实。选用的综合教材可以满足日常教学，还需要总结针对辅修专业学生的教学经验，调整难易度，改进教材不足之处，编写符合朝鲜语辅修专业的教材。

四、辅修专业未来发展的思考

辅修是实现外语类专业复合型人才培养较为有效的方式，在实行主辅修政策的过程中，还存在一些不尽如人意的地方。针对天津外国语大学主辅修设置情况，探索提升辅修专业建设的路径，以期改善辅修专业出现的问题，提高辅修教学质量。

1.完善辅修专业定位，进行学制改革，立足于本校定位和社会需求，不断完善培养方案。将辅修与主修专业深度融合，针对不同类型学生制定符合自身水平的培养方案。避免上课流程化，为日后深造就业打基础。针对非外语专业的学生，定制符合主修专业的课程，有侧重地加强相应领域的语言应用能力。培养方案不是一成不变的，根据学生特点和社会发展需要，进行动态调整。

2.加大宣传指导力度，选派专人作为班导师。在开设辅修前充分做好调查，掌握学生需求、意向等一手资料。在学生报名前开课部门不仅将辅修专业的报名要求、培养方案、上课方式、时间公布，还要对学生进行指导，使学生认清辅修是对自己的长期投资，避免盲目跟风报名。对自己本科学业有一个整体规划，评估自身与辅修专业的匹配度，减少学生对自己能力认知的偏差。修读进度过半时需要及时跟进后续指导，并一直持续至辅修结束，形成闭环。辅修班学生来自不同学院，互相非常陌生，甚至只有在上课时才见面，班级归属感严重缺失，学生之间交流不足，班导师可以鼓励学生间、师生间增加交流，营造良好的学习氛围。

3.加强辅修管理制度建设，允许采取更加灵活的修读方式完成辅修，上下兼容，同时将受众进一步扩大，惠及更多学生。由教务主管部门牵头统一管理，学生学院和开课学院协助。将辅修授课计入专任教师工作量，减轻教学压力，同时加强教学督导，确保教学质量。在条件允许的情况下，打破辅修专业行政班单独授课的形式，采取选课形式，将辅修教学逐渐融入主修教学活动中，减少集中排课所带来的疲劳感。实现完全学分制管理，学分修满即可完成辅修专业学习。辅修专业学分及成绩管理完全独立于主修专业，适当延长学制，允许在主修专业毕业后继续修读辅修专业。随着近几年跨学科考取朝鲜语专业硕士研究生的情况增加，考生本科没有经过系统学习，虽然经过努力复习后通过了笔试面试，但大多存在基础较薄弱的问题，在攻读硕士学位的过程中出现学习困难，未来考虑与研究生管理部门合作，将允许修读的对象扩展至研究生，充分利用本校教学资源，允许研究生参加辅修课程，既可以为跨专业考研的同学提供一个补偿性学习的机会，还可以满足其他学科研究的需要。

4.分层教学，因材施教，优化教学环节，改进教学方法和手段，编写特色教材。针对不同水平的学生采取不同的培养策略，对有基础的学生进行面试，主修专业班容量允许的情况下，安排学习能力较强的学生进入主修班听课。对中途放弃的学生已修读的课程加以认证，可以根据学生修读情况，分别授予课程群、辅修证书，未来开设双学位时，辅修课程可以冲抵一定的学分，灵活处理学生所学学分。教学不照搬本科培养模式，更侧重于提升跨文化交际能力和自我学习能力的培养，利用现有的文化体验室，体验韩国文化，加深所学内容的理解，利用丰富的留学生资源，积极搭建与外国留学生的交流平台。随着MOOC（大规模在线开放课程）、SPOC（小规模限制性在线课程）、微课等课堂教学新模式的引入，运用启发式、讨论式、翻转课堂等教学方法和学习方式，提升课堂效率，上线学习平台，弥补课时不足的短板。探索辅修专业教学理论和教学模式，总结经验，根据授课经验，编写适合辅修专业特点的教材。

五、结语

天津外国语大学辅修专业设置为实现培养复合型外语人才，提高学生综合能力发挥了重要作用。为了培养出符合新时期要求的复合型外语人才，深化教学改革，逐步完善辅修专业设置的各个方面，进一步推进外语与专业的交叉融合，在非外语专业强化学校外语教育特色，外语专业积极探索"外语＋外语"的复合培养模式。需要在充分重视主辅修制度发展，深入研究辅修专业的发展规律，积极探索并完善主辅修教学模式，培养出更多的高素质复合型外语人才。

参考文献：

［1］蔡辉. 我国复合型创新外语人才培养对策［J］. 教育研究，2012（12）：91—94.

［2］柴葳. 北京大学：拉齐主修辅修"水平线"［N］. 中国教育报，2017-3-31.

［3］党娜. 我国高校主辅修培养制度研究［D］. 咸阳：西北农林科技大学，2013.

［4］戴音. 清华大学计算机辅修专业人才培养实践［J］. 计算机教育，2017（7）：6—13.

［5］金一平. 复合型拔尖人才辅修班的选拔模式研究［J］. 高等工程教育研究，2015（5）：82—86.

［6］解媛媛. 京津冀地区外语辅修专业及辅修二学位现状研究和发展建议［J］. 长春教育学院学报，2015（4）：59—60.

［7］杨宗仁. 复合型人才培养模式多元化：辅修及双学位本科教育研究［J］. 江苏高教，2011（3）：102—104.

［8］应越. 日语辅修专业的发展现状与对策研究：以广东外语外贸大学南国商学院为例［J］. 佳木斯职业学院学报，2016（5）：350—351.

［9］朱浩然. 地方高校设置法语辅修专业的需求分析：基于浙江温州大学视角［J］. 中国大学教育，2011（5）：41—43.

试析我国宋代书院模式对当代高校学生教育管理的启示

■ 天津外国语大学亚非语学院 姜天龙

【摘　要】书院是我国古代立足当时社会实际的一种重要的育人机构，也是一种重要的育人模式。宋代以来，书院以"博学"、"审问"、"慎思"、"明辨"和"笃行"的治学理念不断发展，对推进基础教育改革，培养创新型人才具有重要的现实意义。两宋时期是我国古代书院教育的大发展期，其教学始终致力于如何培养出一种自觉维护社会次序、承担社会理想的主体性人格，这在一定程度上与当今高校学生教育管理有着可契合之处，因此其珍贵经验对当代我国高校教育管理的改革与发展具有重大意义。

【关键词】宋代书院；高校学生；教育管理

我国的书院，肇始于唐代，发展成熟于宋元时期，其中一些至今仍较为著名的书院如岳麓书院、白鹿洞书院皆成建于这一阶段。古代书院作为一种特殊的教育组织形式，融讲学授徒、学术研究和藏书印书于一体，在加强人格修养、发展教学思想、深化学术研究和提升教育管理等方面做出了许多创造性的贡献。两宋时期的书院建设和发展可谓是我国古代教育史上的一个高潮，书院的培养目标、课程设置、教育理念和教学风格等都在这一时期日益完善和规范。（苗春德，1992）两宋时期，书院的教育思想是非常独特的，进而推动了其在培养人才、传承文化、化育人生等方面发挥了重大作用，并最终在古代教育史中独树一帜。宋代书院建设与发展的历史经验与精髓，值得探究，值得为当代高校学生教育管理与全方位育人探索提供必要的参考、借鉴。

一、宋代书院发展窥探

理念上，宋代书院提出教育必须以人为本，强调了以德育人、德育为先的教育理念，坚持把品德教育作为书院教育的核心，把道德素质的培养置于书院教育的首位，用道德的标准评判利的正当性。同时，书院在教育思想中从来都是以社会群体作为价值主体，社会群体被看作是产生一切价值的最终实体和度量一切价值的最终依据，因而形成了一种社会本位的价值系统。两宋时期的书院都始终致力于如何培养出一种自觉维护社会秩序、承担社会理想的主体性人格。在这种办学宗旨和育人理念的指导下，书院确立了相应的人才培养模式，即致力于培养明乎人伦、具有"大丈夫"精神和勤政爱民品质的伦理道德型的儒生。（邓洪波，2004：243）

课程上，宋代书院为了贯彻落实自己的办学宗旨、教育理念和人才培养目标，大都把"四书五经"作为核心的经学德育课程的主体，把史学作为德育课程的有益补充。两宋时期的书院教育家大部分都告诫生徒要以人伦为本位，加强品德修养，坚持立德以立身，笃于道德实践，推己及人，进而实现人生目标。

形式上，宋代书院收到国家政治层面的大力支持，因而大众的参与程度也达到了很高的比例，其注重平民教育和民智开发，借以提高民众素质。《白鹿洞志》中载招收生员要"聚四方之俊秀，仅非取材于一域"，打破了学生的地域性限制和地位身份的限制，不分贵贱，不分尊卑。宋代书院教育因受社会发展的制约虽在提高整体民众素质方面还显微不足道，但这种平民教育、开放教育的思想及其实践的社会意义是深远的。

学风上，宋代书院重视学术争辩和学术交流，允许不同学派讲学，体现学术自由、"百家争鸣"的精神，书院开放讲学，听者不限制地区和本院生徒，书院成绩考核，多重平时，不仅重视学业成绩，尤重德操的修养，致力于培养"德进业广"兼备型人才。书院师生关系融洽，感情深厚，尊师爱生形成优良传统。

有如白鹿洞书院，学规中就明确指出"言忠信，行笃敬，惩忿窒欲，迁善改过"以及"己所不欲，勿施于人，行有不得，反求诸己"等道德修养的基本信条。陆九渊在书院讲学时，对弟子讲："人生天地间，为人自当尽人道，学者所以为学，学为人而已。"他批判地认为，当时教育的缺陷就是只教学生在文词章句上下功夫，而不是教学生"做人"，做学问的人，不知道要先懂得学会"做人"的道理。（邓洪波，2004：243）

张栻在《岳麓书院记》中强调，岳麓书院的教育宗旨是"成就人才，以传道而济斯民也"。至于这种"人才"标准，其强调了其内在人格的精神力量，曾说："仁，人心也，率性立命，位天地而宰万物者也。"南轩先生相信，只有充分扩充、发展自己的主体道德意识，才可以建立一个和谐、完善的社会秩序。

宋代的书院虽然是封建社会的产物，其教育思想和方法存在一些局限性，如在强调思想政治教育的同时，不自觉地将愚忠和爱国等同起来；以封建宗法关系束缚生徒的思想言行；在管理学生时，存在着体罚盛行的现象等，但是两宋时期书院教育中的精华部分，我们应该从中汲取有益的启示和借鉴。书院以完善人伦道德教育为己任，探讨修身、齐家、治国、平天下的文武韬略；在培养目标上注重"修身、立志、报国"，以传道育人为己任；在教育理念上强调立德树人，注重人文精神的培养；在思想方法上注重博学、包容，注重质疑、反思，注重对话、辩难，注重落实、行动。书院教育形成了"博学之，审问之，慎思之，明辨之，笃行之"的治学之道（李强，2008），而如今我们的高等教育着力培养大学生们的社会责任感、创新精神和实践能力，书院的理念、形式等都能为我们教育管理身在高等学府的当代青年提供推陈出新的思路与契合点。特别是在我国实施人才强国战略、实施素质教育的今天，将更加具有现实意义。

二、中国当代书院建设举例

（一）香港中文大学书院制教育

香港中文大学（以下简称港中大），其英文名称为The Chinese University of Hong Kong（简称CUHK），成立于1963年，是继香港大学之后香港拥有的第二所大学。港中大是全香港唯一实行书院和学院制并行的大学，由新亚书院（1949年成立）、崇基学院（1951年成立）、联合书院（1956年成立）、逸夫书院（1986年成立）组成。书院制是港中大保留传统血脉的筋络，是秉承精神气质的标签，更是教职工和学生归属感的象征，四个书院各具特色的研究方向和精神气质造就了港中大学今天的成就和名望。为迎接本科四年制改革，2007年后港中大又陆续成立了五家书院，即晨兴书院、善衡书院、敬文书院、伍宜孙书院及和声书院。港中大的书院定位于负责专业教学以外的所有事情，是按照专业组成的学生学习、实验的教学机构，是学生住宿、生活、学习、娱乐、成长的地方，是组织学生活动、实现"全人"教育的主要平台。港中大的书院各具特色，有的重视博雅教育，有的重视传统文化。（曹红旗，2009：40）

（二）复旦大学书院制教育

复旦大学复旦学院成立于2005年9月，是复旦大学下属院系之一。复旦学院是学校实施通识教育的教学、研究和管理机构。2005年，时值复旦大学百年校庆庆典年，学校决定正式成立复旦学院。每年复旦大学的本科新生（包括留学生）按专业录取后将先进入复旦学院，学习一年后再进入专业院系学习。复旦学院借鉴国内外著名大学本科生培养的优秀经验，深入贯彻"以学生为本"的理念，以培养全面发展的高素质、创新型人才为目标，全面推进本科教育教学体制改革。复旦大学书院制教育是中国大陆大学本科生学生管理和人才培养创新的先行者。复旦书院在组织架构、同级管理、辅导员驻楼制、导师团等方面打破了传统学生管理模式，探索了不同于国内其他学校实验班、基地班等的人才培养模式。通过"通识综合教育计划"和"全方位学业指导体系"的推出、核心课程的设置、助教制和学分制的实施、讨论课等教学范式的改革，为学生管理和人才培养提供了研究与实践的空间和平台。（乐毅，2008：52）

三、书院对当代高校学生教育管理的启示

（一）注重人文教育，构建良好德育环境

宋代以来，书院非常重视环境育人这一功能，并努力构建十分宜人的德育环境系统。这一时期的书院除了注重自然环境的选择，"择胜地立精舍"外，还十分重视人文环境的建设。从课堂、建筑、祭礼等方面突显人文氛围，整个书院俨然像个德育大熔炉。书院在科举制度下不仅造就了诸多学术人才，也培养了一批德才兼备的治术之才。书院将以儒家伦理道德为核心的人文教育提升到绝对主导的地位，并将其贯彻到书院的各个层面，使书院教育呈现出典型的人文特质。朱熹一生创建、修复并讲学于多所书院，在长期的书院教学生涯中，他将培养书院生徒的道德品质作为首要任务，他在《白鹿洞书院揭示》中指出："熹窃观古昔圣贤所以教人为学之意，莫非使之讲明义理以修其身。"在朱熹的设想中，道德养成被视为人才模式的核心。然而，当今品德教育的一个突出问题就是环境过于单一化，品德教育往往都停留在照本宣科上，而忽视了环境的作用。许多学校内部的校园德育环境差，校园周边的环境也很不尽如人意。可以说，当今学校的人文环境育人的功效较少或根本还

没有发挥出来。校园育人环境塑造是一个办学理念、办学传统、管理水平和校风学风的综合体现，是一种巨大的精神力量，随时随地潜移默化地影响着师生的思想品德和作风，对外也反映一个学校的形象，反映一个学校对社会的影响力。改善和加强校园内部人文环境，对形成一种内在的学校精神和对学生加强品德陶冶是至关重要的。（李强，2008）就目前阶段而言，要广泛开展社会公德、职业道德和家庭美德教育，营造健康向上的良好社会环境，恰当处理人与人、人与自然和人与社会的关系，积极构建社会主义和谐社会，共建美丽中国。

（二）突出学生主体，积极调动学习自主性

两宋时期的书院教育注重讲明义理，着眼点在于培养学生形成懂"理"、合"礼"的道德品质，即"明人伦""以修其身"。注重启发学生，培养学生的学习兴趣与学习能力，注重发展学生自探自究，敢辩善疑的学习品质，使学生不拘泥于前人的观点，不人云亦云，从而培养学生的创新精神。（萧倩娴，2005：48）所以我们不妨试着去塑造"以学生为本"的教育文化，树立"以学生为本"的教育理念，实现由"管理学生"向"发展学生"的跨越，高校学生事务要正视学生作为独立、自主的个体存在的现实，尊重学生的个体价值和尊严，尊重学生的权利，强调塑造学生的成人形象，在设计教育计划和提供服务时视学生为平等伙伴。同时，又要避免过于市场化，既要重视对学生的服务，也不能忽视对学生的教育和引导。让学生形成校园主人翁的意识，自主发挥身为校园主体的积极作用，高校的教育管理就会事半功倍。

（三）引导社会取向，笃定人格理想信念

宋代的书院作为传播、振兴儒学的文化基地，坚持了儒家的人文传统，将人伦关系、群体和谐、社会价值置于文化教育的首要地位，体现出以社会群体为本的儒家人文价值观。在民族矛盾尖锐的时代里，书院

培养了大批慷慨节义之士。书院师生爱祖国、爱民族，为中华民族留下了无数可歌可泣的英烈事迹。这是书院士子在特殊的历史阶段选择正确的价值取向，表率社会的一种有效方式。宋元之际书院士子以身垂范，率先抗元，是符合当时的历史潮流的。不止如此，它还是中华民族爱国主义精神的重要组成部分。爱国主义是中华民族的优秀传统，是中华民族生生不息的思想基础与精神力量，是我们民族经受了无数艰难险阻而始终保持旺盛生机的凝聚力与向心力。（傅首清，2013：118）书院教育通过自身的各种途径对古代的爱国精神不断充实，它与中国古代其他的教育机构和整个社会一道，使爱国主义精神代代相传，经久不息。爱国主义精神其实也是当今我们倡导的人文精神的一个重要组成部分。人是一种社会性存在，人文精神在唤起人的自我意识的同时，也要通过一定的形式把这种自我意识体现在现实生活中。社会关怀正是人自身尊严和生命质量在社会生活中的体现。社会关怀实质上是人对社会的一种庄严的道德感、责任感、使命感和担当意识。

四、结语

书院教育在中国古代教育史上是一座里程碑，是中国的教育宝藏。宋元书院作为宋元时期特有的教育文化机构和学术研究机构，在传播知识和发展学术方面发挥了重要作用，为后世书院教育提供了样板，也为当今教育和学术的发展提供了可资借鉴的宝贵资源。即使在近现代，学校制度普遍推行以后，书院教育也并未绝迹。伟大领袖毛主席倡导对待古代优秀文化遗产应该"古为今用"。如今的高等学校，在管理方面，要求人性化的学生管理，注重学生的思想品质的培养，重视德育对学生良好人格形成的决定作用。在育人方面，指出要关注学生的全面发展，德、智、体、美、劳五育并举，将学生培养成一个合格的社会主义的建设者和接班人。（黄燕，2010：213）习近平总书记在十九大报告中指出："青年兴则国家兴，青年强则国家强。青年一代有理想、有本领、有担当，国家就有前途，民族就有希望。"宋元时期书院的教育理念与今天我们教学改革中的许多教育思想是不谋而合的。因此，书院制度本身所蕴含的某些符合现代教育规律和学生心理发展特点的教育理念、教学和管理方法等，完全有必要为现代学校制度所借鉴，从而更好地为我国的社会主义现代化教育事业服务。

参考文献：

[1] 邓洪波. 中国书院史 [M]. 上海：东方出版中心，2004：243.

[2] 苗春德. 宋代教育 [M]. 郑州：河南大学出版社，1992.

[3] 毛礼锐，瞿菊农，邵鹤亭. 中国古代教育史 [M]. 北京：北京师范大学出版社，1983.

[4] 曲士培. 中国大学教育发展史 [M]. 太原：山西教育出版社，1993.

[5] 李强. 简论宋元时期的书院教育及启示 [D]. 厦门：厦门大学，2008.

[6] 夏冰月. 论书院讲会制度的演变、特点及现代启示 [J]. 法制与社会，2009（19）：300—301.

[7] 萧倩娴. 书院教育对我国当代高等教育的启示 [J]. 成人教育，2005（8）：48—49.

[8] 曹红旗. 书院制与香港中文大学 [J]. 当代教育科学，2009（9）：40—43.

[9] 乐毅. 简论复旦学院的书院学生管理模式 [J]. 国家教育行政学院学报，2008（8）：52—59.

[10] 郭梅，李霞，张威. 从古代书院教育的特点看我国当代高等教育 [J]. 河南财政税务高等专科学校学报，2006（6）：42—44.

[11] 傅首清. 古代书院教育对创新型人才早期培养的启示 [J].

教育研究，2013（6）：118—122.

[12]黄燕. 书院教育的当代回归［J］. 学海，2010（5）：213—216.

语言研究

韩国语被动语态错误类型及成因分析

天津外国语大学　刘永红

【摘　要】被动语态作为韩国语的重要语法范畴之一，历来是韩中语学者研究之热点领域。韩中两国虽一衣带水，隔海相望，但由于政治、经济、历史文化等诸多因素影响，在被动语态认知领域存在许多不同。这种相异使得中国学生在学习韩国语被动语态过程中出现诸多错误。本论文运用中间语言学理论及错误分析学理论，对中国学生在习得韩国语被动语态上所产生错误进行归类，并加以分析，旨在提高中国学生韩国语运用水平，加深其在韩国文化方面的理解。并希冀此研究在韩国语教材编纂时，有关被动语态解析方面起到启迪和帮助的作用。

【关键词】被动语态；中间语言学；错误类型；错误分析

一、오류 분석의 이론적 토대

(一)오류 분석의 개념과 목적

오류에 대한 중간언어(interlanguage) 이론으로 누난(Nunan, 1988)에서 바르지 못한 발화를 '표준문법 규준에서의 일탈'이 아닌 '부분적으로 바르고 불완전한 발화'로 봄으로써 이를 '틀린 것'이라기보다 다소 '다른 것'이라하였다. 브라운(Brown,2000)에서 '오류란 원어

민의 성인 문법으로부터 일탈된 것으로 학습자의 중간언어 능력을 반영하는 것'이라고 정의하고 있다.

응용언어학의 한 분야인 오류 분석(Error Analysis)은 학습 과정에서 나타나는 학습자의 잘못을 기록, 분류하는 것을 가리킨다. 넓은 개념에서 오류 분석의 목적은 학습자들이 범하는 오류를 연구하고 분석하는 작업을 통하여, 오류의 생성 원인을 밝히고 학습자들의 언어 능력을 신장시키고자 하는 데 있다. 오류 분석의 연구는 다시 이론적 목적을 위한 연구와 교육적 목적을 위한 연구로 나뉜다(Corder,1981).

이론적 목적의 오류 분석 연구는 학습자들의 외국어 습득 과정의 오류를 밝히기 위한 경우로 학습자 중간언어의 전반적인 현상에 관심을 두며 오류 문장뿐 아니라 비(非)오류 문장에 대한 연구는 총체적이면서도 기술적인 방법으로 이루어진다.

교육적 목적의 오류 분석 연구는 외국어 교육 현장에서 오류 분석의 결과를 즉각적으로 활용하기 위하여 이루어지는 연구이다. 이러한 오류 분석은 학습자의 오류를 확인하고 그 오류의 유형을 기술하고 원인을 추적하며 그 심각성을 평가하는 일련의 분석 과정부터 교육적인 시사점을 찾아 처방을 내리려는 목적으로 행하는 분석이다. 그러므로 이러한 오류 분석은 오류의 객관적 분석을 목표로 하기보다는 학습자들이 흔히 범하는 오류의 수정에 초점을 맞추게 되어 교육 현장의 경험이 가미된 약간은 실용적인 분석이 될 수도 있다. 한국어 교육 현장에서 학습자들이 범하는 오류를 분석할 경우는 보통 중국어권, 영어권, 러시아어권, 일어권등 언어권별로 나누어 이루어지는데 언어권에 따라 오류의 유형이나 원인도 각각 다르게 나타나므로 오류를 분석할 때 학습자의 배경을 고려할 수 밖에 없게 된다. 이와 같이 교육적 목적의 오류 분석은 오류의 판정과 기술의 단계에서부터 이론적 목적의 오류 분석과는 구분지어 분석할 것을 요구한다.

본 연구에서는 중간언언학 이론과 교육적 목적의 오류 분석 방법을 통하여 중국인학습자의 한국어 피동 표현 오류를 분석하고자 한다.

(二)오류 분석의 중요성

코더(Corder,1981)에서는 오류 분석의 중요성을 다음 세 가지 측면에서 강조하고 있다.

첫째, 교사에게는 학습의 진전 상황을 점검할 수 있게 한다. 학습자가 어느 정도 목표에 가깝게 접근해 있으며 앞으로 무엇을 더 가르쳐야 하는가를 알려준다.

둘째, 연구자에게는 어떻게 언어가 학습되며 학습자가 언어 규칙을 발견하기 위하여 어떤 전략과 절차를 사용하는가를 설명해 준다.

셋째, 학습자에게는 언어를 배우기 위해 활용하는 장치가 된다. 즉, 오류 분석은 자신이 배우고 있는 언어에 대한 가설을 검증하는 방책이 된다.

학습자가 가장 어려워하는 부분과 쉽게 틀리는 부분에 대한 기초적인 연구가 선행되지 않고 교육 과정과 교육 내용을 결정하는 것은 단지 교사 중심 내지 연구자 중심뿐이다. 학습자 중심 교육의 출발점을 학습자의 오류를 분석하는 데 두고 있다(이정희,2002). 본 연구에서는 학습자들이 어려움을 느끼고 가장 많이 틀리는 부분이 어떤것인지 그리고 그 이유가 무엇인지를 연구하고자 한다.

二、오류 판정의 기준

첫째, 일차 오류 판정은 가능하면 학습자들이 스스로 하도록 하고 규정한 시간에 본인이 교정할 수 있는 것은 본 연구에서 제외하였다.

둘째, 학습자의 한국어 능력에 따라 등급별로 오류 판정의 범위를 다르게 설정하였다. 즉 의사소통이 가능한 전제하에 학습자들이 초급 단계에서 나타난 오류는 고급 단계에 들어간 후 오류 유형으로 선정되지 않을 경우도 있는 것이다. 이런 경우를 구체적인 예문으로 설명하면 다음과 같다.

오류유형: 1)잘 안 틀리는데요.　2)잘 안 들린데요.　3)잘안들리는데요.

초급 단계의 경우 어휘의 정서법이나 간단한 어미 변화 현상에 관한 지식이 중요한 지도 내용으로서 강조되는 부분이다. 그러므로 지도 중점과 관련하여 볼 때 초급 단계에서는 위의 1), 2), 3)과 같은 오류들을 전부 분석 자료로 선정하였다. 즉 1)은 어휘정서법 오류, 2)는 어미 활용 오류, 3)은 맞춤법 오류이다.

고급 단계로 들어가면서 1)과 3)의 오류가 현저히 줄어들었고 또 이 단계에서 지도의 중점을 한 층 복잡한 문법 항목에 두었기 때문에 이 들을 분석 자료에서 배제하였다. 어미 변화 규칙은 중국인 학습자들이 파악하기 어려운 난점이어서 2)와 같은 오류는 고급 단계에 도달한 후에도 많이 나타나고 있으므로 이를 오류 분석 자료로 선정하였다.

셋째, 중국인 학습자를 위한 분석이 목적이다. 따라서 중국어 문법이나 중국 문화 배경을 고려하여 오류의 생성 원인을 찾았다.

三、오류 유형과 오류 분석 결과

이론상 오류 유형의 구분은 내용적인 접근법과 형식적인 접근법 두 가지로 분류할수 있다. 전자는 오류 원인에 따라 그 유형을 구분하는 것이며, 후자는 문법적 범주와오류 형태를 중심으로 유형을 구분하는 것이다.

학습자가 범하는 오류는 여러 가지 원인에서 기인한다. 특히 어휘, 조사, 어미, 사유 방식등으로 이루어 진 문장의 차원에 있어서는 각 문장 요소들이 서로 작용함으로써 나타나는 오류의 원인도 유일하지 않다. 예를 들어 '달이 먹구름에 가리게 됐다.'라는 문장을 분석할 경우 그 원인은 크게 두 가지로 나누어 볼 수 있다. 하나는 자연 현상에 대한 중국인과 한국인의 인지가 달라 언어 표현상에 나타나는 모국어 간섭현상이고 또 다른 하나는 한국어 보조용언 '-게 되다'와 '-어지다' 용법상의 차이를 잘 구별하지 못해 생긴 것이다. 본 연구는 오류 유형별 형성 원인에 대해 주된 한 가지 원인만 분석하는 부족함이 있다.

코더(1975)의 내용적인 접근법에 따라 한국어 피동 표현 오류 양상 유형을 제시하면 다음과 같다.

(一)언어간전이로 나타나는 오류

언어간전이로 일어나는 오류란 모국어의 영향으로 나타나는 간섭 오류를 말한다. 한국어 피동 표현의 오류 자료를 분석한 결과, 중국어 문법 요소로 하여 목표어인 한국어 영향을 받아 생긴 오류가 주된 것이었으며 그 오류 양상은 주로 어휘, 조사와 보조용언의 사용에서 나타나고 있다. 다음의 구체적인 예문을 통해 오류 발생 원인을 분석하고자 한다.

1.피동사와 타동사의 혼용 오류

(1)모자가 형에 의해 책상 위에 *놓았다.(√놓였다)

(2)믿는 도끼에 발등을 *찍었다.(√찍혔다)

(3)현재 전국적으로 초속 10미터 안팎의 강풍이 불고 있어 바람 피해가 *우려합니다.(√우려됩니다)

오류 원인 분석을 위해서 우선 아래와 같이 중국어로 예문(1)을 번역해 보았다.

한국어:모자가 형에 의해 책상 위에*놓았다.(놓였다)

중국어:帽子被哥哥放在了书桌上。

한국어 원문과 번역문의 문장 성분이 상호 대응하는 위치를 살펴보면 한국어에서 능동주를 표시한 부사어 '-에 의해'의 위치는 중국어에서 시사자(施事者)를 나타낸 개사(介词)'被'의 위치와 일치함을 알 수 있으며 한국어에서는 피동사(놓였다)가 쓰인 반면 중국어에서는 능동사(放) 가 쓰인 차이점이 있다. '被'는 시사자(施事者)인 '형'의 앞에서 쓰이더라도 문장 끝에 나타난 서술어를 수식하는 역할을 한다. 바꿔 말하면 한국어 피동 표현은 서술어에 의해 피동성을 표현하는 원칙이 있으나 중국어는'被'자로 피동성을 나타내는 것이 일반적이다. 위의 예문(1)은 모국어 간섭으로 나타난 전형적인 오류라고 할 수 있다.

예문(3)에서 사용된 '우려하다'는 중국어 '忧虑'에 해당하는데 이는 사람의 심리 상황을 표현하는 심리동사이다. 중국인의 사고방식에 따라 '忧虑'하는지 안하는지는 본인의 정신 지배를 받아서 나타나는 심리 변화 상태이므로 능동적으로 표현해야 되고 피동 표현으로 잘 나타나지 않는다. 중국인 학습자들이 모국어 영향때문에 (3)의 오류를 범하였다. '忧虑'외에 '担心(걱정하다)', '费神(신경을쓰다)', '安心(안심하다)'도 마찬가지로 중국어에서 능동 표현만 쓰이기 때문에 학습 지도할 때 학습자의 주의를 환기 시킬 필요가 있다.

2.주어 선택의 오류

(4)*칭찬이 철수에게 들리었다.(√철수가 칭찬을 들었다.)

(5)*돈이 다 쓰여 버렸다.(√돈을 다 써 버렸다.)

(6)*풀이 철수에게 열심히 뽑혀 버렸다.(√철수가 풀을 열심히 뽑아 버렸다.)

(7)*죄의식이 항상 그를 쫓는다.(√그는 항상 죄의식에 쫓긴다.)

(8)*바람이 문을 닫았다.(√문이 바람에 닫혔다.)

(9)*돌부리가 영희의 발을 걸었다.(√영희의 발이 돌부리에 걸렸다.)

위에 열거한 오류 예문 (4)-(6)은 한국어 피동 표현이 존재하지 않는 것이고 (7)-(9)는 능동 표현이 없는 것이다. 한국어 학자들은 피동 표현의 주어 사용 문제에 대해 보통 '피동 표현과 능동 표현의 대응 관계'로 다루고 있는데 대부분은 '피동 표현의 독특성이 크고 능동과의 대응 관계가 제한적이다'라는 결론을 얻게 되었다. 김봉모(1985)

에서는 능동 대 피동의 규칙화는 오히려 국어 문법에서 예외적 표현으로 고려되어야 한다는 주장까지 내세우고 있다.

그러나 중국어는 인(人), 사(事), 물(物), 동물(动物), 자연계등 능동주보다 상대적으로 약한 쪽은 모두 피동 표현의 주어로 쓸 수 있다. 모국어의 간섭으로 위의 오류가 생겨나게 된 것이다. 이런 오류의 발생률은 초급 단계에서 가장 높다가 중, 고급 단계에 들어가면서 상대적으로 줄어들기는하나 학습의 중점으로 학습자에게 지속적으로 주의시켜야 한다.

한 · 중 피동 표현에 사용되는 주어를 분석한 결과 중국어 피동 표현 주어의 사용

범위가 더 넓고 자유로운 것을 발견한다.

3.격조사의 사용 오류

(10)이번에 드디어 *꿈을 이루어져서 가슴이 설레다.(√이)

예문 (10)과 같은 오류는 중국인 학습자의 작문이나 회화에서 흔이 찾아볼 수 있는것이다. '이번에 드디어 꿈이 이루어져서 가슴이 설레다'를 중국어로 '这次终于实现了理想, 所以心情很激动'이라고 표현하는데, '实现'은 타동사이고 '理想'은 '实现'의 목적어이다. 둘의 문법 관계는 '꿈'이 주어로 쓰이고 '이루어지다'가 피동사가 쓰인 한국어의 구조와 상반된다. 중국인 학습자들은 모국어의 양향으로 인하여 한국어 문장을 산출할 때도 정확한 주격조사를 배제하고 목적격조사가 쓰게 된다.

4.보조용언의 무분별(无分别) 오류

(11)달이 먹구름에 *가리게 됐다.(√가려졌다)

(12)인간의 욕심은 한이 없기 때문에 사람들은 있으면 있을 수록, 또 가지면 가질 수록 더 많이 갖고 싶어해지요.(√싫어하게 되지요)

(11)과 같은 오류가 생기는 원인은 보조용언 '-어지다'와 '-게 되

다'의 세미한 의미 차이점을 제대로 파악하지 못한 결과에서 나타난다고 본다. 교육 현장에서 '－어지다'와 '－게 되다'의 용법을 가르칠 경우 백봉자(1999)에서 제시된 <표1>을 참조하여 설명하는 교사가 많이 있다.

-어/아/여지다	-게 되다
변화하는 과정을 나타냄, '점점', '차츰' 같은 부사와 함께 쓰임	변화한 결과를 나타냄. '결국', '마침내', '드디어'같은 부사와 함께 쓰임

<표1> '-어지다'와 '-게 되다'의 용법 비교

교사들은 보통 문법 제시 단계에서 위 표를 참고하여 '－어지다'와 '－게 되다'의 차이점을 학습자에게 설명해 준다. 학습자들은 교사의 설명을 잘 이해하였는데도 불구하고 연습 단계에서 많은 오류를 범하게 되는데 무엇때문에 이런 결과가 나타났는지 자세히 분석할 필요가 있다. 우선 한중 대역을 통해 비교해 보자.

(11A)한국어 원문

달이 먹구름에 가려졌다. (가림을 당한 상태의 완료)

달이 먹구름에 차츰/점점 가려졌다. (가림을 점점 당한 상태의 완료)

(11B)중국어 번역문

月亮被乌云遮住了。 (가림을 당한 동작의 결과)

月亮渐渐被乌云遮住了。 (가림을 당한 상태의 완료)

위의 한국어 원문에서처럼 '점점', '차츰' 등 정도부사가 사용되지 않아도 '본용언+어지다' 표현 자체가 '상태'의 의미를 담고 있지만, 중국어에서는 동사 자체가 '상태'의 의미가 없으므로 '渐渐地, 一点一点地'과 같은 정도부사를 반드시 사용하여야만 '상태'를 나타낼 수 있다.

정도부사를 사용하지 않을 경우 주어 '달이' 서술어 '가리다'의 가림을 당한 결과로 인식되기 때문에 (11)과 같은 오류가 발생하게 되었다.

(12)는 '마음이나 욕구'의 뜻을 나타내는 보조형용사 '-고 싶다'와 보조동사 '-어지다'의 차이점을 잘 구별하지 못하여 나타난 오류이다. 학습자들이 산출하고자 하는 한국어를 중국어에서는 '因为人类的欲望无穷, 所以有了还想再有, 得到了变得希望得到更多'로 표현한다. 중국어 '变, 变得'는 어떤 특정 상태로부터 다른 상태로의 변화를 일으키는 동사이다. 상태의 변화는 한국어에서 '-어지다'로 표현하는데 학습자는 중국어의 간섭으로 위 오류를 범하게 된다.

(二)언어내적전이로 나타나는 오류

언어내적전이로부터 일어나는 오류는 목표어의 불규칙성, 복잡성등으로 인하여 나타나는 오류라고 한다. 한국어 피동 표현에 있어서 피동사의 불규칙, 조사나 부사어 사용상의 복잡성등 원인으로 오류를 낳게 한 것이다. 다음으로 어휘, 조사, 부사어로 나누어 오류 생성의 원인을 구체적으로 분석하도록 하겠다.

1.피동사 정서법 오류

(13)지렁이가 영희에게 *밟혔다.(√밟혔다)

(14)방금 *막긴 짐이 누가 가져갔을까?(√맡긴)

학습자들은 자신의 뜻을 표현하기 위해서 의사소통 전략을 사용한다. 간혹 제대로 생각나지 않는 어휘가 있을 경우, 그 어휘와 비슷한 발음이나 철자로 된 다른 어휘를 빌려 의사를 표현하려고 하는 과정에서 위의 비문을 산출하게 된다.

2.피동사와 사동사의 무분별(无分別) 오류

(15)토끼는 호랑이한테 *먹었다.(√먹혔다)

(16)아무리 좋은 핑계를 대고 이번 일에서 빠지려고 해도 소용 없

을 걸. 그 친구한테는전혀 씨가 안 *먹이는 애기일 테니까.(√먹히)

위 (15)와 (16)은 동사 '먹다'에 대응하는 피동사를 잘못 쓴 예문인데 둘다 '먹다' 의 사동사 '먹이다'와 피동사 '먹히다'가 혼동되어 나타난 오류라고 할 수 있다. 여기서 주의할 만한 것은 예문(16)이다. '씨가 안먹히다'라는 문장속에 스며 있는 한국 문화 배경을 제대로 알지 못기 때문 일어난 오류이다.

요즘은 공장에서 옷감을 만들어내지만 이같은 공장이 없던 옛날에는 집에서 베틀로 옷감을 짜서 쓰곤 했다. 베는 씨줄과 날줄을 교차 시켜서 짜는데, 세로실을 '날', 가로실을 '씨'라고 하는데 날실 사이로 씨실이 한올 한올 잘 먹혀야 옷감이 곱게 짜지는 것이다. 그렇지만 여름철 비가 올 때처럼 습기가 많을 때는 씨실과 날실 사이가 뻑뻑해져서 씨실이 잘 먹히지는 않아서 옷감을 짜기가 힘들어진다. 그러던 것이 시간이 지나가면서 지금은 흔히 이치에 닿지 않는 소리나 말이 안되는 소리를 할 때 '씨가 안먹히다' 또는 '씨도 먹히지 않는 애기다' 라는 뜻으로 그 의미가 바뀌어 버린 것이다.

3.격조사 사용 오류

(17)고무줄*은 남자 아이에게 끊긴다.(√고무줄이)

(18)바람피해*의 우려됩니다.(√가)

(17)은 주격조사 '은/는', '이/가'가 혼동되어 생긴 오류인데 이러한 오류 현상은 초급 단계부터 고급 단계까지 모두 존재한다. 예문(18)은 주격조사 '가/이' 간의 사용 규칙을 구별하지 못하여 나타난 것인데 주로 초급 학습자들 가운데서 많이 나타난다.

4.능동주표지의 오류

(19)경찰이 강도*에 의해 찔렸다.(√에게/한데)

(20)온 들판이 흰눈*에게 덮였다.(√으로)

(21)온 마을이 폭풍*으로 휩쓸렸다.(√에)

(22)보물이 도둑들*에게 강 밑에 묻혔다.(√에 의해)

(23)색종이가 영희*에게 가위로 잘렸다.(√에 의해)

(24)모자가 형*한테 책상 위에 놓였다.(√에 의해)

위의 문장들은 이익섭·채완(1999)에서 제시한 예문을 참고로 시험지에서 '틀린부분고치기' 형식으로 3학년 학생들을 테스트한 후 뽑게 된 오류 유형이다. 이런 오류들은 능동주 뒤에 붙이는 능동주표지 즉, 여격조사 '에게', 처격조사 '에', 원인격조사 '로/으로', 부사어 '-에 의해'의 사용 환경을 잘 구별하지 않기 때문에 생겨난 것이다. 교육 현장에서 이와 같은 유형의 오류 발생률이 높게 나타나고 있다.

조사가 중국인 학습자에게는 어려운 부분이라고 하지만 위 오류가 나타나게 된 다른 한 원인은 한국어 교재에서 피동 표현 능동주표지에 대해 소홀히 다룬 결과라고 본다. 한국인은 피동 표현에서 어떤 능동주표지가 쓰이는지 직관적으로 쉽게 판단할 수 있지만 그러한 직관이 없는 외국인 학습자는 이 부분에 대해서 판단하기가 어렵다. 앞으로 교재 내용을 재구성 할 때 능동주표지 용법과 제약에 대해서 강조할 필요성이 있다.

(三)학습환경으로 나타나는 오류

1.이중피동 사용 오류

(25)모여진 성금은 불우 이웃들에게 유용하게 쓰일 것으로 *보여진다.(√보인다)

(26)세계 경제가 회복되는 데는 상당히 많은 시간이 걸릴 것으로 *봐집니다.(√보입니다)

(27)한국이 동북아의 주역으로서 우뚝 설 수 있는 기틀이 *마련되어져야 한다.(마련되어야한다)

(28)철이가 술래한테 *잡혀졌구나.(잡혔구나)

중국인 학습자들은 작문이나 구어에서 위(25)-(28)예문과 같이 이중피동을 반복 사용하는 것을 흔히 발견할 수 있는데 이런 오류는 위 예문에서 제시한 동사이외 '바뀌어지다, 되어지다, 요구되어지다, 닫히어지다, 불리우다/불리워지다, 생각되어지다' 등도 나타나고 있다. 이처럼 이중피동 남용의 주된 원인을 아래와 같이 나누어볼 수 있다.

①한국어 매체방송이나 중국에 거주하는 한국인에게서 받은 영향

학습자는 교과서외에도 한국 드라마, 영화, TV 프로그램, 뉴스, 도서등 매체방송이나 한국인 친구를 사귀는 것을 통해 한국어를 학습하게 된다. 이러한 언어 습득 방법은 어느정도 효과적이라고하지만 학습자들은 매체방송을 접하거나 한국인 친구를 사귀는 과정에서 이중피동을 무의식적으로 모방하게 되며 어색한 표현이라고 여길 새도 없이그 용법을 배우고 사용하게 된다. 교사는 학습자에게 이중피동을 설명해 줄 경우 다음과 같은 기준을 강조해야 한다.

이중피동을 전혀 쓰지 않을 수야 없겠지만 불필요한 남용은 자제해야할 것이다. 특히 적극적 주장을 펴야하는 논설문에서 피동법을 남용하면 소극적이고 책임을 회피하는 듯한 인상을 줄 수 있다(민현식,1999).

②영어 학습 과정에서 영어 수동태가 미친 영향

한국어를 접하기 전에 대다수 중국인 학습자들은 최소 6년간 영어를 배워 왔고 한국어를 주전공(主专攻)으로 한 이후에도 제2외국어로써 영어를 계속 배운다. 영어 학습 과정에서 익힌 영어 구문법의 영향으로 이중피동을 남용하거나 전체적으로 피동형을 사용한 문장이 늘어난 것으로 볼 수 있다. 특히 무정명사를 주어로 하여 피동의 뜻을 강조하려고 할 때 '피동사+이지다'와 같은 이중피동이니 '주어지다(be given)'와 같은 형태를 남용하는 경향이 많이 나타나고 있다.

2.피동 표현 범주에 대한 판별력이 부족해서 생긴 오류(괄호 안의 숫자는 피동 표현으로 판단된 비율이다.)

(29)말타면 경마 잡히고 싶다.(36%)

(30)배는 드디어 만들어 진다.(57%)

(31)쇠는 쇳물로 녹아진다.(34%)

(32)얼굴이 예뻐진다.(11%)

(33)존경받는다.(9%)

(29)에서 쓰인 '경마'는 말을 타고 빨리 달리기를 겨루는 경기가 아니고 견마(牽馬), 즉 '남이 탄 것을 몰기 위해서 잡는 고삐'를 의미한다. 그러므로 '경마 잡힌다'라는 말의 뜻은 다른 사람에게 자기가 타고 있는 말의 고삐를 잡고 말을 몰고 가게 한다는 일종의 사역의 뜻이다. 오랜 세월을 거쳐 견마(牽馬)의 발음이 경마로 바뀐 것이다. 이같이 어휘 의미 변화 배경을 잘 모르는 것은 오류를 일어키는 주된 원인이다.

(30)-(33)예문들로부터 많은 학습자들은 한국어 피동 표현 범주에 대해 모호해 특히 '-어지다'류 문장과 '당하다'류 피동 표현에 대한 인지가 부족한 것을 알 수 있다. 판단이 용이치 못한 원인은 한국어 교재에 나타나 있는 문법 해설 통일되지 않아 단지 일선 교육 현장에서 교수자의 재량에 따라 수업을 진행하기 때문이다.

四、결론

본 연구는 중간언어학 이론과 오류분석 이론을 바탕으로 중국인 학습자를 위한 한국어 피동 표현 오류 유형과 생성 원인을 분석했다. 오류 교정, 교수법 개선, 그리고 교과서의 갱신에 적극적인 영향을 기대한다.

참고문헌

［1］민현식. 국어 정서법 연구, 1999.

［2］백봉자. 외국어로서의 한국어 문법 사전, 연세대학교 출판부.

［3］우인혜. 국어 피동표현의 연구, 한양대학교 박사학위 론문.

［4］이익섭·채완. 국어 문법론 강의, 학연사, 1999.

［5］이정희. 한국어 오류 판정과 분류 방법에 관한 연구, 한국어교육 13, 2002.

［6］Brown, H.Douglas. Teacher by Principles: An Interactive Approach to Language Pedagogy, 2000.

［7］Corer, Stephen Pit. Error analysis and interlanguage, Oxford University Press, 1981.

［8］Nunan, David. The language teaching a scheme for teacher education Oxford University Press, 1988.

日常生活文化为中心的韩语词汇搭配教育研究

■ 天津外国语大学　陈晶晶

【摘　要】近来外语教育的目标除了掌握外语语言能力，更注重跨文化交际能力的培养。提高跨文化交际能力，在日常的基础外语教学中也可以实现。例如词汇结合文化要素的教育方式就可以在词汇教学的同时加深文化的教育，进而提高跨文化交际能力。本文以韩国日常生活相关的词汇搭配为主要研究对象，探讨如何结合日常生活文化进行词汇教育。

【关键词】词汇搭配；日常生活；跨文化交际；文化要素

일상생활을 중심으로 하는 한국어 연어 교육 연구

천진외국어대학교 진정정

1. 들어가기

문화간 커뮤니케이션 능력을 신장하는 데 목적을 두는 것은 최근 외국어 교육의 주된 추세이다. 한국어 연어 교육도 단어와 단어만의 결합이 아니라 그 단어속에 담겨 있는 문화 의미를 더 중요시해야 한다. 문화 주제로 연어를 분류하여 교육하는 관점에는 문화 요소를 더 강조하며 교육시키는 것이 좋다. 수많은 연어 중에 '한국인의 생활'과 관련된 내용은 사용빈도가 가장 높은 부분이며 언어와 문화범주에서는 모두 중요하기 때문에 초급부터 다루어야 할 부분이다. 실제 의사소통에 활용성이 높기 때문에 이 부분과 관련된 연어 표현의 수량은 가장 많고 문화와 연계하여 교육하면 효과가 가장 좋을 것이다.

2. 일상생활 한국어 연어 목록

'일상생활'에 관한 내용은 외국어를 학습할 때 제일 먼저 접하는 내용이고 기초적인 생활과 관련된 내용들이기 때문에 의사소통의 중요한 단초를 마련한다고 하겠다. 그 내용에는 하루일과, 의식주, 시간, 교통등이 포함되며, 한국어 교재에서도 일상생활과 관련된 연어의 사용빈도가 가장 높다.

중국에서의 '일상생활'은 크게 의(衣), 식(食), 주(住), 행(行)의 4가지가 포함된다. 이에 본 논문에서는 중국의 일상생활과 대응되는 의, 식, 주, 행 4가지를 다룬다. 일상생활과 관련된 부분은 다음과 같다.

<표1>'일상생활' 관련 연어 목록

소주제	등급	연어
의 (衣)	초급	모자를 쓰다(戴帽子), 반지를 끼다(戴戒指), 안경을 쓰다/안경을 끼다(戴眼镜), 옷을 입다(穿衣服), 옷을 벗다(脱衣服), 옷걸이에 걸다(挂到衣架上)
	중급	가방을 메다(背书包), 멋을 내다(表现美), 멋을 부리다(表现美), 멋이 나다(美), 빨래를 널다(晾衣服), 빨래를 개다(叠衣服), 빨래를 걷다(收衣服), 세탁기를 돌리다(开洗衣机), 옷을 버리다(弄脏衣服), 얼룩이 지다(有污渍), 팔찌를 끼다/팔찌를 차다(戴手镯), 화장을 고치다(化妆, 补妆)
	고급	가발을 쓰다(戴假发), 단추를 꿰다(钉扣子), 비녀를 꽂다(插发簪), 폼을 잡다(摆姿势, 摆姿态), 폼을 내다(摆姿势, 摆姿态), 향수를 뿌리다(喷香水), 화장이 먹다(化的妆服帖)

소주제	등급	연어
식 (食)	초급	김치를 담그다(腌泡菜), 맛이 나다(好吃), 맛을 내다(使……好吃), 맛을 보다(尝), 목이 마르다(口渴), 배가 고프다(肚子饿), 배가 부르다(吃饱了), 술에 취하다(喝醉酒)
	중급	고추장을 담그다(腌辣椒酱), 냄새가 나다(有味道), 냄새를 맡다(闻味道), 뚜껑을 따다(开盖子), 맛을 살리다(使……有味), 맛이 들다(入味), 목이 타다(嗓子干), 밥을 차리다(准备饭菜), 상을 차리다(摆桌), 술이 깨다(酒醒), 식사를 나누다(一起吃饭), 입에 맞다(合口味), 주문을 받다(接受预定), 차를 나누다(一起喝茶), 커피를 뽑다(咖啡机里取咖啡), 커피를 타다(泡咖啡)
	고급	간을 보다(尝咸淡), 갈증을 풀다(解渴), 갈비를 뜯다(啃排骨), 구역질이 나다(反胃), 끼니를 거르다(不按顿吃饭), 끼니를 때우다(将就吃点当作饭), 송편을 빚다(包松饼), 식단을 짜다(编食谱), 식욕이 나다(有食欲), 식욕이 떨어지다(没有食欲), 입맛이 떨어지다(没有食欲), 입맛을 다시다(馋, 咂嘴)
주 (住)	초급	불을 끄다(关灯), 불을 켜다(开灯), 집을 보다(看家)
	중급	도둑이 들다(进强盗), 도둑을 맞다(遭遇强盗), 못을 박다(钉钉子), 방을 빼다(腾出房间), 촛불을 켜다(点蜡烛)
	고급	곰팡이가 피다(发霉), 난장판이 되다(乱七八糟), 담을 치다(垒墙), 담을 타다(翻墙), 도망을 치다(逃跑), 소음이 나다(有噪音), 월세를 내다(交月租),월세를 놓다(出租月租房), 전세를 얻다(得到全税的房子), 전세를 내다(交全税), 전세를 놓다(出租全税房), 짐을 꾸리다(打包东西), 커튼을 치다(关窗帘)
행 (行)	초급	길이 막히다(路堵), 자리가 나다(有座位), 자리를 잡다(占座位), 택시를 잡다(打车)
	중급	기차를 놓치다(错过火车), 길을 놓치다(迷路), 길을 닦다(清扫街道), 도로를 닦다(清扫街道), 멀미가 나다(晕车), 면허를 따다(考取驾照), 버스를 놓치다(错过公共汽车), 버스가 끊기다(汽车停止运行), 벌금을 내다(交罚款), 사고가 나다(出事故), 사고를 내다(肇事), 속도가 나다(提速), 속도를 내다(提速), 속도를 붙이다(提速), 시동을 걸다(启动汽车), 지하철을 놓치다(错过地铁), 차가 밀리다(堵车), 차가 막히다(堵车), 택시가 잡히다(打到出租车)
	고급	책임을 추궁하다(追究责任), 피해를 입다(有损失)

‘일상생활’과 관련된 연어들은 기초적인 생활과 관련된 내용이므로

초급부터 체계적으로 교육할 필요가 있다. 아래에는 특히 중국인 학습자에게 교육할 경우에 어떤 부분을 주의해야 하는가를 포함하여 다음과 같이 의(衣), 식(食), 주(住), 행(行)의 소주제에 따라 교육 내용을 제시하고자 한다.

2.1 의 (衣)

가) 초급

ㄱ.교육 목표: 옷과 몸에 착용하는 것에 관한 간단한 표현을 파악하게 한다.

ㄴ.교육 연어: 옷을 입다(穿衣服), 옷을 벗다(脱衣服), 모자를 쓰다(戴帽子), 반지를 끼다(戴戒指), 안경을 쓰다/안경을 끼다(戴眼镜), 옷걸이에 걸다(挂到衣架上)

나) 중급

ㄱ. 교육 목표: 옷과 몸에 착용하는 것, 멋을 내는 것에 관한 확장된 표현을 파악하게 한다.

ㄴ. 교육 연어: 멋을 내다(表现美), 멋을 부리다(表现美), 멋이 나다(美), 세탁기를 돌리다(开洗衣机), 가방을 메다(背书包), 빨래를 널다(晾衣服), 빨래를 개다(叠衣服), 빨래를 걷다(收衣服), 옷을 버리다(弄脏衣服), 얼룩이 지다(有污渍), 팔찌를 끼다/팔찌를 차다(戴手镯), 화장을 고치다(化妆, 补妆)

다) 고급

ㄱ. 교육 목표: 옷과 몸에 착용하는 것, 멋을 내는 것에 관한 다양한 표현을 파악하게 한다.

ㄴ. 교육 연어: 단추를 꿰다(钉扣子), 가발을 쓰다(戴假发), 향수를 뿌리다(喷香水), 폼을 잡다(摆姿势, 摆姿态), 폼을 내다(摆姿势, 摆姿态), 비녀를 꽂다(插头簪), 화장이 먹다(化的妆服帖)

'의'와 관련된 연어는 주로 '의상', '미와 멋'과 관련된 내용이다. 여기에는 몸에 착용하는 것도 포함될 것이며 예로는 '모자를 쓰다', '반지를 끼다', '안경을 쓰다/안경을 끼다', '팔찌를 끼다/팔찌를 차다', '가발을 쓰다', '비녀를 꽂다'등이 있다. 특히 착용하는 것은 중국인 학습자들에게 교육할 때 주의해야 할 표현이다. '쓰다', '끼다', '차다'등에 대응하는 중국어 표현이 '戴' 하나로 상대적으로 단순하기 때문이다. 그러나 대부분 착용 표현은 초급부터 나오기 때문에 아직 한국어의 미세한 의미를 학습하지 못한 상황에서는 연어 전체로 학습하는 것이 바람직하겠다.

중급에서의 '멋을 내다', '멋을 부리다', '멋이 나다'는 중국어로 '表現美(표현하다+미)'라고 표현된다. 따라서 한국어의 여러가지 동사로 해당 의미를 나타내는 방식을 가르쳐야 하겠으며, '-을/를 내다'와 '-가/이 나다'는 타동사와 자동사의 구별을 통해 비교·제시할 수 있을 것이다.

'옷을 버리다'는 '버리다'가 확장의미로 사용된 것으로 '옷을 더럽히다'의 뜻으로 쓰인다. 중국인 학습자들이 '버리다'를 직역할 경우 '옷이 필요없어서 쓰레기처럼 버리다'라는 의미로 잘못 이해할 수 있기 때문에 확장의미가 사용된 연어 전체를 가르칠 필요가 있다.

고급에서의 '화장이 먹다'는 '화장이 배어들거나 골고루 퍼지다'는 뜻이다. 여기에서는 '먹다'가 확장의미로 사용되고 있는 것을 주의해야 하며 '먹다' 동사의 기본적 성격으로 인해 앞의 주격조사 '-이'를 '-을/를'로 잘못 사용될 수 있음에 유의해야 할 것이다.

'의(衣)'와 연계할 문화 내용은 한국인의 의생활이다. 연어를 교육하는 동시에 한국인의 의생활의 특징을 이해하도록 해야 한다. 이에 한국인의 옷차림, 한복, 장신구 등을 포함한다. 등급에 따라 구체적인 내용을 조절해야 한다.

2.2 식 (食)

가) 초급

ㄱ. 교육 목표: 음식, 식당과 관련된 간단한 표현들을 파악하게 한다.

ㄴ. 교육 연어: 배가 고프다(肚子饿), 배가 부르다(吃饱了), 맛이 나다(好吃), 맛을 내다(使……好吃), 맛을 보다(尝), 목이 마르다(口渴), 김치를 담그다(腌泡菜), 술에 취하다(喝醉酒)

나) 중급

ㄱ. 교육 목표: 음식, 식당과 관련된 확장된 표현들을 파악하게 한다.

ㄴ. 교육 연어: 맛을 살리다(使……有味), 입에 맞다(合口味), 주문을 받다(接受预定), 뚜껑을 따다(开盖子), 식사를 나누다(一起吃饭), 차를 나누다(一起喝茶), 냄새가 나다(有味道), 냄새를 맡다(闻味道), 커피를 뽑다((咖啡机里)取咖啡), 커피를 타다(泡咖啡), 맛이 들다(入味), 목이 타다(嗓子干), 술이 깨다(酒醒), 고추장을 담그다(腌辣椒酱), 상을 차리다(摆桌), 밥을 차리다(准备饭菜)

다) 고급

ㄱ. 교육 목표: 음식, 식당과 관련된 다양한 표현들을 파악하게 한다.

ㄴ. 교육 연어: 식욕이 나다(有食欲), 식욕이 떨어지다(没有食欲), 입맛이 떨어지다(没有食欲), 간을 보다(尝咸淡), 구역질이 나다(反胃), 끼니를 거르다(不按顿吃饭), 끼니를 때우다(将就吃点当作饭), 입맛을 다시다(馋, 咂嘴), 갈증을 풀다(解渴), 갈비를 뜯다(啃排骨), 송편을 빚다(包松饼), 식단을 짜다(编食谱)

'식'과 관련된 내용은 양국 언어에 모두 많은 편이다. 이것은 한국과 중국의 음식문화가 발달된 것과 연관이 있다. 중국 속담중에 '民以食为天(민이식위천)'라는 말이 있다. 이 속담은 '백성들이 먹는 것을 하늘로 여긴다'라는 뜻으로, 즉 먹는 것이 제일 중요하다는 뜻이다. 양국 모두 음식에 대한 관심이 높은 만큼 한국과 중국의 음식문화를 비교하면서 연어를 교육하는 것은 효과적일 것이다.

우선 초급에 등장하는 '맛을 보다'는 학습자들이 '보다'의 기본 의미로 잘못 이해할 수 있기 때문에 설명이 필요할 것으로 보인다. '술에 취하다'는 '－에'를 주의해야 한다. 중국어로는'喝醉酒(마시다＋취하다＋술)', '醉酒(취하다＋술)'이라고 표현하기 때문에, 이를 '술을 취하게 마시다' 혹은 '술을 취하다'로 잘못 이해할 수 있기 때문이다.

중급 부분에서의 '커피를 뽑다'와 같은 연어는 문화로 설명하는 것이 이해하기 쉬울 것이다. 중국에 알려진 한국의 커피문화는 매우 유명하다. 커피 생산의 본토가 아닌데도 불구하고 남녀노소가 장소를 불문하고 커피를 즐겨 마실 뿐만 아니라 약속을 잡을 때에도 '커피 한 잔 할까?' 하고 말을 건넨다. '커피를 뽑다'는 커피 자판기에 돈을 넣고 커피를 사는 행위에서 비롯되었다. 자판기에서 일회용컵이 나온 뒤 커피가 나오고 나서 컵을 빼는 것이다. 이 동작에서 '뽑다'가 쓰였다. 중국의 젊은이들도 커피를 즐겨 마시는 추세지만, 한국처럼 커피 자판기가 곳곳에 있지는 않기 때문에 한국의 이러한 문화를 설명하면 쉽게 이해할 수 있을 것이다.

고급에 등장하는 '끼니를 거르다'와 '끼니를 때우다'는 중국어로 하면 '不按顿吃饭 (밥 먹는 시간대로 먹지 않는다)', '将就吃点当作饭(제대로 밥을 먹지 않고 대충 먹는다)'이다. 여기에 일대일(一對一)로 대응되는 중국어 표현은 없기 때문에 뜻을 풀어서 의미를 설명할 필요가 있다.

이 부분과 관련된 문화 내용은 초급단계부터 다루어야할 한국인의 식생활이다. 연어를 학습하는 동시에 한국인의 식생활 특성을 이해하도록 해야 한다. 음식, 음주, 식사예절, 커피문화 등의 내용을 소개하는 것이 적합할 것이며 특히 문화 차이를 중심으로 교육하는 것이 좋을 것이다.

2.3 주 (住)

가) 초급

ㄱ. 교육 목표: 주거생활과 관련된 간단한 표현을 파악하게 한다.

ㄴ. 교육 연어: 집을 보다(看家), 불을 끄다(关灯), 불을 켜다(开灯)

나) 중급

ㄱ. 교육 목표: 주거생활과 관련된 확장된 표현을 파악하게 한다.

ㄴ. 교육 연어: (주거생활)방을 빼다(腾出房间), 촛불을 켜다(点蜡烛), 못을 박다(钉钉子)

(생활피해)도둑이 들다(进强盗), 도둑을 맞다(遭遇强盗)

다) 고급

ㄱ. 교육 목표: 주거생활과 관련된 다양한 표현을 파악하게 한다.

ㄴ. 교육 연어: (주거생활)전세를 얻다(得到全稅的房子), 전세를 내다(交全稅), 전세를 놓다(出租全稅房), 월세를 내다(交月租), 월세를 놓다(出租月租房), 짐을 꾸리다(打包东西), 담을 치다(垒墙)

(생활피해)소음이 나다(有噪音), 커튼을 치다(关窗帘), 담을 타다(翻墙), 도망을 치다(逃跑), 곰팡이가 피다(发霉), 난장판이 되다(乱七八糟)

'주거'와 관련된 연어는 생활에서의 사용 맥락에 따라 주거생활과 생활피해로 구분하여 보았다. 초급에 등장하는 '불을 켜다'와 '불을 끄다'는 중국어에서 동사 '开(열다, 켜다)'와 '关(닫다, 끄다)'으로 표현되기 때문에 중국인 학습자들이 한국어 동사 '열다'와 '닫다'로 잘못 번역하여 사용할 수 있다는 점에 유의하여 지도해야 할 것이다. 무엇보다 주거생활은 그 나라 사람이 사는 수준을 보여 주며 부동산 정책, 경제발전과도 밀접한 관계가 있다. 그러므로 어휘 수준이 높아지는 중급 이후에서는 한국의 부동산 정책을 간단하게 소개하는 것도 좋을 것이다. 예를 들면, 중국에도 매달 일정한 돈을 지불하고 집을 빌려 사는 '월세' 개념이 있기 때문에 '월세를 내다'는 '交月租(내다+월세)', '월세를 놓다'는 '出租月租房(놓다+월세방)'으로 대응하여 이해할 수 있을 것이다. 그러나 '전세' 제도는 중국에 없기 때문에 '전세'가 한국의 보편적인 임대방식이고 일정 금액을 지불한 뒤 임대인의 부동산을 일정기간 빌려 쓰는 일이며 계약 기간 끝나면 보증금을 돌려받는 제도라는 사실을 설명해야 '전세를 얻다', '전세를 내다', '전세를 놓다'를 설명할 수 있을 것이다.

'주(住)'와 관련된 연어를 교육하는 동시에 한국인의 '주거생활' 특징을 이해하도록 해야 한다. 주거, 건축, 부동산 정책 등 중국과 차이가 많이 나기 때문에 이와 같은 문화 내용을 가르쳐 주면 연어를 이해하는 데에도 도움이 될 것이다.

2.4 행 (行)

가) 초급

ㄱ. 교육 목표: 도로상황과 교통수단 이용에 관련된 간단한 표현들을 파악하게 한다.

ㄴ. 교육 연어: (도로상황)길이 막히다(路堵)

(교통수단 이용)자리가 나다(有座位), 자리를 잡다(占座位), 택시를 잡다(打车)

나) 중급

ㄱ. 교육 목표: 도로상황과 교통수단 이용에 관련된 확장된 표현들을 파악하게 한다.

ㄴ. 교육 연어: (도로상황)차가 밀리다(堵车), 차가 막히다(堵车), 사고가 나다(出事故), 사고를 내다(肇事), 속도가 나다(提速), 속도를

내다(提速), 속도를 붙이다(提速), 길을 닦다(清扫街道), 도로를 닦다
(清扫街道)

(교통수단 이용) 택시가 잡히다(打到出租车), 버스를 놓치다(错过
公共汽车), 지하철을 놓치다(错过地铁), 기차를 놓치다(错过火车), 길
을 놓치다(迷路), 버스가 끊기다(汽车停止运行)

(기타)멀미가 나다(晕车), 면허를 따다(考取驾照), 시동을 걸다(启
动汽车), 벌금을 내다(交罚款)

다) 고급

ㄱ. 교육 목표: 도로상황과 교통수단 이용에 관련된 다양한 표현들
을 파악하게 한다.

ㄴ. 교육 연어: (도로상황)피해를 입다(有损失), 책임을 추궁하다
(追究责任)

'행(行)'에는 도로상황, 교통수단 이용하는 표현, 교통사고와 관련
된 표현이 많다. 따라서 크게 '도로상황'과 '교통수단 이용'으로 나누고
나머지는 '기타'에 분류해 보았다. 우선 '차가 막히다', '길이 막히다',
'차가 밀리다'는 중국어로 하면 모두 '堵车(막히다+차)'로 표현된다.
이렇게 한국어와 중국어가 '다(多) 대일(一)' 대응을 이루는 것을 정
리하여 제시하는 일은 학습자들의 이해를 간편하게 하기도 한다. '면
허를 따다'와 같은 연어는 중국어 '획득하다'의 의미로 '获得'로 할 수
도 있고 '따다'의 의미로 '摘'도 같은 확장 의미로 이해할 수 있다. '시
동을 걸다'의 동사도 주의해야 한다. 중국어 대응 의미는 '启动汽车(작
동하다+자동차)'이기 때문에 '걸다'의 의미를 잘 나타내지 않지만 자
동차를 움직이게 하는 동작과 함께 교육하면서 중국어의 '启动(작동
하다)'나 '发动(발동하다)'로 설명하면 이해할 수 있을 것이다.

이 부분은 한국의 교통 문화에 대해 교육할 수 있다. 한국의 교통 문
화의 특징을 이해하도록 하며 한국의 교통수단, 운송, 길찾기 등을 포

함한 내용을 소개할 수 있다.

3. 맺음말

본 논문은 일상생활에 관한 연어를 중심으로 연어를 교육하는 내용과 주의할 점은 논의하였다. 문화와 어휘 교육의 융합은 최근 외국어 교육의 추세에 따른 것이다. 재미없고 단순한 의미를 가진 단어를 교육하기보다는 재미있고 의사소통에 적용 가능한 문화 내용을 통한 어휘 교육은 더 효율적이고 문화와 어휘를 한꺼번에 교육할 수 있게 된다. 이에 따라 어휘 교육하면서 문화간 커뮤니케이션 능력을 신장할 수 있을 것이다.

참고문헌:

[1]진정정. 중국인 초급 학습자를 위한 한국어 연어 교육 연구[J]. 외국어로서의 한국어 교육, 2015(42): 391-410.

[2]진정정. 중국인을 위한 문화 주제 중심 한국어 어휘적 연어 교육 연구[D]. 博士学位论文, 韩国：庆熙大学, 2016.

[3]진정정. 중국인 학습자를 위한 어휘적 연어 교육 원리와 방법[J]. 韩国语教学与研究, 2016(16): 111-120.

斯瓦希里语虚拟语气的语用功能分析

■ 天津外国语大学　骆元媛

【摘　要】虚拟语气以其表达的委婉性和语用功能的丰富性在语言交流中发挥重要作用。斯瓦希里语虚拟语气的产生是斯瓦希里文化和语用的要求，是语言表达形式和语用功能的有机结合。认识虚拟语气的语用功能特点，在提出建议、限定要求、表达祝愿、明确目的、标记时间、假设事实、表达懊悔、客气自谦等情况，准确地使用虚拟语气委婉表达意图，并注意其结构上与祈使语气的异同、语义上与真实条件句的区别、表达劝阻或提示的特殊用法等，则可以在跨文化交际中，契合语境，礼貌得体。希望本文可以为斯瓦希里语学习者、研究者和外事工作者提供参考。

【关键词】斯瓦希里语；虚拟语气；语用功能

一、引言

语气是一种动词形式，表示讲话人对某一行为或事情的看法和态度。根据话语语境和说话者意图的差异，斯瓦希里语主要有陈述语气、祈使语气和虚拟语气等（章培智，1988：422）。陈述语气指叙述事实或对事实提出疑问；祈使语气表示命令、要求等态度；虚拟语气则表达一种主观愿望、假设、建议或推测。斯瓦希里语虚拟语气通过动词假定式或添加 –ki–、–nge–、–ngali– 等中缀，表达丰富的语用意义，是语言表达形式和语用功能的有机结合（付颖，2013：25）。斯瓦希里语虚拟语气的产生是斯瓦希里文化和语用的要求。

二、语用学基本理论

语言是人类言语交际的一种手段，是人们沟通交流的表达符号。语言的功能性使得人类可以通过说或写有意识地传达信息，同时语言的内在逻辑还能在人的心理上留下一种不可磨灭的印记，这种心理印记就是人类复杂的情感和想法（杨丽、吴永强，2012：137）。语言具有三种基本的元功能，即：概念功能、人际功能、语篇功能。语言除具有表达讲话者的亲身经历和内心活动的功能以外，还具有表达讲话者身份、地位、态度、动机和他对事物的推断等功能（Halliday，2000：165）。语言的这一功能被称作"人际功能"（胡壮麟、朱永生、张德录，2003：206）。按照不同的意愿选择相应的语气就是人际语法隐喻（李圣平，2011：110）。

语用学是研究语言使用与理解的学问，既研究发话人利用语言和外部语境表达意义的过程，也研究听话人对发话人说出的话语的解码和推理过程。同语义学一样，语用学也研究意义，但是它研究的不是抽象的语言系统本身的意义，而是交际者在特定交际情景中传达和理解的意义以及理解和传达的过程（张新红、何自然，2001：285）。

可接受性、适切性是言语交际中语用特征的典型表现，语言形式或交际策略的选择与理解是否在语用上可行，或是否容易被听话人接受，或是否体现语境下的认知可及性，都是语境话线索下的一种语用判断，不同于句法管束下的形式判断或语义组合选择（冉永平，2013：669）。Grice的会话"合作原则"和Leech对此修改补充的"礼貌原则"是保证交际成功的语用原则，他们是根据语言规律与社会行为规范而建构的。Grice认为交际双方必须遵从这些原则才能配合默契，交际才能顺利进行，如果有意违反了这些原则，话语中就一定有某种隐含意义，这种隐含意义即为语用意义（王宏军，2007：63）。

三、斯瓦希里语虚拟语气的语用功能特点

（一）虚拟语气语言形式与语用功能之间的同一性（赵春梅，2013：148）

斯瓦希里语虚拟语气的出现源于语言交际中的礼貌原则。礼貌是维持社会秩序的基础，是人们合作的前提条件（Brown. P. & Levinson. S，1978：2）。在不同的场合，语言的使用也有差异。通过使用虚拟语气，委婉曲折地表达个人的观点、意愿或建议等，可以避免尴尬，融洽关系，推进合作。比如，"请坐！"在斯瓦希里语中有"Tafadhali kaa hapa."和"Tafadhali ukae hapa."两种形式。前者为祈使语气，一般为领导对下属、长辈对晚辈等的表达方式；而后者为虚拟语气，一般为下级对上级、晚辈对长辈、主人对客人等的表达方式。语言形式的微小变化，却引起语气差异，以及礼节、情感上的悬殊，因为虚拟语气是语言形式和内容的统一。

（二）虚拟语气语用意义的丰富性

斯瓦希里语中的虚拟语气能够表达出丰富的语用意义，包括言语者的建议、要求、提示、懊悔、愿望等语气。例如，"Unisaidie kidogo.（烦请帮我一下）"，是向他人表达不情之请；"Usiwe na wasiwasi. Atarudi nyumbani salama salimini.（你别担心，他会平安回家的）"，表达的是对他人的劝慰；"Unapoendesha gari, uwe mwangalifu.（你开车时小心些）"，表达的是对他人的提示和关心；"Upende usipende, unatakiwa kwenda na wakati, ama sivyo utapitwa na wakati.（你愿意与否，都要与时俱进，否则将被时代所淘汰）"，表达的是一种无可奈何之情等等。

（三）虚拟语气语用功能的实现具有多样性

虚拟语气语用功能的实现有多种方式，可以采用简单句、并列句、复合句等。而在复合句中，主句可以使用虚拟语气，从句亦可使用虚拟语气。例如：斯瓦希里语谚语"Mtaka cha mvunguni sharti ainame.（不劳无获）"，是简单句；"Nifae la mvua, nikufae la jua.（投桃报李）"，是并列句；"Uningojee mahali palepale ulipo.（你就在你所在的地方等我吧）"，虚拟语气出现在复合句的主句当中，从句为定语从句；"Anatembea kwenye mtandao kila siku ili aweze kupata taarifa mbalimbali.（他每天上网，以便获得各种资讯）"，虚拟语气出现在复合句的从句当中，从句为目的状语从句。

四、斯瓦希里语虚拟语气的分类与解析

斯瓦希里语虚拟语气除了通过说话者的语调和语境表达外，更重要的是需要有动词形式的变化。从语用学角度，斯瓦希里语虚拟语气可以分为以下几种类型：

（一）提出建议

在斯瓦希里语中，通常用虚拟语气表达建议，标志词汇有bora（最好），afadhali（最好），heri（更好），–shauri（建议），–pendekeza（建议）等，有时也可以省略标志词汇。

例如：

1. **Bora** ufike kiwanja cha ndege saa mbili kabla ya wakati wa kupanda ndege, ama sivyo hutakuwa na wakati wa kutosha wa kushughulikia mambo ya forodhani.

你最好登机前两个小时到达机场，否则将不会有足够的时间处理海关的手续。（对乘机旅行者的善意提醒）

2. Inaonekana kwamba hujisikii vizuri, **afadhali** upumzike kidogo, usivumilie tu.

看起来你身体不适，你最好休息一下，不要勉强。（对对方身体状况的关切）

3. **Heri** kufa macho kuliko kufa moyo.

眼瞎莫过于心灰。（斯瓦希里语谚语，鼓励失败者积极振作）

4. Tunaku**shauri** usile chakula chenye sukari kupita kiasi.

我们建议你不要过多摄入含糖的食物。（对对方饮食习惯和身体健康的关心）

5. Ali**pendekeza** tupande Ukuta Mkuu tukiwa na nafasi ya kwenda Beijing.

如果我们有机会去北京，他建议我们登长城。（对旅游景点的推荐建议）

（二）限定要求

在提出要求、限制行为时，同样需要使用虚拟语气，标志词汇有 sharti（必须），lazima（必须），-taka（要求）等。肯定句式基本结构与表达建议时的基本结构相同，但标志词汇不可省略，否则语气弱化；否定句标志词有时可以省略。

例如：

1. Kwa yeyote atakaye kupata shahada ya uzamili, ni **sharti** aandike tasnifu na kufanikiwa kuitetea.

欲获得硕士学位，学生必须完成学位论文，并通过答辩。（提出获得学位的基本要求）

2. Tunapokutana na wazee, **lazima** tuwasalimie kwanza, ili kuwaonyesha heshima.

当我们遇到长辈时，要先向他们问候，以示尊敬。（说明礼节的原则）

3. Meneja ana**taka** tumalize kazi kwa ufanisi.

经理要求我们高效完成工作。（领导对下属的要求）

4. Tusitupe takataka ovyoovyo na tuhifadhi mazingira pamoja.

我们不要乱扔垃圾，我们一起维护环境卫生。（否定式，省略标志词，提出行为规范）

（三）表达祝愿

对他人表达祝福、祝愿时，或表达本人内心的愿望时，通常使用虚拟语气，也可使用不定式，标志词汇为 –takia（祝愿），–tumai（希望），–tarajia（期望）等。

例如：

1. Tunaku**takia** upate mafanikio mema.

我们祝你心想事成。（表达衷心祝愿）

2. Nina**tumai** niweze kusomea katika Chuo Kikuu cha Dar es Salaam chini ya dhamana ya serikali.

我希望可以公派赴达累斯萨拉姆大学留学。（作为学生的心愿）

3. Na**tarajia** nikutane nawe mara moja.

我期待和你马上见面。（朋友间久别重逢的期待）

（四）明确目的

在斯瓦希里语中，表示目的的词汇或词组有 ili, kwa ajili ya, kwa minajili ya, kusudi la 等，其中 "ili" 一词后面可以接虚拟语气的句子，也可以接不定式，其他词组后通常接不定式。

例如：

1. Aliamka mapema **ili** awahi basi la kwanza.

他起得很早，以便赶上头班车。（合理统筹时间的目的）

2. Wanasoma kwa bidii **ili** watoe mchango kwa ujenzi wa taifa.

他们刻苦学习，以报效祖国。（莘莘学子的人生理想）

（五）标记时间

斯瓦希里语在时间上，表示"从……"或"到……"，即 tangu,
mpaka, hadi 等标志词后面可以接虚拟语气的句子、不定式或"-po-"
引导的时间状语从句。

例如：

1. **Tangu** aingie katika chuo kikuu, miaka miwili imepita.

她进大学学习已有两年了。（时间的起点）

2. Bahati hakula chakula **mpaka** mumewe arudi nyumbani.

巴哈蒂一直没有吃饭，直到她丈夫回家。（时间的结束）

3. **Tangu** aanze kujifunza kuogelea **mpaka** apate medali ya dhahabu,
alifanya juhudi nyingi.

自从他开始学习游泳，到他获得金牌，他付出了很多辛苦。（时间
的起止）

（六）与事实相反的假设

对于已发生的事情或违背常理做假设，也属于虚拟语气，肯定式
基本结构为 -nge-...-nge-...，或 -ngali-...-ngali-...；否定式基本结构
为 -singe-...-singe-... 或 -singali-...-singali-...。当然，也可以主句否定，
从句肯定；或主句肯定，从句否定。

例如：

1. Ni**nge**jua hali ya hewa ya leo, ni**nge**vaa nguo nyingi zaidi.

我如果知道今天的天气，我就会多穿些衣服。（事实是今天天气有
点凉，而穿的衣服太少）

2. Tu**singe**ungana, tu**singe**kuwa na nguvu kubwa.

如果我们不团结，我们就不会有这么大的力量。（事实是我们有很

强的凝聚力）

3. A**ngali**fuata mawaidha ya mzee, a**singali**kosea.

他如果听从长辈的忠告，就不会犯错误了。（事实是没有听从忠告，
已经犯了错误）

4. U**singe**tangulia kuondoka, u**nge**kutana naye.

你如果不提前离开，可能就见到他了。（事实是对方提前离开了，
也没能有机会和他见面）

（七）遗憾懊悔

虚拟语气也可以用来表达懊悔，一般会有标志词laiti，肯定式中缀
使用−nge−/−ngali；否定式中缀使用−singe−/−singali−。

例如：

1. **Laiti** ni**nge**kuwa kijana tena!

如果我能重返少年时代该多好！（岁月流逝，时光不能倒流）

2. **Laiti** a**singe**hamia mji mwingine!

他如果不搬到另一个城市该多好！（身处异地，思念故人）

3. Nashindwa na mali sina we, ni**nge**kuoa malaika...

我没有能力支付彩礼，要是可以娶你该多好……（斯瓦希里语歌曲
《丽人天使》歌词，表达相思之苦）

（八）客气自谦

当主语为第一人称，为了自谦，使语气委婉，一般会使用虚拟语
气，中缀用−nge−体现。

例如：

1. Awali ya yote, ni**nge**washukuru mkurugenzi na walimu wa idara ya
Kiswahili.

首先，我要向斯瓦希里语系主任和老师们表达谢意。（会议致辞

开头）

2. Kwa kumalizia, ni**nge**watakia afya njema na kila la heri.

最后，恭祝大家身体健康、万事如意。（致辞结束语）

五、斯瓦希里语虚拟语气使用中的常见问题

斯瓦希里语虚拟语气在使用中，有规律性，也有特殊性，常见的容易混淆的问题，主要有与祈使语气的接近、与真实条件句的类似、虚拟语气连用的特殊结构等等。

（一）与祈使语气结构的异同

祈使语气肯定式的基本结构：通常单数为动词词根；复数以元音 a 结尾，变 a 为 -eni，以其他音结尾，直接加 ni。如：动词原形 –simama（站立），祈使语气 Simama!（［你］起立!）Simameni!（［你们］起立!）个别动词祈使语气变化形式特殊，需要逐一记忆。如：动词原形 –ja（来），祈使语气 Njoo!（［你］过来!）Njooni! 祈使语气肯定式的单复数通过词尾区别。

虚拟语气的肯定式结构为：主语前缀 + 宾语中缀 + 动词词根（词尾 a 变 e）。如：Usimame.（［请］你站着。）Msimame.（［请］你们站着。）又如：Uje!（［请］你过来。）Mje!（［请］你们过来。）虚拟语气肯定式的单复数通过前缀来区别。

祈使语气肯定式如果有宾语中缀，则单数基本结构为：宾语中缀 + 动词词根（词尾 a 变 e）；复数基本结构为：宾语中缀 + 动词词根（词尾 a 变 eni，其他词尾直接加 ni）。如：Nipe kazi yako ya nyumbani!（你把作业交给我!）Nipeni kazi zenu za nyumbani!（你们把作业交给我!）

虚拟语气肯定式如果有宾语中缀，则放在主语前缀之后，因此通常易与祈使语气区分。如：Unipe kazi yako ya nyumbani!（你把作业交给我吧!）Mnipe kazi zenu za nyumbani!（你们把作业交给我吧!）但是当

虚拟语气主语为第一人称单数且没有宾语中缀时，容易与祈使语气第二人称单数做主语且第一人称单数做宾语的情况混淆，原因在于第一人称单数的主语前缀和宾语中缀均为 ni，此种情况，要结合说话者的语境或上下文意思来判定语气。如：Niende sasa?（虚拟语气：我现在去吗?）Nionyeshe kiingilio chako!（祈使语气：请你出示门票!）另外，虚拟语气第三人称复数做主语，与祈使语气第二人称做主语且第三人称复数做宾语的情况也容易混淆，原因同样是二者词缀均为 wa。如：Wangoje hapa?（虚拟语气：他们在这里等候吗?）Wangoje hapa!（祈使语气：你在这里等他们!）再有，当虚拟语气主语为第二人称复数且没有宾语时，也容易与祈使语气第二人称单数做主语且第三人称单数做宾语的情况混淆，原因也是第二人称复数的主语前缀和第三人称单数的宾语中缀均为 m，使用中也要明辨。如：Mpumzike kidogo!（虚拟语气：你们休息一下吧!）Msaidie kidogo!（祈使语气：你帮助他一下!）

祈使语气否定式的基本结构为：主语前缀 +si+ 宾语中缀 + 动词词根（词尾 a 变 e）。虚拟语气否定式的基本结构与祈使语气完全相同，即主语前缀 +si+ 宾语中缀 + 动词词根（词尾 a 变 e）。由于祈使语气只用于第二人称，所以当其他人称主语前缀出现时，必定是虚拟语气。如：Tusikanyage nyasi.（虚拟语气：我们不要践踏草坪。）但如果主语是第二人称，则差别只能根据语境判断。如：Msikanyage nyasi!（祈使语气：你们不要践踏草坪!）Msikanyage nyasi.（虚拟语气：［请］你们不要践踏草坪。）

（二）表达劝阻时虚拟语气否定式的用法

斯瓦希里语中表示"阻止、劝阻"的含义，可以使用动词 -zuia 或 -kataza，从句用虚拟语气否定式。但由于斯瓦希里语与汉语语言表达习惯的区别，使用中要注意两者形式的差异和含义的一致。在这种情况，斯瓦希里语虚拟语气的用法并不同于汉语里的双重否定表示肯定的用法。

例如：

1. Mlinzi aliwa**zuia** wasiingie ndani.

直译：门卫阻止他们不要进入。

实际含义：门卫阻止他们进入。

2. Mama alim**kataza** mtoto asiongelee mtoni

直译：母亲不允许孩子不在河里游泳。

实际含义：母亲不允许孩子在河里游泳。

（三）虚拟条件句与真实条件句的辨析

条件句主要有非真实（虚拟）条件句与真实条件句两种。前文提到，虚拟条件句是对事实相反的假设，肯定式词缀为–nge/ngali–，否定式词缀为–singe/singali–。而真实条件句通常是对未发生的事件做假设，从句肯定式词缀为–ki–，否定式词缀为–sipo–，主句用将来时（ta时态），或hu时态，或祈使语气命令式，或虚拟语态假定式等。

例句：

1. A**nge**kuja, tu**nge**furahi.

他如果来了，我们会很开心的。（事实是他没有来，我们感到有点遗憾）

2. A**ki**ja, tu**ta**furahi.

他如果来，我们将会很开心的。（事件尚未发生，假设有可能性）

3. A**ki**penda chongo, **hu**ona kengeza.

他如果喜欢独眼，会认为是斜眼。（斯瓦希里语谚语：情人眼里出西施。）

4. U**ki**fika Beijing, nipigie simu.

你如果到北京，给我打电话。（对未来事件的假设）

5. A**singe**kubali, tu**singe**tumia kompyuta yake.

她如果不同意，我们不会用她的电脑。（事实是在征得她允许之后，我们使用了她的电脑）

6. A**sipo**kubali, hatu**ta**tumia kompyuta yake.

她如果不同意，我们就不用她的电脑。（尚未征求她的意见，结果未知）

（四）表达"以免"含义的特殊结构

斯瓦希里语目的状语从句，标志词 ili 后面需要使用虚拟语气，但是表达"以免"的含义，即条件状语否定式的用法特殊，有两种结构，第一种为直接使用虚拟语气假定式的否定式，第二种基本结构为：ili 主语前缀+si+je 主语前缀+ka+宾语中缀+动词词根，而后者使用更多。–si– 是虚拟语气假定式表示否定的词缀，–je 是动词 –ja（意为：来）的虚拟语气变型。

例句：

1. Ushikilie vizuri, ili usije ukaanguka chini basi litakapokwenda mbele. 或 Ushikilie vizuri, ili usianguke chini basi litakapokwenda mbele.

请扶好，以免您在汽车开动时摔倒。（以免发生意外）

2. Mende pamoja, ili asije akapoteza njia. 或 Mende pamoja, ili asipoteze njia.

你们最好一起去，以免他迷路。（以免造成麻烦）

（五）虚拟语气连用的特殊结构

当两个连续的动作都需要使用虚拟语气时，则后一个动词需要加词缀 –ka–，即主语前缀+ka+宾语中缀+动词词根（词尾 a 变 e）。

例句：

1. Mwambie Ali aende ofisini akalete chaki.

告诉阿里去办公室拿些粉笔。（"去办公室"和"拿粉笔"两个动作先后连续发生）

2. Tuende tukamsaidie kubeba mzigo.

我们去帮他拿行李吧。("去"和"拿行李"两个动作陆续发生)

六、结语

虚拟语气是斯瓦希里语语言表达的难点，在语言学习和研究中，都应该重视。认识虚拟语气的语用功能特点，在提出建议、限定要求、表达祝愿、明确目的、标记时间、假设事实、表达懊悔、客气自谦等情况，准确地使用虚拟语气委婉表达意图，并注意其结构上与祈使语气的异同、语义上与真实条件句的区别、表达劝阻或提示的特殊用法等，则可以在跨文化交际中，契合语境，礼貌得体。希望本文可以为斯瓦希里语学习者、研究者和外事工作者提供参考。

参考文献：

［1］付颖. 谈英语虚拟语气及其语用功能［J］. 辽宁师专学报（社会科学版），2013（3）：25—26.

［2］何兆熊. 新编语用学概要［M］. 上海：上海外语教育出版社，2000.

［3］何自然，冉永平. 新编语用学概论［M］. 北京：北京大学出版社，2009.

［4］胡壮麟，朱永生，张德录. 系统功能语法概论［M］. 长沙：湖南教育出版社，2003.

［5］李圣平. 虚拟语气的人际功能探析［J］. 新乡学院学报（社会科学版），2011（1）：110—112.

［6］冉永平. 多元语境下英语研究的语用关注［J］. 外语教学与研究（外国语文双月刊），2013（5）：669—680.

［7］王宏军. 语用学理论在翻译中的运用［J］. 西安外事学院学报，2007（1）：63—66.

［8］杨丽，吴永强. 使用英语虚拟语气的文化和语用需求［J］. 西南民族大学学报（人文社会科学版），2012（1）：137—140.

［9］章培智. 斯瓦希里语语法［M］. 北京：外语教学与研究出版社，1998.

［10］张新红，何自然. 语用翻译：语用学理论在翻译中的应用［J］. 现代外语，2001（3）：285—293.

［11］赵春梅. 关于英语虚拟语气的语用功能分析［J］. 南昌教育学院学报，2013（8）：148—149.

［12］Brown. P.&Levinson. S. *Universals in Language Usage: Politeness Phenomena* [M]. Cambridge: Cambridge University Press, 1978.

［13］D. Sperber & D. Wilson. *Relevance: Communication and Cognition* [M]. Oxford: Blackwell, 1986.

［14］Leech CN. *Principles of Pragmatics* [M]. London: Longman, 1983.

［15］Levinson S.C. *Pragmatics* [M]. Cambridge: Cambridge University Press, 1983.

［16］Halliday, MAK.*An Introduction to Functional Grammar* [M]. London: Edward Arnold, 2000.

阿拉伯语字母"ا"书写规则初探

■ 天津外国语大学　陆　娜

【摘　要】阿拉伯语字母"ا"书写形式比较复杂，根据字母本身的标符、字母前面的标符、单词中位置的不同，书写形式不一样，导致学习时遇到了很大困难。本文通过介绍字母"ا"的基本概念和分类，采用举例说明的方法，对海姆宰（الهمزة）与艾里夫（الألف）、连读海姆宰（همزة الوصل）与分读海姆宰（همزة القطع）进行区分，并进一步详细说明分读海姆宰（همزة القطع）和连读海姆宰（همزة الوصل）在单词中的书写规则，帮助学习者更好地掌握该字母的书写规则。

【关键词】阿拉伯语字母书写规则；连读海姆宰（همزة الوصل）；分读海姆宰（همزة القطع）；艾里夫（الألف）

一、引言

字母"ا"的书写有多种形式，如："ء، و، أ، ا، ى، آ، أ、ؤ"，学习者在学习该字母时，由于对其书写规则不够清楚，在书写时经常出错，如："جُزْءٌ"错写成"جُزْأٌ"、"بِيئَة"错写成"بِيأَة"、"سُؤَالٌ"错写成"سَأَالٌ"，这三组单词中字母"ا"的读音相同，但书写不同，因此掌握该字母的书写规则是正确学习"ا"书写的关键。

二、阿拉伯字母 "ا" 概述

教材《新编阿拉伯语》中提到："字母 ا 分为两部分：即 ء 和 ا，ء 被称作海姆宰 (الهمزة)，做元音符号时，叫作艾里夫 (الألف)。海姆宰 (الهمزة) 分为两种：连读海姆宰 (همزة الوصل) 和分读海姆宰 (همزة القطع)。连读海姆宰 (همزة الوصل) 在句中连读时不用读出，但在句首时要读出来，分读海姆宰 (همزة القطع) 一定要读出来。"（国少华、邹兰芳，2002：147）

三、海姆宰 (الهمزة) 与艾里夫 (الألف) 的区别

海姆宰 (الهمزة) 包括分读海姆宰 (همزة القطع) 和连读海姆宰 (همزة الوصل)，分读海姆宰 (همزة القطع)，它的书写形式比较复杂，如："ء، أ، ؤ، إ، ئ، آ، ذ"，连读海姆宰 (همزة الوصل) 书写形式是 "ا"，艾里夫 (الألف) 书写形式也是 "ا"。

分读海姆宰 (همزة القطع) 书写位置可以在词首、词中、词尾，如："أسد، سأل، بدأ"。连读海姆宰 (همزة الوصل) 书写位置在词首，如："اسم، ابن، اثنتان"。艾里夫 (الألف) 书写位置在词中和词尾，如："باب، رضا"。连读海姆宰 (همزة الوصل) 和艾里夫 (الألف) 两个书写形式都是 "ا"，但是在单词中位置不同，连读海姆宰 (همزة الوصل) 作为单词一部分位于词首，而艾里夫 (الألف) 作为元音符号位于词中和词尾。

分读海姆宰 (همزة القطع) 的标符可以是开口符、合口符、齐齿符、静符，如："أَ، أُ، إِ، أْ"。连读海姆宰 (همزة الوصل) 的标符是合口符、齐齿符，如："اُكتب، امرأة"。当艾里夫 (الألف) 词尾标开口鼻音符时，不应该写在艾里夫 (الألف) 上，如："زيداً"，应该写在艾里夫 (الألف) 前面的字母上，如："زيْداً"。

四、连读海姆宰（همزة الوصل）与分读海姆宰（همزة القطع）的区别

连读海姆宰（همزة الوصل）只在词首出现，不与前面的词连读时，连读海姆宰（همزة الوصل）"ا"要读出来，如："اسْمٌ، اقْتِراحٌ"。与前面的词连读时，连读海姆宰（همزة الوصل）"ا"不发音，如："هُوَ اسمٌ، واقْتِراحٌ"。分读海姆宰（همزة القطع）在词首、词中、词尾应该都读出来。连读海姆宰（همزة الوصل）只写成"ا"的形式，而分读海姆宰（همزة القطع），根据字母本身的动符、前面的动符、或在单词中的位置的不同，可以写成多种形式，如："ء، ؤ، أ، ئ، آ، ـئـ"。

五、连读海姆宰（همزة الوصل）

连读海姆宰（همزة الوصل）的书写形式较为简单，即"ا"，作为单词的一部分，位于词首，包含连读海姆宰（همزة الوصل）的词类有名词"ابن، ابنة، اسم، امرأة، اثنان، ابنان، ابنتان"；这些名词的双数，如："اسمان، امرأتان"；这些名词的从属名词，如："ابنيّ، اسميّ"。包括三母、五母、六母命令式动词，如："أُخْرُجْ، انْطَلِقْ، اسْتَخْرِجْ"，而四母的命令式动词是分读海姆宰（همزة القطع），如："أَخْبِرْ"。还包括五母、六母的过去式动词和词根，如："انْطَلَقَ، اسْتَخْرَجَ"、"انْطِلاقٌ، اسْتِخْراجٌ"，而四母动词的词根是分读海姆宰（همزة القطع），如："إخبار"。

六、分读海姆宰（همزة القطع）

（一）分读海姆宰（همزة القطع）书写形式的复杂性

分读海姆宰（همزة القطع）有一个系统的书写规则，即根据本身字母的标符、字母前面的标符、单词中的位置，书写形式是不同的，如：写在ألف上（أ）、写在ياء上（ئ）、写在واو上（ؤ）、写在线上（ء），单独写

（ء），由于这个字母书写规则的复杂性，对于学习者来说是非常困难的，同时增加了学习的难度。

（二）分读海姆宰（همزة القطع）的书写规则

1.分读海姆宰（همزة القطع）在词首

无论在分读海姆宰（همزة القطع）上标符是开口符、齐齿符还是合口符，都写成"أ، إ، أ"，如："أَبٌ، إِمَامٌ، أُخْتٌ"。当它与前面的字母连接时，字母的形式不会发生变化，如"لإكمال، الأعمال، كأسرة"。还有一些特殊情况，当它与前连写，位于词中时，形式有所变化，如"لئن ← إنْ + ل"، لئلا ← لا + أنْ + ل"。长音节时要写成"آ"，如："آكُلْ"。

2.分读海姆宰（همزة القطع）在词中

（1）写在الألف上

分读海姆宰（همزة）是静符，它前面字母的标符是开口符，如："رَأْسٌ، رَأْيٌّ، يَأْمُرُ"。分读海姆宰（همزة القطع）是开口符，它前面字母的标符是开口符，如："يَتَأَخَّرُ، سَأَلَ"。分读海姆宰（همزة القطع）是开口符，它前面字母的标符是静符，如："يَسْأَلُ، مَسْأَلَةٌ، فَجْأَةٌ"。

（2）写在الواو上

分读海姆宰（همزة）是静符，它前面字母的标符是合口符，如："لُؤْلُؤٌ، رُؤْيَةٌ، يُؤْمِنُ"。分读海姆宰（همزة القطع）是开口符，它前面字母的标符是合口符，如："مُؤَلَّفٌ، سُؤَالٌ"。分读海姆宰（همزة القطع）是合口符，它前面字母的标符是静符，如："التَّضَاؤُلُ، التَّشَاؤُمُ"。分读海姆宰（همزة القطع）是合口符，它前面字母的标符是开口符，并且在它前面或后面没有软音或长音，如："نَؤُمْ، لَؤُمَ"。分读海姆宰（همزة القطع）是合口符，它前面字母的标符是合口符，如："شُؤُونٌ"。

由此可以看出，当分读海姆宰（همزة القطع）在词中，并且单词中没有齐齿符时，写在الواو上有两种情况：第一种，当分读海姆宰（همزة

（القطع）前面字母的标符是合口符时，无论字母本身读合口符、开口符、静符，都写在الواو上。第二种，当分读海姆宰（همزة القطع）字母本身的标符是合口符时，无论它前面字母的标符读合口符、开口符、静符，都写在الواو上。

（3）写在الياء上

分读海姆宰（همزة القطع）是合口符，它前面字母的标符是齐齿符，如："فنونٌ،منونٌ"。分读海姆宰（همزةالقطع）是开口符，它前面字母的标符是齐齿符，如："فئة، ناشئةٌ"。分读海姆宰（همزة القطع）是静符，它前面字母的标符是齐齿符，如："بئرٌ، ذئبٌ"。分读海姆宰（همزة القطع）是齐齿符，它前面字母的标符是齐齿符，如："فئينٌ،مئينٌ"。分读海姆宰（همزة）是齐齿符，它前面字母的标符是合口符，如："سئلَ"。分读海姆宰（القطع）是齐齿符，它前面字母的标符是开口符，如："ضئيلٌ،"。分读海姆宰（همزة القطع）是齐齿符，它前面字母的标符是静符，在它前面或后面有软音或长音，如："أسئلةٌ، مسائلٌ"。

由此可以看出，分读海姆宰（همزة القطع）写在الياء上有两种情况，第一种，当分读海姆宰（همزة القطع）前面字母的标符是齐齿符时，无论字母本身读合口符、开口符、静符、齐齿符，都写在الياء上。第二种，当分读海姆宰（همزة القطع）字母本身的标符是齐齿符时，无论它前面字母的标符读合口符、开口符、静符，都写在الياء上。

（4）词中单独写

分读海姆宰（همزة القطع）是开口符，它前面是艾里夫（الألف）长音节，如"عباءة، عباءاتٌ"。当分读海姆宰（همزة القطع）是开口符，它前面是الواو的长音节，如"وُضوءَك"。分读海姆宰（همزة القطع）是合口符，它前面是الواو的长音节，如"وُضوءُك"。还有一些特殊情况，当词尾单独写成"ء"时，后面与字母进行连接，它的形式会发生改变，如："لِشراء +ها ← لِشَرائِهَا"。

3.分读海姆宰（همزة القطع）在词尾

当分读海姆宰（همزة القطع）前面的字母是开口符时，它写在الألف上，如："قَرَأ، يَمْلأُ"。当分读海姆宰（همزة القطع）前面的字母是合口符时，它写在الواو上，如："لُؤْلُؤٌ، التَبَاطُؤُ"。当分读海姆宰（همزة القطع）前面的字母是齐齿符时，它写在الياء上，如："قَارِئٌ، مُبْتَدِئٌ"。当分读海姆宰（همزة القطع）前面的字母是长音、软音、以静符结尾的短音节时，它要单独写，如："جُزْءٌ، صَفَاءٌ، يَجِيءُ"。

需要注意的是，如果在单独写的"ء"上标开口鼻音符，需要在"ء"后面加上一个"ا"，如："جُزْءًا"。如果"ء"前面的字母是ياء，后面跟"ا"，这时"ء"与前后都要连接写，如"شيئًا، شيئَانِ"。

笔者认为，由于初级阶段出现单词较少，所以不能把字母"ا"放到词首、词中、词尾书写规则，所以字母"ا"的书写形式以《新编阿拉伯语》语音表上的几种基本形式为主，即"أَ، اِ، أُ، آ، ئِي، أُو، أَيْ، اِ، أَ، آ"，这些主要为学习该字母的发音而服务，随着单词的增加，教师应该详细讲解"ا"的书写规则，并放到单词中进行举例说明，同时做一些练习巩固其字母书写规则。

七、结语

综上所述，本文通过对阿拉伯语字母"ا"的分析和说明，证明了该字母书写形式的复杂性和学习的难度性，并对连读海姆宰（همزة الوصل）、分读海姆宰（همزة القطع）、艾里夫（الألف）三者之间的关系进一步区分。同时还对分读海姆宰（همزة القطع）和连读海姆宰（همزة الوصل）的书写规则进行简单的梳理，并举例说明书写形式变化的原因，希望可以为学习者提供一些参考。

参考文献：

［1］国少华，邹兰芳. 新编阿拉伯语：第一册［M］. 北京：外语教学与研究出版社，2002.

研
究生论坛
………

"神话意象"在陶菲格·哈吉姆作品中的运用

■ 埃及亚历山大大学　王　洋

【摘　要】神话作为原始先民智慧的结晶，经过世代相传，通过各种形式留存了下来，甚至被广泛运用到文学作品之中。陶菲格·哈吉姆作为埃及文坛的先驱，深受希腊戏剧以及其他西方文学的影响，他创作的诸多文学作品都以神话为素材。通过对"神话意象"的再创作，哈吉姆为其披上新时代的外衣，借它来反映所处时代的社会问题，表达自身的思想感情，在激发民族文化认同感方面发挥了巨大的作用，他的作品在埃及乃至世界读者心中具有广泛的影响力。本文以哈吉姆的几部作品为例，着重探究"神话意象"在其作品中的运用，多维度感受这位伟大的文学家对当代社会问题以及阿拉伯本土文化的关注。

【关键词】神话意象；哈吉姆；戏剧小说

一、哈吉姆作品中"神话意象"构思的文学渊源

陶菲格·哈吉姆出身富贵，受家庭环境熏陶，自幼便表现出对文学、艺术极大的热情。1924年从开罗法学院毕业以后，被父亲送到法国留学，继续攻读法律博士学位。但是留法期间由于对文学的热爱，他并没有继续学习法律而转投文学。他在法国度过了将近四年的学习时光，在此期间经常出入法国的图书馆、剧院、音乐厅，近距离感受了西方文学的魅力，阅读和观看了大量的西方戏剧和故事小说，受

其影响颇深。哈吉姆说："在欧洲，创作都是以文学遗产以及古代文明为基础，例如皮埃尔·高乃依、让·拉辛、莎士比亚，他们都从古希腊戏剧文化中获取灵感。"（شوقي，1957：289）为此，他研究了大量的希腊戏剧，尤其是古希腊埃斯库罗斯、索福克勒斯和欧里庇得斯的戏剧，对他产生了巨大影响。因为古希腊戏剧大多通过神话、英雄传说和史诗来反映当时的社会状况，所以他开始思考如何通过阿拉伯自身的文化遗产来表达自己的思想感情、民族精神以及社会现实。他说："我们埃及的本土戏剧，应当从埃及当前的环境、社会问题中获取灵感，从我们古代的文化遗产、人民文学中或者从过去的希腊、法老文化中获取灵感，然后再赋予它新的含义。"（ابراهيم، اسماعيل，2012：9）在经过多次模仿、探索之后，哈吉姆引经据典，创作了例如《灵魂归来》、《洞中人》、《山鲁佐德》、《智者苏莱曼》、《俄狄浦斯王》等具有独特阿拉伯古文化遗产烙印的作品。

值得一提的是，哈吉姆留法期间也"正是象征主义在欧洲盛行时期，而象征主义文学的中心，正是法国"（程静芬，1992：9）。因此，哈吉姆的大多数作品都具有独特的人生哲理，而他作品中的"神话形象"也多有其象征意义。

二、"神话意象"在哈吉姆作品中的运用

（一）取材于古希腊神话：以戏剧《俄狄浦斯王》为例

哈吉姆的戏剧《俄狄浦斯王》是直接引用戏剧家索福克勒斯根据希腊神话中"俄狄浦斯的故事"所创作的同名戏剧。年轻的俄狄浦斯王喜欢探究所有事情的真相，因某天听到神谕说自己将来会杀父娶母，为了避免悲剧的发生，他离开了疼爱自己的国王（养父）波吕波斯和王后，在流浪途中，他无意中杀死了忒拜国王拉伊俄斯（他的亲生父亲）。当他到达忒拜王国，在回答正确怪兽斯芬克斯的问题后，被忒拜国民推举为新的国王，并娶了当时该国国王的遗孀伊俄卡斯忒（他的亲生母亲）

为妻，生了两男两女。但是在他治理下的忒拜一直饱受各种灾难和瘟疫的折磨，于是众人恳请克瑞昂（伊俄卡斯忒的兄弟）去请求神谕，当克瑞昂带着神谕归来，等待大家的却是一个令人瞠目结舌的消息，神谕说灾难和瘟疫是对忒拜城污秽和血债的惩罚，因为忒拜城的国王拉伊俄斯惨遭他人杀害，所以要让杀人者血债血偿。于是在神的旨意下俄狄浦斯开始追查杀害老国王的凶手，并在大众跟前表示会让凶手得到应有的惩罚。当迷雾层层解开，俄狄浦斯意识到自己便是那个杀害老国王的凶手，而与此同时，他从王后伊俄卡斯忒嘴里知道了老国王将被自己儿子杀死的预言，随着剧中送信人、牧羊人等人物的出场，真相一点点被揭开，俄狄浦斯终于弄清了自己的身世之谜，原来自己就是老国王的儿子，而他现在的妻子，正是自己的亲生母亲，兜兜转转到最后还是应验了他之前杀父娶母的不幸命运。接受不了这个现实的王后上吊自杀，而同样悲愤不已的俄狄浦斯受不了王后去世的消息，他刺瞎了自己的双眼，走到国民跟前，向他们承认自己是杀死老国王的凶手，他把儿女托付给了克瑞昂并决定将自己驱逐出忒拜王国……

哈吉姆的这部剧是对索福克勒斯《俄狄浦斯王》的再创作，虽然都是强调人的意志和神的旨意之间、现实和真相之间的冲突，但哈吉姆在其中融入了伊斯兰教文化的成分，加入了人性的闪光点，强化了他和王后伊俄卡斯忒之间浓厚的爱情和家庭亲情，强调了希腊文学中"宿命论"和伊斯兰教"信前定"之间的区别。在索福克勒斯的剧中，俄狄浦斯的悲剧是命运的悲剧，是宿命，无论如何他都无法挣脱命运的束缚，他没有选择的权利。索福克勒斯在剧中否定了个人意志的自由，他认为人只能完全屈服于命运。但是在哈吉姆创作的这部剧中，哈吉姆（1925：182）说："俄狄浦斯的悲剧是由于他自身性格造成的，因为他喜欢探究事物的本源和事件背后的东西。"哈吉姆肯定安拉的旨意也肯定人的意志自由，因为伊斯兰教的"前定论"鼓励人们发愤图强，向善避恶，虽然安拉预定好了一切，但是人可以在命运的海洋里自由航行，可以有追求自己幸福的权利，所以哈吉姆笔下俄狄浦斯的悲剧是性格的悲剧。

（二）取材于古法老神话：以小说《灵魂归来》为例

《灵魂归来》是哈吉姆的第一部现实主义题材的小说，是他的成名作之一。该小说是以哈吉姆的青年时期形象为原型创作的自传体小说。它最先于1927年以法语写成，1933年又以阿拉伯语小说的形式正式发表。该作品分为上下两部分，主要讲述的是小说主人公"穆哈辛"在开罗叔叔家的生活经历。通过众人爱慕邻居女孩苏妮娅、穆哈辛回乡下老家同农民一起生活以及描写埃及人民共同参与反英革命等章节来追寻丢失的"埃及精神"，呼吁人们的灵魂回归。

小说的第一部分中有一段关于苏妮娅的形象描写，通过主人公穆哈辛的视角去看苏妮娅的美："她的头发剪成最时髦的样式，他的目光凝视着她那洁白如玉的、象牙般的脖子……穆哈辛突然想到自己在今年古埃及历史教科书上常常看到的一幅画……这是一幅妇女的肖像：她也剪了发，她的头发也是乌黑闪亮，她的圆圆脑袋也和黑檀木的月亮一样，这就是伊西斯。"（陈中耀，1986：78）在这里，哈吉姆从外在形象上把苏妮娅比作伊西斯，来强调两者的相似性。

众所周知，伊西斯"是大地之神盖勃与天神努特的大女儿，后嫁给了哥哥欧西里斯，并怀下了荷鲁斯。伊西斯对欧西里斯的复活起了关键作用。当欧西里斯被塞特杀害并肢解后，她收集散落在大地上的尸块，应用魔法让他复生"（عبد الناصر，2007：6）。除了外在形象方面的相似性，在小说中苏妮娅得到了生活在开罗各个阶层、不同人士（以哈纳菲一家为缩影）的爱慕，她以爱为因将大家的心靠拢起来、引导大家走向团结统一，最后为革命奋斗。这个过程正如伊西斯将欧利西斯的残肢收集起来并使他再度复活的过程。这是从象征意义的层面来强调两者的相似性。此外，小说第二部分题词引用埃及《亡灵书》中的章节：

> "起来，起来，欧里西斯！
>
> 我是你的儿子，荷鲁斯。

我来使你得以复生，

你仍有那颗真正的心，

就是你那过去的心"（陈中耀，1986：211）

欧西里斯是把埃及人民由游牧社会带入文明社会的保护神，他教人们耕种，深受人民的爱戴，但因兄弟赛特的嫉妒被其残害肢解而死，后被妻子伊西斯救活，成为埃及的冥神，同时他也是反复重生的神。在小说第二部分中有这样一段描写："那个表达着他们感情的人，那个起来要求他们自由与生存权利的人，已经被逮捕……就像那个下凡来开垦埃及土地，赋予它生命与光明的欧西里斯。"（陈中耀，1986：400）这段描写中提到的那个"他"就是埃及1919年革命的领袖扎克鲁格，他是把埃及人民从麻木中唤醒，带领人民解放的精神领袖，是民族英雄，后因英国政府的干预被抓捕流放。其形象和古代神话中欧利西斯的形象有着异曲同工之妙，扎克鲁格是欧西里斯现代的化身。

在《灵魂归来》中，哈吉姆引经据典，用伊西丝和欧西里斯的经典形象来讲述社会现实，为我们再现了1919年埃及革命前后的社会状况，引发读者尤其是埃及大众的共鸣并得到了埃及总统纳赛尔的高度肯定。

（三）取材于阿拉伯民间故事集《天方夜谭》：以戏剧《山鲁佐德》为例

哈吉姆的诗剧《山鲁佐德》共有7幕，以著名的阿拉伯民间神话故事集《一千零一夜》为蓝本创作，但内容却截然不同。该剧以一千零一夜的结尾为开端，国王山鲁亚尔、王后山鲁佐德、大臣嘎麦尔以及黑奴是这部悲剧的主要人物。

在剧本的第一幕中，通过皮革商和黑奴的对话，我们看到了一个全新的山鲁亚尔：他仿佛已经变得神志不清了，他和王后分房而睡，他整夜地站在阳台眺望远方，他像一座雕像，好似总在思考些什么。第二幕，从黑奴和一个被关押的处女的对话中，我们了解到国王在巫师的安排下又开始了他的杀戮行为，但是这次不再是为了报复那个背叛他的前妻，真相如同他对山鲁佐德所说："曾经的我杀她们是为了戏谑，现在的我是为了求知。"（توفيق，1988：43）该剧的最后几幕也都围绕这个主题展开：国王山鲁亚尔在经过山鲁佐德一千零一个夜晚的故事熏陶之后由原来那个嗜血成性、荒淫无度的恶魔变成了思想深沉、求知若渴、对世间真理和存在的奥秘极度好奇的人。他惊讶于王后的博学多识和无所不知，她总能为自己展现更多的未知世界。终有一天，他说："我不要再凭空想象（你为我描绘的世界）了，我要自己去探索。"（توفيق，1988：47）于是山鲁亚尔主动去探寻新世界，他渴望通过周游各地来寻找自然界中一切事物的源头，他试图突破界限的束缚，弄清事物的本质，找到存在的奥秘，而这一切也正是他个人悲剧的开始。山鲁佐德说他疯了，大臣噶麦尔说："国王已经变成了一个令我不解的秘密。好像他的眼里发现了一个没有边际的天地，他经常走着、想着，思考着问题，探求着未知，每当我为了关心他的身体劝阻他时，他就嘲笑我。"（توفيق，1988：37）戏剧的最后，山鲁亚尔非但没有找寻到任何东西反而"弄丢"了他的山鲁佐德，发现了她与黑奴私通的事实，只不过这次山鲁亚尔没有像处死第一任妻子和黑奴一样再次将二人处死。彼时的他发现自己并不了解王后山鲁佐德，也发现那些我们自以为很了解的东西往往是我们最陌生的东西。在这部剧中，哈吉姆笔下的山鲁佐德不再是以往我们看到的作品中那个人人称赞的、足智多谋的智慧女性，剧中的她失去了自我，她变得敏感脆弱，她在乎自己的美貌，她无数次地祈求山鲁亚尔不要再胡思乱想，希望他再次回到自己身边，陶菲格甚至给她安排了和黑奴通奸的戏码……因此该剧也引发了很多非议。

  纵观整部剧幕，它主要围绕人们是否可以摆脱掉物质或精神的一方而生存这个命题展开：剧中的山鲁亚尔厌倦了物质生活，主动去探索未知世界，追寻自己的精神追求；大臣噶麦尔也是一直在探寻着山鲁佐德——这个让他为之着迷的女人的内心世界；黑奴则是沉迷于山鲁佐德的肉体和美貌。虽然每个人的追求不同，但都有一个共通点：片面地在乎了精神或者片面地在乎了肉体（物质），没有将两者统一起来，所以最后这几个人物也都以悲剧结尾。通过对一千零一夜中这几个经典人物的再塑造，哈吉姆（1955：55）表达了自己"平衡论"的哲学观点："人类是物质和精神均衡的存在物，即保持两种力量的存在，而不是一个消灭另一个。"同时，自然界中到底有没有绝对真理和事物存在的秘密也是该剧的另一个讨论点。

（四）取材于《古兰经》：以戏剧《智者苏莱曼》为例

戏剧《智者苏莱曼》首发于1943年，虽然在戏剧开篇哈吉姆（1988：10）提到："这个故事的构思来源于三本书《古兰经》、《圣经》和《一千零一夜》。"但是纵观整部戏剧我们可以发现，除了在剧中有多处《古兰经》章节的引用外，先知苏莱曼是贯穿整部戏剧的主人公，整部戏剧都围绕他展开。

该剧第一幕，通过在也门海边的渔夫和从被封印的铜瓶中获救出来的魔鬼的故事牵引出了主人公苏莱曼，如同《古兰经》记载的那样，剧中的他具有通晓百鸟语言和蚂蚁语言的特异功能。他能够统帅精灵、鸟类和人类，能够驾驭风，也能够控制海。他有绝对的权力，在判决民事纠纷方面具有突出的能力，是宇宙间正义和公正的象征。该剧中间的几幕主要围绕苏莱曼和他国女王土巴的情感纠葛展开：通过身边一只失而复得的戴胜鸟，苏莱曼知道了在大地的另一边有一个美丽的土巴女王并为其倾心，他用尽一切手段甚至使用魔力去获取土巴女王的心，但遗憾的是土巴女王只爱慕自己身边的阶下囚蒙泽尔。为了得到土巴女王的心，为爱着魔的苏莱曼接纳了身边精灵（恶魔）的提议，允许恶魔将蒙泽尔变成了一尊石像，试图用邪术来让土巴女王爱上自己，但同样为爱着魔的土巴女王为了救蒙泽尔，日夜守在石像身边哭泣，因为精灵告诉她，只有用眼泪装满石像周围的水池，蒙泽尔才会再次醒来。只是造化弄人，在只剩最后几滴眼泪便可以装满水池的时候土巴女王被苏莱曼叫走了，是土巴女王的侍女用自己的眼泪唤醒了蒙泽尔，最后侍女和蒙泽尔走到了一起。戏剧的最后两幕，拥有绝对权力、可以掌控一切的苏莱曼没有获得士巴女王的心，同样拥有绝对王权的士巴女王也没有赢得蒙泽尔的心。当一切过去，苏莱曼从爱的迷失中清醒过来，他幡然醒悟，对士巴女王说："也许真正的智慧就是使人知道如何去正确掌控权力。"（توفيق，1988：143）为此，苏莱曼开始懊悔，忏悔自己用权力伤害了他人，甚至为爱失去了理智。戏剧的结尾，苏莱曼带着悔恨长眠而去。

在1948年，《智者苏莱曼》第二版再次发表的时候，哈吉姆（1988：160）说出了他写这部戏剧的用意：那个被解除封印的魔鬼就像我们的心魔，他有野心，敢作恶，有时会让我们失去理智。而对于权力而言，"权力是盲目的，拥有它的人甚至会伤害他人；权力也是有诱惑力的，谁拥有了它便可以为所欲为……所以当人拥有权力却无法正确掌控它时，往往会造成灾难。因此，智慧是必不可少的。"正如剧中的苏莱曼和士巴女王，为了得到他人的爱，他们失去了理智，用尽一切办法却无法获得自己想要的结果，反而适得其反，对他人造成了伤害。哈吉姆借此强调理智、智慧的重要性，告诫人们要学会压制心魔，抵制诱惑。

三、结论

陶菲格·哈吉姆一生著作等身，创作了诸如《山鲁佐德》、《灵魂归来》等诸多脍炙人口的佳作，在埃及乃至整个阿拉伯文坛都具有举足轻重的地位。笔者通过正文中对哈吉姆几部作品的简单分析可以看出：大量使用神话素材是哈吉姆作品的一大特色，无论是西方的希腊神话还是东方的阿拉伯神话，他都能信手拈来。哈吉姆的每一部作品都是他对人生、对社会思考的结果。他十分重视"神话意象"的再创作，区别于西方文学中的基督教、犹太教乃至异教的文学色彩，哈吉姆作品中体现的都是东方阿拉伯以及伊斯兰教文化的内容。哈吉姆通过制造作品中人物的情感和自身力量与现实社会乃至外力（诸如神力）之间的矛盾冲突来反映所处时代的社会问题、表达自己的思想感情和平衡论的东方哲学观点。哈吉姆的许多作品被译为多国文字，在世界范围内广泛传播。为此，我们可以很肯定地说，哈吉姆是当代阿拉伯文坛上当之无愧的文学大师，他的作品的大多数是当之无愧的艺术瑰宝。

参考文献：

［1］程静芬. 陶菲格·哈吉姆：从现实主义到象征主义［J］. 外国文学评论，1992（2）：69—70.

［2］陶菲格·哈吉姆. 灵魂归来［M］. 陈中耀，译. 上海：上海译文出版社，1986：78，211，400.

[3] شوقي ضيف.الأدب العربي المعاصر في مصر[M]. القاهرة :دار المعارف، 1957:
289

[4]توفيق الحكيم .الملك أوديب .[M]القاهرة :دار مصر للطباعة،182: 1925.

[5]اسماعيل أدهم وإبراهيم ناجي. توفيق الحكيم [M] .القاهرة :مؤسسة هنداوي للتعليم والثقافة،2012 :9.

[6]مرفت عبد الناصر .إيزيريسوبناتها .[M]القاهرة :دار نهضة مصر للطباعة والنشر والتوزيع، 2007 :6.

[7]توفيق الحكيم .شهرزاد .[M]القاهرة :دار مصر للطباعة، 47، 43 :1988.

[8]توفيق الحكيم .التعادليةمع الإسلام .[M]القاهرة :دار المعارف، 55 :1955.

[9]توفيق الحكيم .سليمان الحكيم .[M]القاهرة :دار مصر للطباعة، 10/143/160 :1988.

"一带一路"背景下国内阿拉伯语高等教育面临的挑战

■ 天津外国语大学　李明明

【摘　要】2015年，中国政府发布《推动共建丝绸之路经济带和21世纪海上丝绸之路的愿景与行动》文件，"一带一路"的建设需要语言铺路，语言人才的培养不可或缺。"一带一路"沿线包含阿联酋、埃及、沙特等十四个阿拉伯国家，阿拉伯语的地位举足轻重。国内阿拉伯语高等教育始于1946年，北京大学阿拉伯语言文化系的前身是原东方学系阿拉伯语言文化专业，现如今国内阿拉伯语高等教育蓬勃发展，但阿拉伯语语言人才的培养在很大程度上与"一带一路"建设需求有一定差距，特别是高素质综合型阿语人才。本文着重分析目前国内阿拉伯语高等教育面临的挑战及应做出的转变和应对之策。

【关键词】"一带一路"；阿拉伯语；高等教育；挑战

一、"一带一路"视野下的中国与阿拉伯国家

2013年9月，习近平主席出访哈萨克斯坦，首次提出建设"新丝绸之路经济带"，同年10月，习主席又提出愿同东盟国家发展友好合作伙伴关系，共建"21世纪海上丝绸之路"。2015年3月，《推动共建丝绸之路经济带和21世纪共建海上丝绸之路的愿景与行动》（以下简称《愿景

与行动》）发布。

阿拉伯国家所在的中东地区是"一带一路"建设的重要节点，一是因为其独特的地理位置，是"一带一路"的交汇地带，具有联通欧亚非的重要枢纽地位。另一方面是缘于其丰富的油气资源。中国前驻中东国家的大使吴思科表示，中东地区是"一带一路"横贯亚欧的中间地带，也是陆海两条线的汇集之处，再加上中东地区独特的地理位置和多元复杂的人文、宗教、民族，特别是新时期能源在人们经济生活中的作用提高以后，这个地区作为能源富集地带，国际、政治、经济地位上升，具有战略重要性。

从整体上来说，阿拉伯国家十分重视"一带一路"建设，中国中东问题特使宫小生认为，"一带一路"倡议反映了中东许多国家的共同心声，具有国际基础。他甚至表示，中东地区会是"一带一路"倡议推进的重点地区，可能成为这一倡议落地最好、最早的地区之一。（付航、杨定都，2015）[①] "一带一路"沿线60多个国家中，有超过四分之一的国家属于阿拉伯国家，涵盖了埃及、阿联酋、阿曼、巴林、巴勒斯坦、卡塔尔、科威特、黎巴嫩、伊拉克、沙特阿拉伯、土耳其、叙利亚、约旦、也门十四个国家。

近两年来，在中东阿拉伯国家推进"一带一路"建设的工作已经取得了不小的成就，其具体表现有三：第一，内容清晰的顶层设计已经成形，战略引领作用显著。第二，阿拉伯国家反应热烈、参与积极。第三，各种机制为"一带一路"建设提供了重要平台。2016年1月，中国发布《中国对阿拉伯国家政策文件》。但同时中东地区动荡与混乱的形式依然存在，教派问题与宗教极端主义亟待解决，中东地区的极端主义和恐怖主义持续泛滥，"伊斯兰国"（ISIS）恐怖势力肆虐，难民问题不断突出等等，都是中国在中东推进"一带一路"所需要面临的问题。

---

① 付航、杨定都：《中国中东问题特使："一带一路"是中东国家共同的心声》，新华网，2015年4月8日。

二、中国阿拉伯语高等教育的发展和现状

我国当前"一带一路"倡议对当前国内语言人才的教育带来极大的机遇和挑战。许多学者撰文呼吁,"一带一路"的建设必须要语言铺路,语言人才先行。众多高校都在思考如何在"一带一路"建设中把握发展机遇,许多高校纷纷采取措施,新增"一带一路"沿线国家非通用语种专业。2017年3月教育部公布2016年度普通高等学校本科专业备案,上海外国语大学新增备案本科专业乌兹别克语、捷克语、波兰语、哈萨克语。北京第二外国语学院新增备案本科专业波斯语、印地语、希伯来语、塞尔维亚语、立陶宛语、塞尔维亚语、爱沙尼亚语、土耳其语、罗马尼亚语。天津外国语大学新增备案本科专业波兰语、土耳其语、乌尔都语、希伯来语、印地语、乌克兰语、波斯语、豪萨语、柬埔寨语、匈牙利语、捷克语、芬兰语。[①]多数新增备案语种属于"一带一路"沿线国家非通用语种。

(一)阿拉伯语高等教育的发展

阿拉伯语是穆斯林共同的宗教语言,是阿拉伯国家联盟22个成员国的官方语言,是联合国六种工作语言之一。2015年世界十大语种综合排名中,英语位列榜首,中文居于第二位,阿拉伯语位列第七。阿拉伯语在非通用语种中仅次于法语、西班牙语、葡萄牙语、俄语。[②]"一带一路"建设需要阿拉伯国家,需要阿拉伯语,语言互通是中阿交往中的重要一步。中阿友好交流历史源远流长,历史上,中阿通过"丝绸之路"的间接和直接贸易活跃,人员交往频繁。近代阿拉伯语高等教育始于1946年,北京大学建立东方学系阿拉伯语语言文化专业,北京外国

[①] 中华人民共和国教育部,http://www.moe.gov.cn/srcsite/A08/moe_1034/s4930/201703/t20170317_299960.html。

[②]《世界十大语言排名》,http://edu.163.com/15/0914/08/B3F8021E00294MPA.html。

语大学阿拉伯语系建专业于1958年，1981年独立成系，分别于1981年和1986年成为我国第一个阿拉伯语语言文学硕士和博士点。高等院校阿拉伯语教育经过半个多世纪的发展历程，在几代阿语人的艰苦努力下，阿拉伯语高等教育蓬勃发展，时至今日，开设阿拉伯语的高等院校遍布全国，开设阿拉伯语的大中专院校已达60多所，学生数量逐年上升。

（二）阿拉伯语本科生和研究生教育现状

阿拉伯语开设院校虽多，但只有少数院校拥有本科、硕士、博士的完整建制。多数院校阿拉伯语建系时间在2000年以后。相比俄语、西班牙语这些小语种，阿拉伯语应该称为"小小语种"。阿拉伯语作为非通用语种在各个高校扎根时间较短，师资队伍逐渐壮大，呈年轻化趋势，本科生招生规模逐渐扩大。

表1　2015年我国主要外语院校部分"小小语种"本科生招生情况

小小语种	培养院校	人数	合计
阿拉伯语	北京外国语大学	42	169
	上海外国语大学	25	
	广东外语外贸大学	12	
	西安外国语大学	30	
	四川外国语大学	60	

资料来源：五所院校公开的招生数据。

表2　2017年阿拉伯语语言文学（050208）硕士专业目录

研究方向	开设院校
阿拉伯语语言	北大、上外
阿拉伯语语言学	西外

（续表）

研究方向	开设院校
阿拉伯语文学	北大、北外、北语、天外
阿拉伯语言文学	北二外、大外、上外 （川外、宁大不区分研究方向）
阿拉伯语言与文化	北语、天外
阿拉伯伊斯兰文化	北大
阿拉伯文化	上外
阿拉伯社会文化	北外、北二外
阿拉伯语语言与翻译	北外
翻译理论与实践、（阿汉翻译理论与实践）	大外、（上外）
阿拉伯问题研究	大外
中东研究	北大
区域国别研究、（阿拉伯国别和区域研究）、（阿拉伯历史与国别研究）	外经贸、（北语）、（上外）

数据来源：中国研究生招生信息网。

注：表2中大学名称采用简称，北京大学简称北大，北京外国语大学简称北外，北京第二外国语学院简称北二外，北京语言大学简称北语，对外经济贸易大学简称外经贸，天津外国语大学简称天外，大连外国语大学简称大外，上海外国语大学简称上外，四川外国语大学简称川外，西安外国语大学简称西外，宁夏大学简称宁大。

在已公布的2017年阿拉伯语语言文学（050208）学术型硕士招生目录中，招生院校共11所，招收研究生研究方向多为文学文化类，招生数量较少。北京大学、北京外国语大学、上海外国语大学在师资力量上相对较为雄厚，研究方向设置较多，个别学校开设区域国别研究方向，均依托于本校区域国别研究中心，例如对外经济贸易大学区域国别研究中心，成立于2009年，是对外经济贸易大学校级重点研究基地之一。北京语言大学设有教育部区域与国别研究培育基地（阿拉伯研究中心，2012）。

（三）阿拉伯语高等教育课程设置和培养目标

开设阿拉伯语的高等院校的本科生教育课程多为基础阿拉伯、高级阿拉伯语、阿拉伯语口译、阿拉伯语阅读、阿拉伯语写作、阿拉伯语视听，选修课程根据所在院校各有不同，一般为阿拉伯简史、阿拉伯文学简史、经贸笔译、经贸口译、阿拉伯国家社会与文化等等。在本科阶段高年级教学上多数仍是围绕阿拉伯语，注重阿拉伯语的应用，本科阶段的培养目标是：培养能从事外交、外贸、国际文化交流、涉外企业管理、新闻、出版、外语教学和外国问题研究等工作的德才兼备的应用型专门人才。[①] 各大院校在本科生的培养目标上均以应用型为主，强化语言能力。对研究生的培养上着重于培养独立的学术型人才，近两年来个别院校开设阿拉伯语翻译硕士，注重高等翻译人才的培养。

三、国内阿拉伯语高等教育面临的挑战

《愿景与行动》指出，"一带一路"的"互联互通"包括交通、能源、通信、贸易等领域。这些涉及交通运输、建筑、装备制造、石油管道、电站建设、商贸、旅游等行业。如果继续采用传统的教学培养模式，是否能应付这些非语言专业，或者具有一定的基本知识，减少企业的二次培养，在阿拉伯语人才培养上需要考虑。此外阿拉伯语高等教育的学科建设上，未像英语一般有《高等学校外语类专业本科教学质量国家标准》，各大高校的阿拉伯语高等教育各自为政，在师资力量、生源、课程设置、培养方向、就业选择方面存在较大差异。

（一）各大高校师资力量的挑战

教育大计，教师为本，高质量的非通用语师资队伍应该是培养语言人才的前提与保证。（文秋芳，2016）例如：北京大学阿拉伯语系现有

---

① 北京大学外国语学院，http://sfl.pku.edu.cn/list.php?catid=108。

教授2人、副教授7人、讲师3人，同时承担本科、硕士、博士三个教学层次和阿拉伯语言、阿拉伯文学及阿拉伯伊斯兰文化等教学和科研方向。[①]北京大学作为教育部直属的"211"和"985"高校，师资力量雄厚，建系历史长，教育经验丰富，但除了北京开设阿拉伯语的高校和上海外国语大学之外，多数地方性高校和偏远地带高校，师资力量相对较弱，阿拉伯语专业多数是零基础起步，教学压力大，科研任务繁重，青年教师任重而道远。例如黑龙江大学、新疆大学，因其地理位置、自然环境、宜居程度等外界因素，造成大量人才外流。

以天津外国语大学为例，该校2002年开设阿拉伯语专业，成为当时第9所开设阿拉伯语专业的外语院校。2012年开始招收硕士研究生。阿拉伯语系拥有副教授3名，讲师2名，助教4名，客座教授1名，在承担本科和研究生教学的同时，还承担着一定的科研任务。从2011年起，本科招生扩招，由一个班不到20人，增加到两个班近40人，教学任务加大，但同时另一个不容忽略的事实就是师资力量青黄不接，老教授年事已高，即将退休，退居二线，新生代青年老师较为年轻，教学经验不足，科研能力有待提高，在完成教学工作的同时也需要进一步提升自身能力。

（二）各大高校生源的挑战

国内开设阿拉伯语的院校可以粗分为四大类（校名采用简称）：

1.名牌院校：北大、北外、上外、外经贸等，学校综合实力强，有一定的科研院所依托，教学科研并重，生源质量有良好的保障，能吸引来自全国各个地区的优秀生源，能更好地培养出符合现代要求的、适合"一带一路"的现代化复合型人才。

2.一般院校：广外、川外、天外、大外、西外等外语类文科院校，分布在除北京外的各个省会城市，一般为非"211"的公办高校，依托

---

① 北京大学外国语学院，http://sfl.pku.edu.cn/list.php?catid=108。

其地理位置的优势，在一定程度上能吸引来自全国各地的优秀生源，生源质量和一类院校有一定差距，但总体来说生源质量较好，部分院校采取提前录取的方式，选拔更适合阿拉伯语的高质量学生。

3.偏远地带院校：新疆大学、石河子大学等学校虽为"211"综合类院校，但因为其位于西部，在中东部学生吸引力不大。虽有"211"院校背景作为依托，生源数量有一定保障，但和同级别兄弟院校相比，其生源质量不高。

4.民办院校（或大中专院校）：广外南广学院、川外成都学院、南大金陵学院等院校在生源质量上无法和以上院校相比，作为外语学院中的一个非通用语分支，受关注度较小，专业可持续发展性不长。

（三）课程设置和培养方向面临的挑战

各大院校在课程设置上多数都偏重于基础语言的教学，培养模式科学性不强，目标不够明确。早在1998年教育部高教司《关于专业面向21世纪本科教育改革若干意见》中，以文件的形式阐述了培养复合型人才的必要性。以天津外国语大学阿拉伯语系为例，2014年，该校"亚洲、非洲非通用语多语种人才培养模式改革与探索"项目获批天津市教育改革试点项目，成为阿拉伯语＋英语＋汉语＋国际经济与贸易首批双学位复合型人才培养试点专业。采用"非通用语＋非语言专业"的培养模式，在教学上又采用"3+1"模式，积极和国外大学合作，给100%的学生提供出国留学机会。这种模式是种创新和突破，未来就业灵活性增强，但问题是阿拉伯语的本科教学都是从零起步，从字母开始学习。成功的外语学习既需要强度又需要密度（文秋芳，2008）。根据外语学习规律，要把一门外语学到能熟练地用于工作的程度，至少要花2000小时以上（约翰·康威，2010）。按照现有的课程体系，四年学习，总课时还不足两千，阿拉伯语尚未达到可以熟练运用的工作水平，又要兼顾英语、汉语、国际经济与贸易专业，大三的一年要到阿拉伯国家进行交流学习，阿拉伯语专业本科二年级时设置全国高校阿拉伯语专业四级考试，大一、大二的教学工作需围绕基础语言的教学展开，学习时间如何而来？英语学习虽开始较早、汉语虽作为母语，但语言始终是工具，需要不断地学习，国际经济与贸易更是牵涉到经济学，跨学科跨领域，势必需要一定的时间和精力，这种情况下，不排除有语言天赋较高、学习能力较强的学生，但对于大部分学生来说只是天方夜谭，这种培养模式下只能培养出一般的较为普通的复合型人才。四年本科制的阿拉伯语教学中存在这样的问题，对于一些大专院校，学习时间只有三年且实习期较长，阿拉伯语教学的压力更大。

（四）就业选择倾向上的挑战

前面提到在"一带一路"倡议的背景下，对阿拉伯语人才的需求不仅仅停留在语言层面，更要求阿拉伯语人才是真正的优秀复合型人才。北京大学阿拉伯语系本科毕业生去向一般是国家部委、对外宣传部门、大型企业或保送读研或出国学习。天津外国语大学毕业生主要服务于各类大型企事业单位或外派工作。① 各大院校本科生在就业分布上有一定差异，但基本可以分为以下几类：考研或出国继续深造、国企、国家机关、事业单位、民企私企外企等五大类。

1. 考研出国人数增多

阿拉伯语专业目前在研究生招生上人数增多，读研成为女生的一大选择，受阿拉伯国家风俗习惯的影响，女性在阿拉伯国家活动和行为约束较多，而国企和国家机关的阿拉伯语工作人员基本都需要外派至阿语对象国，女生确实存在诸多不便（如沙特禁止单身女子入境）。根据国家招生政策的相关规定，招生不应限招男生或者女生，且招生宣传时并未提及阿语专业女生的就业优势不明显这一事实，加之女生又较喜欢外语类专业，致使阿拉伯语专业男女比例严重失衡，女生人数增多，就业

---

① 天津外国语大学亚非语学院，http://yafei.tjfsu.edu.cn/info/1007/2316.htm。

竞争和就业压力变大。

2. 就业观与市场需求不匹配

阿语在校生和毕业生在择业时倾向于外企国企等大型企业，比较看重薪酬待遇，毕业生倾向外企，但事实上以阿拉伯语为母语阿拉伯语人在华开设的企业并不多，多数学生没有明确的职业规划，往往在大四要毕业时才匆忙地去选择自己的职业，仓促而又盲目。

3. 综合能力有待提升

多数阿拉伯语毕业生在校期间着重语言的学习，而忽略掉综合能力的重要性，而语言仅仅是一种沟通交流的工具，有些高校根本不具备招生的基本条件，就准备开设新的非通用语专业，学生的培养方案模式不够健全，学校与学生的发展均受到制约。

四、阿拉伯语人才培养的对策

针对国内阿拉伯语高等教育的发展和现状以及面临的挑战，为了"一带一路"语言人才培养的宏观布局和培养质量，有以下建议：

处理好国家需求、学生个人发展与外语习得规律三要素的关系；阿拉伯语专业需要顶层设计，以国家/社会需求为出发点，同时兼顾个人发展和学习学科知识的内在规律。这三者有时会产生矛盾，但协调平衡也是有可能的。笔者认为决定这三要素关系的平衡有两个关键：第一，政府对非通用语人才培养的宏观控制和顶层设计。第二，学校要在科学规律的指导下，在志愿的基础上挑选具有语言天赋的学生，让其学习多语或"非通用语＋其他专业"。抓住了这两个关键，就不会出现人才短缺或者人才过剩的社会问题。

"一带一路"建设的倡议，这是非通用语专业千载难逢的发展新机遇。我们要充分考虑投资国与被投资国双方在语言战略上的互动性，采取多形式、多层次办学，对口培养我国在"一带一路"建设中所需的语言人才，同时还要积极发展汉语国际教育，帮助被投资国汉语人才的培养，切忌单向思维，不负责任地"一哄而上"，把人才市场的风险留给学生。

参考文献：

［1］文秋芳."一带一路"语言人才的培养［J］.语言战略研究，2016（2）.

［2］金莎丽."一带一路"战略中阿拉伯语的重要作用及应用［J］.教育（文摘版），2016（3）.

［3］杨云升."一带一路"建设与小语种人才培养［J］.人才与教育，2016（4）.

［4］赵美岚，王娟，董明月，郭熙.阿拉伯语本科生就业状况及分析：以北京第二外国语学院为例［J］.就业，2016（1）.

［5］徐杨文，胡思韵，李丹丹."一带一路"战略下中西部地方高校人才培养问题的思考［J］.浙江树人大学学报，2016（2）.

［6］付航，杨定都.中国中东问题特使："一带一路"是中东国家共同的心声［N］.新华网，2015-04-08.

《我们街区的孩子们》互文性分析

■ 天津外国语大学　张　敏

【摘　要】互文性（intertexuality）是文学分析与批评话语分析的一个重要概念，为文学评论与研究开辟了新的视野。以互文性理论为切入点分析《我们街区的孩子们》这部小说的文本互文形式及其意义生成，通过小说与宗教圣人故事的互文对比分析，为读者解读作者的积极互文创新手法，从而了解作者对追求公正、自由社会这一伟大理想的探索，引发读者对社会发展和人类变革的新思考。

【关键词】互文性；文化影响；积极互文

一、文本互文性

《我们街区的孩子们》这部小说对于学习阿拉伯语的人来说并不陌生，它是1988年的诺贝尔文学奖获得者、享有"阿拉伯文学之父"美誉的埃及作家纳吉布·马哈福兹的巨作。译者李琛在译本的序言里说道"《我们街区的孩子们》是这样一部从埃及社会现实和社会发展进程出发，站在历史和时代的高度思考人类的命运、弘扬积极人生的、高品位的文学作品"（纳吉布·马哈福兹，1990：1）。本文现从互文性理论下对这部巨著进行文本剖析，对其意义生成进行探索，以最大限度展现作者的行文精妙之处，理解作者寓意在小说背后的对人类命运的深刻思考。

（一）互文理论概述

1967年，茱莉亚·克里斯蒂娃——保加利亚裔法国著名符号学家、语言学家、精神分析学家发表了题为《巴赫金：词语、对话与小说》的论文，首次提出了互文性概念（intertextualite）。她将这种互文性阐述为"任何文本都是由马赛克式的引文拼嵌而成，每个文本都是对其它文本的吸收和转化"（Hatim，1990：125），后来互文性经巴特、热奈特、里法泰尔等多位理论家发展而逐渐成为今日文学批评的重要文本理论之一。互文性概念有两方面的内涵：一是关注"一个确定的文本与它所引用、改写、吸收、扩展，或在总体上加以改造的其他文本之间的关系"（杰拉尔德·普林斯，1987：46），即文本形式和内容上的互文；二是"任何文本都是一种互文，在一个文本之中，不同程度地以各种多少能辨认的形式存在着其他的文本。譬如，先时文化的文本和周围文化的文本，任何文本都是对过去的引文的重新组织"（王一川，1994：222），即当下的任何文本都是对过去的互文。

基于以上概念，我们以《我们街区的孩子们》与宗教圣人圣迹的文本互文为切入点研究，最终再让自己的视线扩展到整个文学传统和文化影响的视域之内，即从文本的互文性到创作主体的互文性，再到文化的互文性的研究逻辑模式，可以更深入地挖掘作者在小说中想要表达的细腻的思想及其对全人类历史进程探索的思考。

（二）小说文本互文

小说第二章艾德海姆这一部分，作者笔下的艾德海姆刚开始生活得幸福、无忧无虑，他"掌管家产后，他工作之余常带着一块毛毯铺在水渠边，背靠着椰枣树或无花果树，或躺在素馨花下，望着飞来飞去的麻雀，跟踪可爱的鸽子，或吹起他的短笛，模仿麻雀的叽喳，流水的潺潺和小鸟的啼鸣。啊，多么优美动听！有时，透过树枝仰望湛蓝的天空，发出'真美'的感叹"。（纳吉布·马哈福兹，1990：15）主人公艾德海姆在大房子的日子过得虽悠闲自得却也寂寞孤独。在他独自在花园自言自语之时，他看见了误闯进花园的美丽迷人，并与他有相同肤色的乌梅玛——这个他深爱的妻子，也是改变他一生的人。很快他便与乌梅玛成婚，日子幸福而平静。直到有一天，他被赶出大房子的哥哥前来假意与他冰释前嫌，并怂恿他去偷看父亲杰巴拉维写在财产继承文书中的十项继承条件。敬爱父亲并绝不愿意违背父亲的艾德海姆未受其唆使，却最终没能经住他深爱的妻子的不断劝诱，趁父亲早晨去花园时在妻子的协助下偷摸去看文书。

正如亚当和夏娃偷食禁果被上帝知晓而被惩罚一样，艾德海姆刚看到文书还未来得及细读时，父亲便已发现他，在震怒后将他和他的妻子一同赶出了家门。被赶出大房子、流落荒郊野外的他们虽未像《圣经》里亚当、夏娃受诅咒一般，却也一样受到了严惩。艾德海姆与乌梅玛被赶出时，乌梅玛已怀孕，并顺利分娩了一对孪生双胞胎兄弟——盖德里和胡麻姆。为了孩子的成长，他俩辛苦劳作，从最先的一贫如洗、无家无舍慢慢发展到羊羔成群，并有了宽敞的住处，不愁吃穿。哥哥盖德里如他大伯伊德里斯模样，生性桀骜不驯，不服管教，而弟弟胡麻姆则如他父亲一般，善良正直，踏实勤恳。在二十年后的某天，大房子的门终于打开，渴盼得到老祖父怜悯的所有人都期待着杰巴拉维召见他们，以回到他们梦寐以求的地方，但老祖父最终只要求胡麻姆前去见他。老祖父在考验胡麻姆后要求他只身一人搬去大房子住，并在那里结婚，开始新的生活，善良的胡麻姆虽期待这做梦才会得来的生活，但也因家人不能一同前去而犹豫不决，也正因此犹豫而激怒了不甘于被差别对待的盖德里，以至于易冲动的他失手误杀了他的弟弟胡麻姆。得知此噩耗的艾德海姆和乌梅玛痛苦不已，内心愧疚快被逼疯的盖德里也逃出这个已经残败的家，最终艾德海姆和乌梅玛在悲哀中日渐病重，弥留之际，艾德海姆见到了他最敬重的父亲杰巴拉维，并向他忏悔自己的罪孽，杰巴拉维原谅了他并承诺艾德海姆的儿女会得到他的财产。

结合上文故事简介，通过下表我们可以直观看出艾德海姆这一章故事情节与《圣经》中亚当与夏娃故事的互文之处：

表1

来源	《我们街区的孩子们》	《圣经》中亚当与夏娃故事
神性人物	神秘的老祖父杰巴拉维	上帝耶和华
主人公	艾德海姆	亚当
主人公之妻	乌梅玛	夏娃
反派	伊德里斯（主人公亲兄长）	蛇
事件	艾德海姆与妻子乌梅玛受伊德里斯唆使，偷看老祖父杰巴拉维禁止的文书（财产继承的十项条件）	亚当与夏娃受蛇的唆使偷食上帝耶和华禁止的善恶树果实
后果	夫妻均被赶出大房子	夫妻均被赶出伊甸园
惩罚	终身辛苦劳作 大儿子成杀人犯，杀死亲弟弟 夫妻均伤痛而死	终身辛苦劳作 妻子承产子之痛，受丈夫管制 夫妻死后归于尘土

从表1不难看出，作者用《圣经》中亚当与夏娃的故事为互文原文本对艾德海姆这一章节故事进行架构，这种仿拟性互文从第二章延续到高西姆这一章，艾德海姆这章结尾处，他的子孙后代与父辈们曾享受过的，并始终向往的大房子生活彻底脱离干系，他们只能通过辛勤劳作来维持生计，大房子及那里的人、那里的美好生活成了他们茶余饭后谈论的故事。在接下来的章节中，作者继续用象征的手法，以摩西的故事为互文原型讲述杰巴勒的故事、以耶稣为原型叙述里阿法的事迹并以穆罕默德为原型构写高西姆的一生，讲述这三代子孙在杰巴拉维的启示下，分别用武力和爱带领族人进行不屈反抗，一次次夺回财产继承权。（因这三处同表一的互文手法一致，此处省略这三个章节的互文对比表）

二、文化视野下的互文性

（一）统一面的文化互文

互文性理论除了注重文本形式上的互文研究，也十分注重文本背后的文化影响。从纵向的时间角度来看，文化影响主要表现为当代文化与前代文化之间的对立与统一关系。从统一面来讲，互文性理论注重研究当代文化蕴含的前代文化的影子，反映出文化发展所具有的延续性与继承性。综观整部小说，作者创作时受伊斯兰教、基督教、犹太教三大天启宗教的影响显而易见。在小说的前部分，作者主要介绍街区的开拓者——老祖父杰巴拉维，并为读者勾画了他的神秘性和绝对权威性。伊斯兰教（الإسلام）原意即为"顺从"、"和平"，强调真主至上，信徒要顺从和信仰创造宇宙的独一无二的主宰——安拉及其意志，以求得两世（现世和后世）的和平与安宁。同时，它作为阿拉伯国家大多数人信奉的宗教，不论是作为宗教信仰、意识形态抑或一种文化体系，早已融入阿拉伯人民的生活中，对阿拉伯民族的社会发展、政治结构、经济形态、文化风尚、伦理道德、生活方式等都产生了重要的影响。而基督教和犹太教也都奉上帝为造物主，相信上帝有绝对的权威；其次，艾德海姆与妻偷看文书被赶出大房子不仅是基督教经典——《圣经》中亚当与夏娃故事的象征，同时也体现了"人经受磨难是神的意愿"，这与三大宗教的教义都吻合；最后，象征三位宗教圣人的三代子孙受杰巴拉维启示而带领人们进行斗争，从而实现公平正义、过上幸福生活，同样也符合三大宗教文化的内涵，即"神不管人间事"、"上帝只会通过他在人间的使者传达他的意愿"。小说中随处可见的宗教身影，正是当前文化与先前传统文化在统一层面上的影响。宗教文化是众多阿拉伯国家的主要文化来源，在早些时候的埃及社会里，会全文背诵《古兰经》的人被尊称为الشيخ，即学者，年龄越小人们会越加赞赏，由此也可见埃及社会当时对宗教文化的重视。而作者出生在埃及的一个中产阶级家庭，父亲是位虔诚的穆斯林，从小在浓重的伊斯兰教思想熏陶下成长的他，完全传承和接受了伊斯兰教宗教文化的传统文化与思想，基于此，我们从小说中看出先前传统宗教文化的影子也就可寻其源、合乎情理。

（二）对立面的文化互文

从对立面来讲，文本背后的文化影响也反映出了不同时代文化的差异性，文学是社会的镜子，社会不断向前发展，文化也随之发展，在对传统文化的继承发展和不断革新中，传统文化可能也会遭遇新型先进文化的冲击或者背离，文学文本也会与文化传统相冲突。在小说的最后，以武力和爱为追求公正、幸福生活途径的三位使者均以失败告终，直到阿拉法特所象征的科学时代的到来。第五代子孙阿拉法特爱好"魔法"，他思想独立，并不相信人们世代相传的杰巴拉维的存在，并为窥探杰巴拉维的力量而潜入大宅，却不慎失手杀死了老祖父的黑女仆，并吓死了杰巴拉维。后来，他死于头人之手，但他留给街区后人的炸药配方，却为人们带来了希望，他们"遭受迫害时，总是自我勉励说：暴政一定会结束，黑暗过去是光明。让我们亲手埋葬暴君，迎接光明的未来，迎接奇迹的诞生！"（纳吉布·马哈福兹，1990：434）小说的这一结局作为本书最精彩并最具争议的一章，它没有顺着宗教这条路走向结局，而是在意寓科学的时代里找到了出路。寓意着"上帝"的杰巴拉维竟能被杀死，而寓意着"科学"的魔法才是带领人类向前发展的最好途径，这种当代文化与传统宗教文化的不共时性使得许多宗教人士给作者扣上了"渎神"之罪名，而这种科学对传统宗教文化的冲击与反叛"反叛"也恰恰是当代文化与先前文化对立面文化影响的体现。

（三）正反并重、共同影响

综观全文，作者意欲表达的思想均隐藏在文本中，三代子孙都曾带领街区人民推翻暴政，重建街区公平与秩序，但最终人们都因为"健忘"而再度落入混乱中。作者在此为他的观点埋下伏笔，一是只有宗教并不能使国家实现公正，使人民过上幸福的生活，只有"魔法"最终会引领人们推翻暴政、实现真正的公平正义，最终能引领人民走向理想生活的只有科学，人们"没有什么可依靠的，只能靠自己手中的魔法"（纳吉布·马哈福兹，1990：400），只有科学才能为街区带来真正的公正、平等和幸福。作者在此肯定了科学的力量，认为科学是实现公正的唯一途径；二是科学所带来的和平是否会长久，很久以后，人们会不会也像之前的时代一样，得了"健忘症"，欺压和暴政卷土重来，新一轮的斗争与反抗又继续循环着，这里作者又对科学的现状和前景表示担忧。

许多学者认为作者马哈福兹是推崇科学，科学是反宗教的。但最后一章中，阿拉法特虽失手误杀女仆，间接导致杰巴拉维死亡，但最后杰巴拉维的贴身仆人却向他转告祖父的话"祖父对他是满意的"、"杰巴拉维不是被杀的，没人能杀死他"（纳吉布·马哈福兹，1990：422—423），在此，作者一方面既肯定了宗教，遵从宗教教旨"上帝是永生的"，这也是为何杰巴拉维能够超越时间，成为几乎永生的存在。另一方面也表明了宗教与科学并不是对立的，阿拉法特最终是听到杰巴拉维转达给他的话才重新振作起来，决心逃出"牢笼"，并教会助手汉斯魔法，留下火药配方。如果说科学是重建公正、实现幸福生活的唯一手段，那么宗教（信仰）则是精神支柱，唯有拥有良好品德及伟大信仰的人才能正确运用推崇科学，宗教是信仰、是品德，科学是方法、是途径，只有两者相辅相成才能实现完全的胜利。

科学与宗教这两者对作者来说都是至关重要的，缺一不可，这种思想源于作者当时所处的社会环境。宗教上，作者出生在一个中产阶级家庭，父亲是位虔诚的穆斯林，宗教成了他们家文化教育的主要来源。在早些时候的埃及社会里，会全文背诵《古兰经》的人被尊称为الشيخ，即学者，年龄越小人们会越加赞赏，由此也可见埃及社会当时对宗教文化的重视。此外，作者的家庭并不十分保守，"母亲可以带儿子外出访亲问友，参观金字塔、埃及博物馆，甚至参观埃及科普特人的基督教文化展。于是，他又从母亲那里得到古埃及文化和宗教宽容精神的滋养"（纳吉布·马哈福兹，1990：7）；科学上，1959 年 9 月至 12 月该书在《金字塔报》上连载之时，埃及正处在 1952 年独立后现代化进程的高潮时刻："经济方面，埃及进行土地改革，实现工业化；政治方面，名义上宣布伊斯兰教为国教，实际上奉行世俗主义，并建立了议会制共和政体；同时为满足经济建设对大量专业人才的需要，建立了现代教育体系。这些措施使埃及的现代化飞速发展"（车效梅，2000：2）。社会文化方面，埃及妇女解放运动风起云涌，人的思想观念、思维方式和人格品质都随着现代化进程获得了极大解放。在埃及当时的现代化冲击或称世俗化冲击下，科学的观念被普及，并强烈影响着作者的写作及思考，作者本人也比较崇尚科学，他说："我们已获得了一种新的语言，那就是科学，大小真理都由它验证。这种新的预言是宗教用古人的语言所证实的真理。这真理，在今天也要以同样的力量用新的语言来加以肯定。"（纳吉布·马哈福兹，1973）

三、结语

《我们街区的孩子们》与犹太教、基督教、伊斯兰教的宗教圣典及圣人事迹文本互文是种积极互文，即当互文性要素进入当前文本后，发生了"创造性的叛逆"，与原文本相比产生了新的意义，与当前文本形成了某种对话关系（王铭玉，2011：20）。这种积极互文能让读者能更好地理解作者所勾画的人类社会演进过程，也是以此表现出人类对公平和幸福生活的永恒性探索，它不像许多学者所认为的是对圣典圣迹的变相抄袭，也不是其他部分学者所批判的对"真主"的质疑和侮辱，是反宗教的禁书。作者马哈福兹所象征的几位宗教圣人在小说文本中都被赋予了探索真理、建立公平与秩序的职责，这在原文本的基础上产生了新的意义，反过来又为当前文本作故事承接的主脉络。这种积极互文性不仅能让读者更好地理解作者的行文形式，也帮助他们从大的文化视野中领会作者赋予小说的多层意义，具有十分重要的意义。

参考文献：

［1］车效梅. 埃及的现代化历程［J］. 西亚非洲，2000（2）.

［2］马哈福兹. 我们街区的孩子们［M］. 李琛，译. 广州：花城出版社，1990.

［3］马哈福兹. 自传的回声［M］薛庆国，译. 北京：光明日报出版社，2001.

［4］李琛. 阿拉伯现代文学与神秘主义［M］. 北京：社会科学文献出版社，2000.

［5］陆怡玮.《我们街区的孩子们》与现代阿拉伯社会核心价值观的自我更新［J］. 阿拉伯世界研究，2009（3）.

［6］李玉平. 互文性新论［J］. 南开学报（哲学社会科学版），2006（3）.

［7］罗婷. 克里斯特瓦的符号学理论探析［J］. 当代外国文学，2002（2）.

［8］刘中民. 伊斯兰复兴运动与当代埃及［J］. 西亚非洲，2003（3）.

［9］辛斌. 语篇互文性分析的理论与方法［J］. 外语与外语教学，2008（1）.

［10］孙秀丽. 解析符号学批判——克里斯蒂娃研究之一［J］. 外语学刊，2006（5）.

［11］孙秀丽，李增. 克里斯蒂娃符号学思想探源——克里斯蒂娃研究之二［J］. 外语学刊，2008（1）.

［12］王瑾. 互文性［M］. 桂林：广西师范大学出版社，2005.

［13］王铭玉. 符号的互文性与解析符号学——克里斯蒂娃符号学

研究 ［J］. 求是学刊, 2011（3）.

　［14］El-Gabalawy S. The allegorical significance of Naguib Mahfouz's Children of our alley [J]. International Fiction Review, 1989, 16 (2).

　［15］JULIA KRISTEVA. Le Mot, le Dialogue et le Roman [C]. Paris: Seuil, 1969.

　［16］Ronnow G. The Oral vs. the Written: A Dialectic of Worldviews in Najib Mahfouz's Children of Our Alley [J]. al-'Arabiyya, 1984.

　［17］N. FAIRCLOUGH. Discourse and Social Change [M]. London: Longman, 1992.

[18] نجيب محفوظ. أولاد حارتنا: رواية [M]. دار الآداب، 1986

[19] نقاش رجاء. أولاد حارتنا بين الفن والدين [M]. دارالهلال، 2008

[20] هيكل عزة. التأويل الفني للتفسير الديني لرواية أولاد حارتنا[J]، 2013

[21] فت العمر. على هامش" أولاد حارتنا"بين الإبداع الأدبي والنص الديني[J]،1992

[22] صبرة أحمد. أولاد حارتنا ومشكلة سوء الفهم [J]، 2013

[23] جاكم ونريشار. ثورة التخيل وتخييل الثورة: قراءة جديدة في أولاد حارتنا [J]، 2013

[24] أحمد درويش. استلهام التراث الديني في أولاد حارتنا: مناقشة نقدية [J]، 2004

신체어의 은유와 환유
- 한국어 '눈'과 중국어 '眼'을 중심으로 -

■ 天津外国语大学　张　冉

1. 머리말

인간의 삶 자체가 모든 신체 부위의 조화로운 운용에 의해 되고 있는 만큼, 신체어가 인간 생활과 정신 활동의 내적 세계 전체를 반영하고 있는 것이다. 신체 어휘들이 신체 부위를 지칭하는 기본적 의미로부터 다의적으로 확대하는 기제에는 유사와 인접 등의 연상에 따른 비유적 전이 작용이 내재되어 있다. 이러한 연상에서 그 표현과 묘사의 대상은 인간 개체를 구성하는 욕체적, 정신적 뿐만 아니라 자연적, 사회적인 요소와도 결부된다.[①]

인지언어학은 언어 연구에서 획기적인 발상의 전환으로 간주되는데, 그 특징 가운데 가장 중요한 측면의 하나는 사람의 신체성에 대한 관심이라 할 수 있다. 이것은 의미 작용, 즉 추상적인 사고 과정이 우리 몸의 신체적 체험에서 출발된다는 인식의 전환을 뜻하다.[②]

이 글에서는 인지언어학적인 관점에서 은유와 환유 개념을 이해하고 은유 표현에서 주로 나타나는 한·중 신체어 중 '눈'과 '眼'과 관련된

---

① 홍사만(2008), 국어의미분석론, 한국문화사참고.
② 임지룡(2008), 의미의인지언어학적탐색, 한국문화사참고.

신체어의 은유와 환유에 의한 의미 확장을 살펴보고 한국어 '눈'과 중국어 '眼'이 나타난 은유와 환유 표현에 있는 이동점을 분석하도록 하겠다.

2. 은유와 환유의 개념

은유와 환유는 일상적 사고의 일부이고 경험에 기초하고 있으며 인지적 과정이라는 데에서 유사점을 가지고 있다(Lakoff& Johnson1980). 다시 말하면, 은유와 환유는 표현하고 싶은 대상을, 그보다 더 구체적 대상, 혹은 그 대상의 부분이나 관련된 것을 이용하여 개념적으로 사상하여 더 명쾌하게 설명한다는 것으로, 인간의 개념적 사고의 결과물이라는 것이다.[①]

李範烈(2010)에서는 은유적 표현이 문자적 표현보다 다양한 의미를 전달하는가 하면, 환유적 표현은 지시 대상의 특성이나 특징을 현저히 부각시킴으로써 정보 전달의 효율성을 높이기 때문에 일상생활에서 의시소통의 중요한 수단으로 사용되고 있다고 지적하였다. 그러면 지금부터 은유와 환유를 구체적으로 살펴보도록 하자.

2.1. 은유의 개념

Lakoff & Johnson(1980)에서는 은유를 '근원영역'(source domain)에서 '목표영역'(target domain)으로의 체계적인 인지사상(cognitive mapping)이라고 정의했다. 여기서 '근원영역'은 우리의 일상경험에서부터 나온 구체적·물리적이며 명확하고 구조화된 경험이다. 한편 '목표영역'은 표현하려는 영역으로서 추상적·비물리적이며, 불명확하고 구조화되지 않은 경험이다. 그러므로 은유는 우리에게 익숙한 근원영역으로써 낮선 목표영역을 개념화하는 인지책략이다.

---

① 안현정(2006), 신체어의 은유와 환유 연구 – 영어 hand와 foot을 중심으로 –, 부산대학교 언어학석사 학위논문 참고.

예컨대, "인생은 나그네길이다"라는 표현에서 '인생'은 목표영역이며, '나그네길'은 근원영역인데 추상적이며 설명하기 어려운 '인생'의 개념을 일상 경험에서 쉽게 접근 가능한 '나그네길'을 통해 표현하고 이해하게 되는 것이다.(임지룡 1997:173-174 참고)

은유는 추상적인 개념을 구체적인 대상물의 관점에서 이해하게 함으로써 사물을 구체적으로 인식하게 하는 중요한 도구라 할 수 있다. 개념적 은유는 구조적 은유, 방향적 은유, 존재적 은유로 대별된다. '구조적 은유'(structural metaphor)란 한 개념이 다른 개념에 의하여 은유적으로 구조되는 것을 말한다; '방향적 은유'(orientational metaphor)는 공간적 방향과 관련된 것으로, 상호관계 아래 하나의 전체적 개념구조를 이루는 것을 말한다; '존재론적 은유'(ontological metaphor)는 추상적인 경험을 물체나 내용물에 의해서 이해하는 것을 말한다.①

2.2. 환유의개념

환유는, 표현하려는대상과관련되는다른사물의한부분이나속성을들어전체나자체를나타내는것으로은유와마찬가지로우리의언어,사고,태도및행위를구조화는인지기제이다(Lakoff& Johnson 1980).

환유의 유형은 포섭관계에 따라 '확대지칭 양상'과 '축소지칭 양상'으로 대별할 수 있다. 여기서, '확대지칭 양상'이란 부분이 전체를 치칭하는 것인데, 예를 들어, '은막계에 새 얼굴이 나타낸다'에서 '얼굴'은 사람을 말하는 것이다. '축소지칭 양상'이란 전체가 부분을 지칭하는 것인데, 예를 들어, '나는 김소월을 좋아한다' 에서 '김소월'은 그의 작품인 '시'를 말하는 것이다.②

이러한 대치 현상은 시간적, 공간적, 인과적 인접성을 근거로 이루어진다. 그리고 한 개체를 지시하기 위해 현저한 다른 개체를 사용함

---

① 임지룡(1997) 참고.

② 임지룡(1997:193) 참고.

으로써 지시 기능과 함께 실제물의 특성을 부각시켜 청자의 용이한 이해를 돕는 기능도 한다.

3. 신체어의 은유와 환유

인지적 관점에서 언어의 의미는 인간의 다양한 신체적 경험을 바탕으로 파악된다. 곧 신체적 경험은 직접적으로 경험되는 물리적 개념을 발생시키고, 다른 한편으로는 은유와 환유의 비유적 기제를 통하여 간접적으로 형성되는 추상적 개념을 발생시킨다. 신체적 경험에 바탕을 둔 비유작용을 통하여 우리는 경험을 지각·이해하고 나아가 경험을 바탕으로 다양한 의미를 확장해 간다.

눈은 인간이 이 세상의 만물을 관찰하고 연구하는 데 눈의 기능이 필요하다. 눈은 인간의 감각 기관 중에 중요한 역할을 하고 있다. 우리가 공부를 하거나 그림을 감상하거나 상대방을 보거나 이 세상의 모든 아름다움을 발견하는 데 언제든지 눈을 사용한다. 이렇기에 '보다'라는 행위는 사람이 사물을 인식할 때 가장 직접적으로 수행되는 방법이다. 사람들이 외부에서 얻은 정보들 중에 대부분은 눈을 통해 획득한다. 그래서 눈은 정보를 획득하는 기관으로서 우리의 언어에서 활발하게 반영되고 있다.[1]

이 절에서는 먼저 '눈'과 '眼'의 사전적 의미를 각자 살펴 보기로 한다. 그 다음에

실제로 사용되는 예문[2]을 통하여 한국어 '눈'과 중국어 '眼'가 어떻게 은유와 환유로 표현되는지를 분석하겠다.

---

[1] 陸遁(2011), 韓·中身體語의意味擴大硏究 −눈, 코, 입, 귀를 中心으로−, 中央大學校碩士學位論文참고.

[2] 이에 관련하여 다음과 같은 말뭉치 사이트를 참고하였다.
국립국어원 언어정보나눔터
北京大学中国语言学研究中心(CCL)

3.1. 한국어 '눈'과 중국어 '眼'의 어휘적 의미

(1) '눈'

'눈'에 대하여 『표준국어대사전』[①](이하는 『표준』으로)의 뜻풀이를 보면 다음과 같다.

①빛의 자극을 받아 물체를 볼 수 있는 감각 기관. 척추동물의 경우 안구·시각 신경 따위로 되어 있어, 외계에서 들어온 빛은 각막·눈동자·수정체를 지나 유리체를 거쳐 망막에 이르는데, 그 사이에 굴광체(屈光體)에 의하여 굴절되어 망막에 상을 맺는다.

②물체의 존재나 형상을 인식하는 눈의 능력. 눈으로 두 광점을 구별할 수 있는 능력으로, 광도나 그 밖의 조건이 동일할 때, 시각 세포의 분포 밀도가 클수록 시력이 좋다.

③사물을 보고 판단하는 힘.

④('눈으로' 꼴로 쓰여)무엇을 보는 표정이나 태도.

⑤사람들의 눈길.

⑥태풍에서, 중심을 이루는 부분.

『표준』에서는 신체어 '눈'을 6가지 의미 항목으로 처리한다. 이 가운데 ①는 '눈'에 대해 전형적인 定義를 내리며, 사람의 신체 기관 중 물체를 볼 수 있는 감각 기관이라는 기본적 의미로서 '눈'의 중심의미에 속한다. ②, ③, ④, ⑤는 눈이 가진 '보다'라는 기능으로 확대된 의미다. ⑥는 태풍의 중심을 뜻하며 우주에서 촬영된 태풍의 사진을 보면 그의 중심부는 인간의 눈과 매우 흡사하다. 그래서 한국어뿐만 아니라 다른 중국어에서도 이를 '눈'으로 부른다.

(2) '眼'

'眼'에 대하여 『漢語大詞典』(이하는 『漢大』로)[②]의 뜻풀이는 다음과

---

① 『표준국어대사전』(2000), 국립국어연구원, 두산동아.

② 『漢語大詞典』(1993), 中國漢語大詞典編輯委員會, 漢語大詞典出版社.

같다.

①视觉器官, 通称眼睛(시각기관. 眼睛으로 통칭함)

②亲见, 亦泛指观看(직접 보다. 또한 일반적으로 '보다'를 가리키다.)

③以目监视(눈으로 감시하다.)

④眼力, 视力(사물을 보고 판단하는 힘, 시력)

⑤耳目, 眼线(스파이, 密偵)

⑥见证(증거, 증인)

⑦指孔, 洞穴(구멍, 동굴을 가리킴)

⑧指漏洞, 缺点(틈새, 단점을 가리킴)

⑨喻指水沸腾时泛起的气泡(물이 끓을 대 끓어오르는 氣泡를 비유적으로 가리킴)

⑩指砚石的眼状晕纹(벼루의 눈 같은 무늬를 가리킴)

⑪指孔雀羽毛末端的圆纹(공작새 깃털 끝의 둥근 무늬를 가리킴)

⑫指植物枝条上的嫩芽(植物 가지의 어린 싹을 나타냄)

⑬围棋用语(바둑용어)

⑭指事物的关键精要处(사물의 關鍵 정밀하고 요긴한 곳을 가리킴)

⑮指乐曲中的节拍(악곡의 박자를 가리킴)

⑯量词, 用于泉,井,池等(샘물, 우물, 연못 따위를 세는 데 쓰임)

⑰量词, 用于房屋, 窑洞等(동굴집을 세는 데 쓰임)

위에 보듯이『漢大』에서 '眼'의 의미를 17가지의 의미항으로 처리하고 있다. ①는 '눈'이라는, 인간 얼굴 부위의 기관 그 자체를 가리키는 것이며, 중심의미에 해당되고 나머지는 확대된 주변의미다. '②,③,④'는 눈의 기능으로 확대된 의미인데 '시선이나 보다'와 관련이 있다. ⑤는 '스파이'를 뜻하지만 더 따져 보면 '보는 사람'의 의미에서 이해하면 된다.

⑦는 눈동자의 모양 곧 원형이 구멍과 유사 지각에 의해서 확대된 것이다. ⑧는 현대 중국어에서 쓰지 않기 때문에 논의의 대상에 포함

하지 않는다. 그 다음에 '⑨, ⑩, ⑪, ⑫'는 '끓어오르는 기포', '벼루의 무늬', '공작새 깃털 끝의 둥근 무늬'는 눈의 모양과 흡사하기 때문에 '눈'의 이름을 붙이고 부르기로 한다. ⑬는 역시 유사 지각에 의한 의미 확대이다. ⑭는 사물의 要緊한 곳을 가리켜서 '중점(重點)'과 비슷한 뜻이다. ⑮와 ⑯는 눈의 모양으로 확대된 것으로 볼 수 있으니 다만 품사는 명사로부터 양사(量詞)로 바뀐다. 사전의 의미에서 중국어의 ⑮는 악곡의 박자인데 흔히 '有板有眼'에서 쓰인다. 원래는 '曲調와 拍子에 맞다'라는 뜻인데 '일을 調理 있게 함'으로 확대된다. 중국어의 ⑯와 ⑰에는 '눈'이 작은 구멍을 비유해서 우물 혹은 洞窟집을 세는 단위의 뜻을 가지게 된다. 한국어의 '눈'은 이 세 가지 뜻으로는 확대되지 않는다.[①]

3.2. 한국어 '눈'과 중국어 '眼'의 은유

이 절에서는 은유에 의하여 '눈'과 '眼'의 확장된 의미 양상에 대하여 예문을 통하여 살펴보기로 한다.

3.2.1 '눈은 그릇이다'

李範烈(2010)에서는 눈은 얼굴의 다른 면과 경계를 가지며 안과 밖이 구별되는 작은 구멍으로 용기와 같은 모양을 하고 있고 이러한 형태적 특징이 우리의 인지에 작용하여 눈을 종종 용기로 간주하여 은유로 표현한다고 설명하고 있다.

우리는 일상적인 언어 생활에서 눈을 조그마한 그릇으로 생각한다. 다시 말해, 경계를 짓는 표면과 안·밖 지향성을 지닌 하나의 그릇으로 개념화하여 '눈은 그릇이다'라는 은유 개념을 가진다.[②] 이와 관한 한국어와 중국어의 예문들은 다음과 같다.

---

① 陸遒(2011) 참고.

② 이미영(2001), 신체어의은유와환유 －국어담화분석을중심으로－, 부산외국어대학교석사학위논문.

(3)a. 네 행동이 아버지의 **눈**밖에 날까 무섭다.

　b. 그는 **눈**에 넣어도 아프지 않은 아들을 잃었다.

　c. 情人眼里出西施。(사랑하는 사람 눈에는 상대편의 곰보자국도 보조개로 보인다.)

　d. 登上團城，中海、北海、南海三海景色盡收眼底。(단성에 올라가면 중해, 북해, 남해 삼해의 경치가 눈에 들어왔다.)

　위의 예문 (3)을 보듯이 한국어 '눈'과 중국어 '眼'을 모두 안과 밖의 개념이 작용하는 하나의 그릇으로 이해하고 표현하고 있다. 한국어 예문 (3a)의 경우에 아버지의 눈을 그릇으로 간주하면 청자의 행동이 안에 있어야 정상적인 상태임을 전제로 하여, 그릇밖으로 밀려나는 비정상적인 상태가 될 것을 걱정하는 경우이다. 예문 (3b)에서는 눈을 작은 그릇으로 보고, 작은 그릇에 커다란 물건(아들)을 넣을 경우에 그 그릇은 깨지게 되며 그에 따라 통증을 느끼게 된다는 것을 전제로 하여 아들의 귀중함을 표현하고 있다.

　중국어 예문의 경우도 한국어와 비슷하다. 중국어 예문 (3c)와 예문 (3d)에서 '그릇'(眼)의 '안'(里)에는 아름다운 것을, 에서는 '그릇'(眼)의 '바닥'(底)으로 '경치'가 들어오는 것을 가각 나타낸다. 이처럼 일상생활에서 체험한 눈과 그릇에 대한 신체적 그리고 물리적 경험을 개념화하여 언어로 표현함으로써 정보의 전달과 이해의 효율성을 높인다.

3.2.2 '눈은 시간이다'

　시간은 찾을 수도 없고 만질 수도 없는 아주 추상적인 존재이지만 인간이 실감한 체험을 통하여 시간을 지속적으로 존재한 1차원 공간으로 생각하고 있다. 일반적으로 발화시간을 기준으로 시간을 '과거, 현재, 미래'로 세분화되고 있다.[①] 눈은 발화시에 일어나는 사건이나 사

---

① 孙红娟，赵宏勃(2007)，汉韩"眼"的隐喻对比研究，语言文字应用 참고.

물을 보는 기능이 있다. 이러한 기능이 확대되어 발화시나 발화시를 포함한 가까운 시간에 일어나는 상황을 나타내기 위하여 '눈'을 사용한다. 이와 관하여 언어 생활에서 '눈은 시간이다'라는 은유 개념을 가지고 있다고 말할 수 있다.

(4) a. **눈앞**의 이익만을 돌아보고, 장래의 일은 생각하지 않는다.

b. 죽음을 **눈앞**에 둔 사람에게 체력이 무슨 의미일까만......

c. 勝利就在眼前。(승리는 바로 눈앞에 있다)

d. 眼下正是秋收大忙季節。(지금이 바로 추수로 아주 바쁜 계절이다)

위의 예문 (4a-d)에서 발화시와 가까운 시간을 '눈앞'(4a,b), '眼前'(4c)으로, 발화시를 포함한 현재를 '眼下'(4d)로 나타낸다. 이처럼 발화시 또는 발화시를 포함한 현재를 나타내는데 한국어에서는 '눈'을, 중국어에서는 '眼'을 사용한다. 이밖에 '눈'과 '眼'은 아주 짧은 시간을 표현하는 데에도 쓰인다. 예문은 다음과 같다.

(5) a.김소영은 왕성한 식욕으로 두부 한 모를 **눈 깜짝할 사이**에 먹어 치우고 동태찌개를 곁들여 밥을 먹기 시작했다.

b.요즘 농촌 사람들은 모내기를 하느라 **눈코 뜰 사이** 없다.

c.一个星期眨眼工夫就过去了。(눈 깜짝할 사이에 일주일이 지나가 버렸다.)

위의 예문(5)를 보듯이, 눈을 감고 뜨는 시간이 아주 짧아서 '순시간'의 의미를 나타내는 데 한국어에서는 '눈 깜짝할 사이', '눈코 뜰 사이'라는 표현을, 중국어에서는 '眨眼工夫'라는 표현을 사용하고 있다. 다만, 한국어에서 '눈'과 '코'가 같이 쓰이는 점에서 보면 중국어와 다르다.

3.2.3 '눈은 공간이다'

임지룡(2008:92)에서는 신체어는 공간을 지칭하는 데 사용된다고 지적하였다. '눈은 공간이다'라는 은유 표현에서의 눈은 주로 구멍의 의미를 나타낸다. 여기의 공간은 주로 눈 모양과 같은 구멍 모양의 공간을 가리킨다. 구체적으로 보면 다음과 같다.

(6)a.**눈**이 적은 그물은 물고기를 잡지 못한다.

b. 그런데 바람과 비가 갑자기 멎으면서 날씨가 개는 경우가 있는데, 그때는 **태풍의 눈** 속으로 들어왔기 때문이다.

c. 趵突泉的三个泉眼周围挤满了赏泉人。(표돌천 세개의 샘구멍 주변은 사람들로 붐빈다.)

d. 台风眼内盛行下沉气流，多半是风和日丽的好天气。(태풍의 눈에는 하강 기류때문에 날씨가 개는 경우가 많다.)

위의 예문(6a)에서의 눈은 구멍을 가리키고 예문(6b, d)와 예문(6c)의 '태풍의 눈/台风眼''泉眼'은 각각 '태풍의 중심부위','샘물이 솟아 나오는 구멍'을 표현하고 있는데 이와 같이 구멍과 같이 생긴 눈의 모양을 전제로 눈은 구멍 모양의 공간을 지칭하는 데에 쓰이고 있다. 중국어에서는 '台风眼' '泉眼' 이외에'针眼、炮眼、泉眼、筛眼、汗毛眼, 枪眼, 耳朵眼, 鼻子眼'[①]등과 같은 표현도 많이 쓰인데 한국어 '눈'보다 훨씬 다양하게 나타난다. 이런 점에서 보면 한국어 '눈'과 중국어 '眼'은 비슷한 경우가 존재하지만 한국어 '눈'과 달리 중국어 '眼'은 양사로도 쓰일 수 있다.

(7) a.村里曾有几眼水井。(마을에서 우물 몇 개 있었다.)

---

① 周健,陈萍(2005),"眼"的隐喻说略,修辞学习2005年第2期(总128期)참고.

b. 一眼井, 一眼泉, 一眼窑洞。(우물 한 개, 샘물 한 곳, 동굴집
한 채)

중국어에서는 '眼'은 구멍과 같이 생긴 '우물, 샘, 동굴집' 따위를 세
는 단위로 쓰일 수 있다. 한국어 '눈'은 이러한 의미를 가지지 않는다.

3.2.4 '눈은 생물이다'

신체어로서의 눈은 생물을 지칭할 때도 있는데 여기의 생물은 식물
과 동물만을 가리킨다. 예문을 통하여 한국어 '눈'과 중국어 '眼'이 사
물을 지칭하는 경우를 보겠다.

(8)a. 선생님이 **가자미눈**을 찾으신다.

b. **새우눈**이 너를 찾고 있다.

c. 집을 멀찌감치 둘러친 해묵은 나무들도 연당가의 살구나무 배나
무들도 곧 잎틀 듯 불그레 살진 **눈**을 부풀렸다.

d. 有人会说∶"瞧这个'死鱼眼'"。(사람은 이렇게 말한다, '이 죽은
동태 눈 좀 봐라!')

e. 美丽的野花犹如小朋友明亮的眼睛。(아름다운 들꽃이 마치 어린
이의 맑은 눈망울과 같다.)

위의 한국어 예문 (8a)에서일탈된 눈의 위치처럼 사람의 눈도 한쪽
에 치우친 모양의 특색을 가자미의 눈에 비유하여 은유 표현 '가자미
눈'을 얻는다. 이러한 은유 표현인 '가자미눈'은 문맥에서 '가자미 눈
모양을 한 학생'을 지시하는 환유로 전환된다.

한국어 예문 (8b)에서도 작고 가는 사람의 눈을 이와 유사성을 지
닌 새우의 눈에 비유하여 '새우눈'이라는 은유 표현을 얻고, 신체의 부
분을 나타내는 은유 표현 '새우눈'을 그러한 특성을 지닌 사람을 지시
하는 환유 표현으로 전환한다.

이와 같이 중국어 예문(8d)에서 '死鱼眼'은 원래 '죽은 물고기의 눈'의 뜻으로 '두 눈빛이 흐리고 두 눈이 튀어나오는 상태'를 가리킨 건데 문맥에서 이러한 눈을 가진 사람을 비웃는 것으로 쓰인 것이다. 한국어 예문(8c)와 중국어 예문(8e)는 '눈은 식물'이라는 은유 표현에 속한데 문맥에서 각각 '나무잎''꽃'을 눈으로 표현하고 있다.

예문 (8a)(8b)(8d)처럼, 화자가 눈의 크기나 모양과 같은 형태적 특징을 좀더 생생하게 묘사하기 위해, 형태적 유사성을 지닌 동물(가자미, 새우, 死鱼)에 비유하여 은유 표현(가자미눈, 새우눈, 死鱼眼)을 얻는다. 이처럼 눈 자체의 특성을 생생하게 묘사한 은유 표현을 사람을 가리키는 환유 표현으로 전환함으로써, 지시 대상에 대한 화자의 심리적 태도를 전달한다.[①]

3.3 한국어 '눈'과 중국어 '眼'의 환유

한국어 '눈'과 중국어 '眼'은 환유적 표현으로도 자주 사용된다. 이러한 환유 표현에 있어서 주로 두 가지 유형으로 나누어 볼 있는데 구체적으로 다음과 같다.

3.3.1 '전체를 부분으로 지시한다'

환유적 개념 '전체를 부분으로 지시한다'를 토대로 하는 경우로 '눈'은 실제로 신체 기관 중에서 '사람'을 지칭하는 표현이 가장 빈번하게 나타나는 신체어이다.[②] 이 경우에 지시 대상의 특성, 특징 또는 능력을 부각시킨다.

신체의 한 부분을 나타내는 눈으로 '사람'(전체)을 지시하는 현상이 한국어와 중국어에서 모두 존재한다. 이에 관하여 다음의 예문을 통하여 보기로 한다.

---

① 이미영(2001) 참고.

② 김보경(2000), 한국어 신체어의 은유와 환유, 상명대학교석사학위논문.

(9)a. 여기에는 **눈**이 너무 많으니, 조용한 데로 가자.

b. 势利眼只认衣衫不认人。(권세나 재물에 빌붙는 인간은 옷차림만 보고 사람을 판단한다.)

위의 한국어 예문(9a)에서 '눈'은 '사람'을 가리키는 것이고 이와 마찬가지로 중국어 예문에서 '势利眼'도 '권세나 재물에 빌붙는 인간'을 자리키는 것이다. 이처럼, 인간 몸의 일부분으로서의 눈은 문맥에서 사람 전체을 지시하는 표현은 신체의 한 부분을 통해서 '사람'을 확대 지칭하게 된 환유 표현이다. 이럴 때는 '눈은 사람이다'라는 환유 표현을 적용할 수 있다.

3.3.2 '부분을 전체로 지시한다'

위의 내용과 달리, '눈'을 사용하여 눈의 '일부분'을 지시하는 환유적 표현도 자주 사용된다. 환유적 개념 '부분을 전체로 지시한다'라는 토대가 되는 경우로, '눈'을 사용하여 '눈동자, 눈꺼풀, 눈언저리' 등과 같은 눈의 일부분을 지시하기도 하고 '시력, 시선, 눈길, 눈치, 판단력' 등과 같은 눈의 기능을 나타내기도 한다. 이 경우 전체가 부분의 한 요소로 축소지칭된다.

(10) a. 그녀는 푸른 **눈**(→눈동자)을 가지고 있다.

b. 왜 그렇게 **눈**(→눈꺼풀)을 자주 깜박거리니?

c. 어머니의 **눈**(→눈언저리)에 잔주름이 늘었다.

d. 那位碧眼姑娘对他很热情。(그 벽안의 처녀는 그에게 아주 친절했다)

e. 他向我眨了一**眼**。(그는 나에게 눈을 한 번 깜박였다)

f. 他淌着鼻血，左**眼**睛已经青肿。(그는 코피를 흘리고, 왼쪽 눈은 이미 퍼렇게 멍들어 있었다)

한국어 예문 (10a-c)과 중국어 예문(10d-f)에서는 '눈'과 눈을 의

미하는 '眼/眼睛'을 사용하여 눈의 '일부분'을 나타내는 환유적 표현
들이다. 이들은 환유적 개념 '부분을 전체로 지시한다'를 토대로, 전체
로서의 '눈' 또는 '眼/眼睛'을 사용하여 눈의 일부분인 '눈동자'(10a,d)
'눈꺼풀'(10b,e) '눈언저리'(10c,f)를 각각 나타낸다. 이러한 경우에
눈의 일부분보다는 전체로서의 눈이 분명하게 인지되고 지각되기 때
문에 '눈'이나 '眼/眼睛'을 사용하여 눈의 '일부분'을 지시한다.

다음으로는 눈이 눈의 일부분으로서의 기능을 나타내는 경우를 살
펴보자.

(11) a. 나는 **눈**(→시력)이 나쁘다.

b. 나도 모르게 그녀에게 자꾸 **눈**(→눈길)이 갔다.

c. 그녀는 수줍어 얼굴을 붉히고 **눈**(→시선)을 떨어트렸다.

d. 부모님의 **눈**(→관점)에는 장성한 아들도 어린애로 보인다.

e. 내가 사람을 보는 **눈**(→판단력)은 좀 있지.

f. 我岁数大了, 眼睛不好, 不能工作。(나는 나이가 많아서 눈이 나
쁘기 때문에 일을 못한다.)

g. 他看了一眼就走了。(그는 힐끗 한번 쳐다보고 가버렸다)

h. 两眼注视空中, 出神似的凝想着。(두 눈이 하늘을 주시하면서 무
언가를 열심히 생각하고 있는 모양이다.)

i. 在常人眼里英雄不是人是神。(영웅은 보통 사람 눈에는 사람이 아
니고 신이다.)

위의 예문 (11)에서는 모두 '눈'과 '眼/眼睛'을 통해서 이들의 일부
분의 기능을 나타낸 표현들이다. 전체로서의 '눈' 또는 '眼/眼睛'을 사
용하여 눈의 기능인 '시력'(11a,f) '눈길'(11b,g) '시선'(11c,h) '관
점'(11d,i)를 각각 나타낸다. 한국어 예문 (11e)에서 눈은 '판단력'
기능을 나타내는데 중국어 '眼'은 이런 환유 표현을 찾을 수 없는 것
이다.

아주 추상적인 존재인 '시력, 눈길, 시선, 관점' 등을 현저히 눈에 보이며 구체적인 어휘 항목 '눈'을 사용함으로써 표현하면 청자의 인지를 용이하게 해 준다. 따라서 환유는 인간의 효율적인 의사소통을 위해 중요한 수단이라고 할 수 있다.

4. 맺음말

이 절에서는 앞에서 살펴본 결과에 따라 앞의 내용을 요약하면서 이 글을 마무리하도록 하겠다.

위에서 살펴본 것처럼, 신체어 '눈'과 '眼'의 은유와 환유 표현에 있어서 많은 공통점이 존재하고 있다는 사실을 알 수 있다. 우선, 한국어 '눈'과 중국어 '眼'은 모두 다 '눈은 그릇이다', '눈은 시간이다', '눈은 공간이다', '눈은 생물이다'라는 관점에서 구조화하여 은유적으로 이해하고 표현할 수 있다. 또한, '눈'과 '眼'의 독특한 모양을 부각시키기 위하여 동물이나 식물에 비유한 어휘적 은유 표현을 사용한 후, 이를 다시 사람을 지시하는 환유 표현으로 전환하는 경우도 모두 있었다.

그 다음에, 한국어 '눈'과 중국어 '眼'은 모두 '전체를 부분으로 지시한다'와 '부분을 전체로 지시한다'를 토대로 하는 환유 표현이 존재한다. '전체를 부분으로 지시한다'라는 환유 개념을 토대로, 인간의 기관 중 하나인 '눈'이나 '眼'을 사용하여 '사람'을 지시하고 '부분을 전체로 지시한다'라는 환유 개념을 토대로 구체적인 '눈'이나 '眼'을 사용하여 '눈'과 '眼'의 구성 요소인 눈동자, 눈꺼풀, 눈언저리를 지시하기도 하고 추상적인 '눈'과 '眼'의 기능인 시력, 눈길, 시선, 관점 등을 지시하기도 한다.

이처럼, 한국어 '눈'과 중국어 '眼'의 은유와 환유 표현은 많은 공통점이 존재하지만 차이점도 적지 않다. '눈은 공간이다'라는 은유 표현에 있어서 구멍을 지칭할 때 중국어의 '眼'의 은유 표현은 한국어 '눈'보다 더 다양하고 풍부하다. 또는 중국어 '眼'은 양사로도 쓰일 수 있다. 다만, 환유 표현에 있어서 한국어 '눈'은 '판단력'을 지시하는 경우가 있지만 중국어 '眼'에서는 이러한 환유 표현을 찰 수 없다.

은유와 환유는 의사소통의 중요한 수단으로서 양국의 언어 생활에서 모두 널리 존재한 것을 인증할 수 있다. 다만, 신체어를 어소로 한 어휘 파생 범위나 신체어의 의미 전이 범위는 차이를 보인다. 양국의 문화 전통이 다르기 때문에 사물에 대한 인지 과정도 달라서 신체어의 은유와 환유 표현에도 차이점이 존재할 수밖에 없다.

<참고문헌>

[1]Lakoff, G & M. Johnson. Metaphor We Live By [M]. Chicago: University Press, 1980.

[2]임지룡. 인지언어학[M]. 탑출판사, 1997.

[3]이미영. 신체어의 은유와 환유 -국어 담화 분석을 중심으로-[D]. 부산외국어대학교 석사학위 논문, 2001.

[4]임지룡. 의미의 인지언어학적 탐색[M]. 한국문화사, 2008.

[5]안현정. 신체어의 은유와 환유 연구-영어 hand와 foot을 중심으로 -[D]. 부산대 학교 언어학석사 학위논문, 2006.

[6]홍사만. 국어 의미 분석론[M]. 한국문화사, 2008.

[7]김보경. 한국어 신체어의 은유와 환유[D]. 상명대학교 석사학위 논문, 2000.

[8]李範烈. 현대중국어 신체어의 은유와 환유— '머리', '눈', '손'을 중심으로[A]. 중국어문학논집[C](61), 149-172, 2010.

[9]陸遁. 韓·中 身體語의 意味 擴大 硏究 -눈, 코, 입, 귀를 中心으로-[D]. 中央大學校 碩士學位論文, 2011.

[10]周健, 陈萍. "眼"的隐喻说略[J]. 修辞学기, 2005 (2).

[11]孙红娟, 赵宏勃. 汉韩"眼"的隐喻对比研究[J]. 语言文字应用, 2007.

<사전류>

『표준국어대사전』(2000), 국립국어연구원, 두산동아.

『漢語大詞典』(1993), 中國漢語大詞典編輯委員會, 漢語大詞典出版社.

<말뭉치>

국립국어원 언어정보나눔터:https://ithub.korean.go.kr/user/main.do

北京大学中国语言学研究中心(CCL):http://ccl.pku.edu.cn/corpus.asp

从《爱在流放地》中人物形象看巴哈·塔希尔的人道主义思想

■ 天津外国语大学　蔡青青

【摘　要】小说《爱在流放地》以1982年黎巴嫩大屠杀为叙事背景，讲述了一名记者被流亡到欧洲在面对流亡生活、战争纷扰与政局重压下内心的挣扎与痛苦，同时也塑造了一些在黑暗中追求真我与生命意义的人物形象。作品始终贯穿着人道主义主线，为我们讲述了在战争纷扰与时局动荡下人们对自由平等的渴望、对黑暗不公的控诉以及对公平正义的执着。人道主义是文学中的灵魂，而一本小说中的人物也恰是文学的精髓所在，作家的思想往往从其笔下的人物中体现，从小说中不同的人物形象来探究巴哈的人道主义思想，有助于我们能更好地理解巴哈·塔希尔的精神世界，不仅可以加深我们对巴哈·塔希尔作品的认知，而且对人性道德的审视和优化以及深化以人为本的思想有着很强的现实意义。

【关键词】人物形象；巴哈·塔希尔；流亡；人道主义

一、人道主义思想及巴哈·塔希尔的人道主义观

（一）人道主义思想概述

人道主义起源于人道、人文思想。自古以来，中国便对人道主

义有着深深的感悟，傅斯年先生早已指出："春秋时人道主义固以发达。"而《易传》中也有涉及："有天道焉，有人道焉，有地道焉。"可见对人道、人本的重视自古便有。追根溯源，"人道主义"一词，由Humanitarianism[①]译述而来。王爱君在其《人道》一书中有如下记载："人道主义，在文艺上系鼓吹自由思想的主义，原在排斥教会的束缚，以人道取代神道，亦为人文主义的展现，在伦理上则与博爱主义相同，主张超越人种、国家、宗教等所有的差别，承认人人平等的人格，互相尊重，互相扶助，以谋人类全体之安宁幸福为理想的主义。"也就是说人道主义就是以以人为本为根本前提，尊重人的生命权、生存权，倡导维护人的一切权利，提倡人的自由意志，坚决反对任何危害人的行为，弘扬人性中的爱与善，反对人性中的邪恶与暴力，呼吁良知。

人道主义思想，起源于欧洲文艺复兴，法国资产阶级革命时期，人道主义的内涵被具体化为"自由""平等""博爱"，他们反对基督教、封建专制主义，倡导理性。他们认为人除了要利己自爱，还要利他爱群，除了要有情欲和感官的需要，也要有理智和道德的需要。因此，一方面他们推崇以自由、平等为内核的个人权利和尘世的幸福生活，提倡合理的利己主义，即有法律、道德、理性等限制的利己主义；除此之外也要求人们爱世上的所有人、宽恕一切，鼓励人们自觉自愿地为他人的利益和幸福献身。

19世纪人道主义的发展更为深入，英国著名作家狄更斯、俄国大文豪托尔斯泰的作品都具有深深的人道主义思想。他们的人道主义注重利他意识，充满对他人的"爱"以及对社会的关怀。而现如今的人道主义思想具有广泛而深刻的意义，尊重人的平等权利，维护人们的基本利益，肯定人的价值。人道主义是个永远不会过时的精神意志，世界各国文人志士都矢志不渝地在传播这种精神，以期人道主义能够引发人们对人性的思考，对爱的关注，从而使人与人之间友善和谐，社会更加

---

① 详细参见百度翻译，Humanitarianism：人道主义；博爱主义；<宗>基督凡人论。

美好。

（二）巴哈·塔希尔的人道主义观

巴哈·塔希尔是20世纪90年代埃及的作家、小说家、翻译家。2008年其作品《日落绿洲》荣获阿拉伯小说国际奖（阿拉伯布克奖）[①]。同年凭借《爱在流放地》，巴哈·塔希尔力压群雄，将意大利爱资亚特尔奖也收入囊中，同时，《爱在流放地》这部小说在1995年荣获埃及最优秀小说奖，被列为20世纪阿拉伯最好的100部小说之一。

巴哈·塔希尔1935年出生在吉萨省，尽管他出生地和成长地是开罗，他的家乡却是在埃及南部的乡村，那是他父母出生和生长的地方，在写作方面，他的母亲对他的影响颇多，在他幼年之时母亲经常为他讲述家族种族间充斥着恩恩怨怨与敌对冲突的传奇故事，民族、种族、宗教这些问题在他的心中产生了萌芽，引起了他对于历史发展中宗族、民族问题的关注，为他以后的创作风格做了铺垫。

在纳赛尔[②]执政期间，他十分关注纳赛尔提出的埃及发展计划，对纳赛尔带领下的埃及充满希望，萨达特上台后，他因与当局政见不同被指控为"赤色分子"，在作品中他直言不讳地揭露了当时的政治形势，1975年因为其政治倾向问题被开罗广播公司解雇，流亡到海外，辗转于各国，后居住在日内瓦并在联合国担任翻译工作，并在瑞士生活了14年之久，在此期间，巴哈·塔希尔创作了很多好评如潮的佳作名篇，而《爱在流放地》这部小说便是最有代表性的一部，而且书中的主人公与巴哈·塔希尔的经历十分相似，读者能充分地感受到这部小说便是

---

① 阿拉伯小说国际奖，也称阿拉伯布克奖，由阿布扎比于2007年设立，由阿布扎比文化旅游组织提供资金支持，这一奖项专门针对小说领域，获奖者将被赠予五万元美金的奖励。

② 贾迈勒·阿卜杜·纳赛尔：阿拉伯埃及共和国的第二任总统，被认为是历史上最重要的阿拉伯领导人之一。他执政期间，曾是阿拉伯民族主义的倡导者。

巴哈在流亡期间的心声与对生活的倾诉。而正是由于巴哈·塔希尔坎坷磨难的人生经历与社会阅历，他对"生"的理解有了不同于常人的感悟，对于"人性"的关注愈发深刻。英国《卫报》这样评价巴哈·塔希尔："当新生代作家关注开罗习以为常的那些故事时，跨代际作家巴哈却四十年如一日地关注爱、死亡、流亡这样深刻的人性话题。"（黄兰，2011：3）

巴哈·塔希尔的作品中也渗透着浓浓的人道主义情怀。他的作品大多涉及各民族、东西方文化间的冲突与摩擦，由此引发的误会、战争、迫害等社会矛盾以及导致的很多悲剧，从巴哈·塔希尔文笔中我们可以深刻感悟到巴哈·塔希尔想通过他的文学创作使人们能够超越种族、文化、宗教的偏见，以期建立各民族和谐共存的美好愿望，使社会充满人道主义关怀。在其1991年写就的著名小说《索菲亚姨妈与修道院》中通过描述了穆斯林与科普特基督徒之间的仇视与宿怨，深刻表达了对信仰伊斯兰教的穆斯林与信仰基督教的科普特人应该和谐共存的人道主义观点。其2008年写就的小说《日落绿洲》涵盖了后殖民时代人类生存中的诸多冲突，刻画了人类在追求幸福与生命意义的渴望，《开罗时报》曾这样评论，"这种广阔的人道主义观就隐藏在小说中现今与过去的交织融合下，他推动着作者诉诸东西方的宽容对话，一种摒弃仇恨与宽容的对话。"（黄兰，2011：7）而《爱在流放地》这部小说涉及了1982年贝鲁特的大屠杀事件，深刻揭露了种族仇视所带来的后果，字里行间中深刻地表达了对种族冲突与争端过程中对社会不尊重人生存权与生命权的控诉。

二、《爱在流放地》中人道主义思想在人物形象上的体现

《爱在流放地》是以1982年萨布拉与夏蒂拉大屠杀为背景，小说以第一人称为叙事视角，讲述了一名记者的流放生活。这名记者作为支持已故总统纳赛尔分子而被埃及当局排挤，由于他的政治文笔已经不适应

当时开罗的局势及当局的思想，被开罗的报社"流放"到其在瑞士的分部，在瑞士的报社中他写的稿子也很少被采用。在1982年黎巴嫩大屠杀发生期间，他想报道战争滥杀无辜、蔑视人权的行为却无处可诉，这使他倍感无力和脆弱，他虽奋力抗争但仍敌不过命运的捉弄，最终，自己心爱的人迫于当时的政治形势离自己而去，而自己带着一腔的悲愤与无奈跳下了山崖，结束了自己倍感无力的落魄人生。虽然小说以悲剧结尾，但主人公与命运的挣扎以及作者塑造的一个个鲜活的人物形象乃是小说中的一大亮点，本章通过分析在小说中的女性形象、边缘人形象以及正义者形象来分析作者在小说中渗透的追求正义平等、呼唤人道关怀的情感。

（一）崇尚独立、渴望平等的女性形象

在巴哈·塔希尔的小说中，"女人不仅仅是女人"，从某种意义上说代表了国家，是国家人格化的象征。巴哈·塔希尔的小说中描写了来自不同国家的女性的形象特点，小说主人公的心爱之人玻莉吉特来自奥地利，代表了独立自主的西方女性形象，而主人公的前妻以及主人公的女儿，则是代表了倡导女权主义的埃及进步女性。"女性的觉醒和解放是现代化进程的重要根基之一"，巴哈·塔希尔对这些不同国家人物的塑造，为我们呈现了广大女性应有的积极面貌，明确了提高妇女的地位、尊重妇女的权益才是世界应该重视的问题，《爱在流放地》代表了巴哈·塔希尔的力量和信念，同时也表达了其关注女性命运，积极推进妇女解放运动的深厚的人道主义关怀。

小说主人公的心爱之人玻莉吉特是一位独立自主、拥有着极高的自由意志的女性。穆勒尔曾对她说："如果当初遵从你父亲的心愿学习法律便也许就不会是这幅光景。"但是波丽吉特毅然决然地说："我很喜欢我现在的工作，穆勒尔博士，我觉得这份工作比起埋头法律案宗和书写辩护状来说要胜过一千倍。与归国相比，我更喜欢留在这。"
（بهاء طاهر، ٢٠١٦: ٦٢）

从波丽吉特的话语中我们可以看出她是位很有主见的女性，她不喜欢听从父亲的安排，只遵从内心的想法，并且做出了决定就不会后悔。文章中也说到波丽吉特和她的前夫阿勒伯拉在结婚时因为种族不同，两人的感情受到了家庭与社会的强烈反对与鄙夷，但是波丽吉特仍然愿意坚持下去，不理会世俗的眼光。她在她的自述中回忆到，当时是这样对她父亲说的：

"就算家乡所有的人与我断绝往来我也在所不惜。阿勒伯拉就是我的家乡，其他人都与我没有关系。"（بهاء طاهر،١٣٢:٢٠١٦）

文中还有一位女性，是主人公的前妻玛娜尔，玛娜尔同样是有着独立思想，同时也是积极倡导女权主义、号召妇女解放的一位进步女性。玛娜尔与主人公同样都是一名记者，两人也是因为工作结识，当时玛娜尔的家人坚持让她早点结婚，为她介绍交往的对象，但是玛娜尔却拒绝家里人把她像商品一样介绍出去，小说在主人公对其前妻的回忆中这样描写：

"他们再三要求想让她结婚，并把她像商品一样地介绍给上门来求婚的人，她绝不会以这种形式结婚，她要自己选择结婚的对象，为什么只有男性有选择配偶的权利？"（بهاء طاهر، ١٠:٢٠١٦）

从这段话中我们能深刻地体会到玛娜尔心中蕴藏的那股渴望自由、平等的意志，她在报社中专门负责妇女栏目，经常发表关于为女性权利发声，号召男女平等的文章。

小说中也提到主人公的女儿哈纳蒂在与主人公通电话的时候说到哥哥哈立德限制她的自由不许她去俱乐部，主人公便对哈立德说要让哈纳蒂做她想做的事，不要限制她的自由，但是哈立德很反对并在电话里与主人公起了争执，执意要管束她，在最后主人公的严厉斥责下哈立德同意了让哈纳蒂做自己想做的事不再限制她的自由。主人公的这一举动表现了他对于女性自由自主这方面给予了很大的宽容性，从中我们也能够看出作者在小说中想表达的意愿，也就是支持女性拥有独立自由的思想，倡导男女平等。

巴哈·塔希尔曾说过他所向往的埃及梦是社会公平，妇女拥有她们的权利，男女平等。可以看出巴哈·塔希尔用细腻的笔触和细节塑造的这些女性角色，仿佛赋予了她们灵魂与生命，让我们能感受到一个个鲜活的自主独立的女性形象跃然纸上。

（二）受到压迫、夹缝生存的边缘人形象

边缘人这一概念最早由德国心理学家 K.勒提出，泛指对两个社会群体的参与都不完全，处于群体之间的人。[①] 狭义地说，边缘人是指各个方面都脱离主流社会群体的人，小说中所塑造的边缘人主要是异国流亡者，他们受到迫害背井离乡，在不同的文化与社会群体中谋求认同、顽强挣扎，巴哈·塔希尔正是通过刻画这种在夹缝中的生存的边缘人形象，来呼吁我们更应该在这种困境中谋求公正，同时也呼吁社会来展现更多的人道主义关怀。

巴哈·塔希尔在一次访谈中说道："我曾生活在社会的边缘，这是很大的损失，但是好在我没有迷失自己"（2004、البهاء حسين），因为有自身的经历，所以在塑造边缘人形象的时候能够了解流亡中的边缘人的心理状态，主人公的形象与巴哈·塔希尔自身的经历很相似，仿佛就是巴哈·塔希尔在流亡生活中的真实还原，巴哈·塔希尔也说过在流亡时期的日子很煎熬，但是在异国他乡他并没有迷失自己，仍然坚持创作，找寻心中的自由，也正是流亡中经历的痛苦如此之深，才让他有超出了平常人一般的感悟，才能成就不少振奋人心的经典之作。

在政局重压下，主人公不能如实公正地报道文章，只能写一些无关痛痒的花边新闻，这对于一名有着强烈社会责任感和人道主义观念的记者来说，无疑是莫大的煎熬和痛苦，在大屠杀发生后，主人公屡次为报社写稿子期待能把事实报道出来，希望能用自己的记者的身份为人们还原真相，但由于当局的重压，他所抒写的"真相"却无人问津，在无奈

---

① 详细参见百度百科"边缘人"。

与焦灼之下他病倒了，医生不允许他接触有关新闻、报纸的东西，但主人公仍坚持己见想书写真相，在文章中主人公通过独白这样写道：

"无论医生和玻莉吉特怎样劝告我不要再次提笔来与这个打垮我的世界对抗，我也要祛除我心灵上的铁锈来直面这个世界。"（بهاء طاهر ، ٢٠١٦:٢٠٢）

小说中主人公的这段心理刻画，生动地表达了在当局政坛重压下对自由的渴望与向往，巴哈也借主人公之口吻诉说出自己对自由的期盼。在心理学上，自由是按照自己的意愿做事。就是一个人能够按照自己的意愿决定自己的行为。但是如果受到了外界的强制和干预，就是不自由了。准确来说，自由是一种意识，这是人的基本权利，也是人道主义思想中的基本内涵。主人公身处异国他乡，在黑暗政局的重压下夹缝生存，在病体未愈的情况下也要重归文坛，再次提笔书写正义，这正是主人公心中对自由的呼唤。

而在小说中还有另外一位不可忽略的人物，那就是皮特罗，皮特罗是智利政权更迭下的牺牲品，作为司机的他因为搭载了一个被国安局追赶的乘客，被国安局的官员严刑逼供，受到了非人般的虐待，而他的弟弟也因此受电刑致死。在记者会上皮特罗坦言了自己饱受痛楚的经历以及受到国安局的残忍的对待，希望能把这种践踏人权的不公公之于众，但仍然没有人愿意为他发表此事，最后皮特罗被逼无奈离开了"国际医生组织"为他安排的宾馆，开始了自己的流亡生活，因为他知道自己无处申冤，所谓的"国际医生组织"声称为他鸣不平，其实只是打着人权的幌子，并没有真正的能力为他们找回公道。而他迟早还是要被送到逃亡者的收容所中。所以他便又开始了流亡的生活，这种夹缝生存的边缘人形象深刻地表现了巴哈·塔希尔呼吁良知与公道的人道主义关怀。

（三）追寻公正、不畏强权的正义者形象

巴哈·塔希尔把他的人道主义情怀赋予在很多他塑造的角色中，而其中最大的亮点莫过于追求公正、不畏强权的正义者形象，巴哈·塔希尔通过塑造这样一种形象，寄托了对实现人道主义的美好愿景。而小说中的伯纳尔与易卜拉欣便是这种形象的典型代表，伯纳尔是瑞士《前进报》的记者，他在面对黎巴嫩大屠杀后，不顾政局重压，毅然决然地为大屠杀吐露正义之声，决心要把大屠杀这种惨绝人寰的恶行公之于众，同时也控诉了冷漠的政坛，在文章中这样写道：

"最近我们这个自由的国度得了一种奇怪的病，他变成了哑巴，对侵犯人权的罪行不闻不问，仅仅是因为这些罪行是希伯来国家所犯下的。那边的记者想要写出他们亲眼目睹的罪行，但是却没有人给他们发表。"（بهاء طاهر، ٢٠١٦:٢٥٥）

伯纳尔当然知道，写出了这篇文章之后，便是正式反对希伯来国家，反对报社反对他的话语便会铺天盖地而来，但是他不在乎，他唯一的心愿便是能把真正的公道还给人民，把赤裸裸的真相还原给大众，并以此来呼唤公道和正义。

文中还有一位不容忽视的人物便是主人公的老朋友易卜拉欣，易卜拉欣是一名在贝鲁特工作的记者，在记者会中与主人公偶遇，在小说中他一直想把以色列对黎巴嫩民众的不人道、不关注平民的生存权的恶行公之于众，但迫于局势，那些资料发表难如登天。而在他亲眼见到了大屠杀的惨状后，病入膏肓的他情绪激动地通过电话向主人公诉说大屠杀后尸堆成山的惨状，并要求主人公把他所说的关于大屠杀的场景写下来，文中这样说道：

"易卜拉欣生气的喊道：把我告诉你的写下来！在塞布拉，苍蝇堆覆盖在尸山上，不，删掉，删掉苍蝇，这有什么重要的？我不能思考了，你等等……不好意思，苍蝇就在我耳边嗡嗡叫……这个地方已经不能写文章了，在反抗势力离开之后，他们封了我们所有的报纸，我想尽快告诉你我看到的一切，你必须要记下来。"（بهاء طاهر، ٢٠١٦:٢٥٧）

文中易卜拉欣病中已经语无伦次，但仍坚持想把亲眼所见的惨状转述给主人公，报纸被当局查封，他无处可诉，但重重阻碍也阻挡不了易卜拉欣想把公道与正义公之于众的渴望。巴哈正是通过小说中人物的这

种信念让我们看到正义与公道能够实现的希望，黑暗战胜不了人道，只
要仍然有一群人在为正义努力着、呐喊着，那我们所期盼的人道社会终
究会到来。

三、巴哈·塔希尔人道主义思想的现实意义与价值

知名作家孙犁说过："凡是伟大的作家，都是伟大的人道主义者，
毫不例外的，他们是富于人情的、富于理想的。把人道主义从文学中拉
出去，那文学就没有什么东西了。"小说《爱在流放地》发表后便得到
了文学界广泛好评，埃及著名评论家舒克里评论该小说为"现实主义小
说的新典范"，其原因除了其高超的叙述手法与深入人心的故事情节外，
便是由于此小说准确把握了当时时代的主脉和征兆，深刻揭示了当时最
尖锐最敏感的社会现状，生动传递了平民阶层的内心诉求，字里行间里
蕴含着浓重的人道主义情怀。

《爱在流放地》便是以人性为出发点，对任何伤害人生存权、生命
权的行为发出强烈的抗议，在政局动荡、战争肆虐的当时，巴哈·塔希
尔人道主义的呼声就像是黑暗中的一缕火光，但星星之火，可以燎原。
在当时巴哈被流放的日子里写出这样一篇具有现实意义的好文，无疑是
给当时的埃及乃至阿拉伯社会的一剂良药，巴哈·塔希尔曾说过："文
学在自由或不自由的氛围下都会繁荣，因为文学作品是对生活中不公与
冤屈的讨伐檄文，也许在失去自由时传播可能会受阻，但是当创作繁荣
了，当自由存在的时候，这种繁荣也就会随之而来了。"无论处于何种
境地，文学都能让这个社会、这个世界变得更好，《爱在流放地》代表
了巴哈·塔希尔的意志和信念，表达了其向往公平正义、自由民主的人
道主义信念。

一部好的作品是能够通过时间检验的，在漫长的时间中其意义与价
值也毫不褪色，巴哈·塔希尔在《爱在流放地》中所体现的这种人道主
义情怀不仅是当时社会所需要的，在21世纪的今天也同样需要。在物

质文化高度发达的今天，有些地方确实还存在着严重的亵渎人权、侵犯人生命权等不人道的行为，各种人道主义危机事件此起彼伏，种族纷争、妇女歧视等现象仍然存在，人道主义精神的缺失导致的战争危机、道德危机、信仰危机正在逐渐地影响着我们的人生观和价值观。巴哈·塔希尔通过塑造小说中不同的人物的性格、行为，为我们呈现了一群为获得自由平等而执着抗争的人，这种对强权的无畏无惧，在黑暗中奋起反抗的意志，这正是我们当今社会应该秉承的人道主义精神。

四、结语

"文学即人学"，对人的描述可以说是文学的精髓。古往今来，众多作家在创作时都把自己的思想赋予在笔下活灵活现的人物中。巴哈·塔希尔通过对小说人物的细致刻画把其人道主义关怀渗透在文本中，为我们呈现了半个多世纪阿拉伯世界在社会动荡、战争肆虐的状况下的人道主义存在的困境，笔尖中流淌着对人性的渴望与对亵渎人权的痛感，并以此来引发读者对当今社会人道主义现状的关注与思考。

通过分析小说中的人物形象可知，巴哈·塔希尔通过塑造崇尚独立、渴求男女平等的独立女性形象体现了他对女性独立的支持与赞赏，也体现了他关注妇女命运，积极推动妇女解放运动的人道主义思想。而通过刻画受到政局排挤、压迫，在流亡他乡中谋求认同的边缘人形象，通过他们对时局的抗争，表现了他们渴望自由与公正的心理以及对社会人道主义关怀的呼唤，同时还描述了对于政局重压下不畏强权、勇于呐喊的正义者形象，体现了巴哈·塔希尔对实现公平、正义等人道主义精神的美好期待。巴哈·塔希尔赋予了其笔下的人物以人道主义信念，而这种人道主义思想永远不会过时，他具有警示世人、发人深省的作用，在追求权力、追求物质、拜金主义盛行的今天，这种人道主义精神更应发扬，使人人都有追求爱与幸福的权利。

参考文献：

［1］蔡伟良，周顺贤. 阿拉伯文学史［M］. 上海：上海外语教育出版社，2001.

［2］杜丽燕. 人性的曙光：希腊人道主义探源［M］. 北京：华夏出版社，2005.

［3］黄兰. 埃及作家塔希尔长篇小说《日落绿洲》研究［D］. 北京：对外经济贸易大学，2011.

［4］拉蒙特. 作为哲学的人道主义［M］. 吉洪，吴永泉，等译. 北京：商务印书馆，1963.

［5］邹兰芳. 不堪承受的历史之重：评巴哈·塔希尔的《日落绿洲》［J］. 外国文学动态，2010（5）.

［6］赵升平. 论欧美文学中的人道主义主题［J］. 太原师范学院学报，2008，7（1）.

[7] إبراهيم سليمان، الناقد محمود الضبع : أعمال بهاء طاهر موجودة في الذاكرة السردية [OL] ، البوابة، 2015 .

[8] بهاء طاهر ، الحب في المنفى [M]، دار الشروق ، الطبعة الخامسة ، 2016 .

[9] البهاء حسين ، قريبا من بهاء طاهر[M]، المجلس الأعلى للثقافة ، 2004 .

[11] ذكريات الحب في المنفىإيهاب الملاح[OL] ، بوابة الشروق ، 2016 .

[10]سامح قاسم ، بهاء طاهر.. عمر من السرد الجميل [N] ،اليوم الجديد ، 2015.

[11] سمير الفيل ، شعرية البدايات عند بهاء طاهر [J]، منتدى القصة العربية، 2004 .

[12]ممدوح فراج النابي ، الحب في المنفى ، بهاء طاهر والبحث عن الهوية [OL]،الروائي، 2011 .

中阿文化产业项目中主导语言的选择

——由埃及"泰达欢乐谷主题乐园"建立引发的思考

■ 天津外国语大学　刘志强

【摘　要】2015年7月"泰达欢乐谷主题乐园"正式开业运营，打响了"一带一路"倡议下中国企业在非洲大陆率先成功实现文化"走出去"战略产业化投资的第一枪，它的建立有着不同文化"引进来"和"走出去"的背景。同时中华文化、中国语言文字要走向世界、走向未来，必然要将本土语言作为主导语言。本文将通过"泰达欢乐谷主题乐园"在埃及建立这一事件，对中阿文化产业项目中语言使用这一问题做出一些浅显的思考。

【关键词】中阿文化产业项目；泰达欢乐谷；一带一路；锁语条款

过去的2016年是中埃建交60周年，1月份中国国家主席习近平首次访问埃及，期间在埃及《金字塔报》发表了富含深厚民族感情的文章《让中阿友谊如尼罗河水奔涌向前》，随后在埃及古都卢克索与埃及总统塞西一起宣布启动2016中埃文化年活动。7月首届中非文化节在埃及首都开罗成功举办，加深了中国和埃及以及和非洲国家间的文化交流与合作。10月阿拉伯舞蹈音乐盛宴在北京公演，让中国观众近距离饱飨了丰盛的异域文化大餐……

以往包括中埃两国在内，中国和阿拉伯国家、非洲国家间的文化交流多是以"飞来飞去"的形式进行,文化交流并未以实体产业的形式在非洲大陆落地生根,2015 年 7 月位于中国·埃及苏伊士经贸合作区(منطقة السويس للتعاون الإقتصادي والتجاري)内的"泰达欢乐谷主题乐园"(以下简称"欢乐谷")正式开业运营,这为中国企业在非洲大陆实现海外文化实体投资首开先河。

一、"欢乐谷"建立背景

"欢乐谷"坐落在中国·埃及苏伊士经贸合作区(以下简称"合作区")的起步区 1.34 平方千米内,项目总面积 25000 平方米,包括恐龙世界、汽车世界、糖果世界和水世界四个部分,由埃及泰达投资公司投资建设并运营,于 2015 年 4 月试运营,2015 年 7 月正式开业。"欢乐谷"所在的"合作区"自 2008 年开启大规模建设以来,到 2012 年底起步区基础设施基本建成,实现道路、水电、燃气、宽带和电信"五通";到 2014 年底,起步区全部建成,投资累计超过 9000 万美元,[①] 拥有公司化治理结构的投资服务中心大楼,62 家入驻企业(包括如便利店、理发店、药店、诊所、幼儿园和教育培训机构等在内的小型商业服务业企业),初步形成了以石油装备、高低压电器、纺织服装、新型建材和机械制造在内的五大产业园区,可以说这里俨然成了一个小"泰达"(英文 TEDA 译音即"天津经济技术开发区"英文 Tianjin Economic-Technological Development Area 的首字母缩写)。但是作为一个在中国国内已然以"城市"模样存在的泰达,在"合作区"里的小"泰达"好像还是欠缺了一点什么。

2013 年天津泰达投资控股有限公司(埃及泰达投资公司控股股东中非泰达投资公司母公司)董事长张秉军在《中埃苏伊士合作项目 15

---

① [镜鉴]习近平主席访后记:最高级别和最佳推介大使 [EB/OL]. 人民网-国际频道. (2016-04-25). http://world.people.com.cn/n1/2016/0425/c1002-28303157.html.

周年报告》中说："天津开发区已拥有十余年的运作经验，1998年初，国务院正式指定由天津开发区承担此项目，实际上就是在苏伊士地区复制天津的'泰达模式'。"① 而所谓的"泰达模式"，张说："就是指由一个企业全面负责一个区域的建设。"② 既然"合作区"是"泰达模式"在埃及的复制，那么我们就从文化产业投资这个角度看看"泰达"近几年在商业模式下是如何发展文化产业，并由此积累经验，成功"走出去"在埃及建立"欢乐谷"的。

（一）把"永旺梦乐城""引进来"

"永旺梦乐城"全称是永旺梦乐城泰达购物中心，于2010年10月29日在泰达时尚广场正式开业。这是从日本永旺集团"引进来"的一个包括超市、儿童主题乐园、影城、专卖店及美食街等在内的大型综合体项目，尤为吸引眼球的就是其中的儿童主题乐园，把充满着日本语言文字的游艺设备和富于日本文化的"永旺莫莉幻想世界"③ 带到了泰达。接着在2012年4月"永旺梦乐城"天津中北店开业，2014年1月"永旺梦乐城"天津梅江店开业，不到5年的时间在天津地区已然达到3家。在2013年8月份，天津经济技术开发区管委会与永旺梦乐城株式会社就在泰达成立"永旺梦乐城（中国）投资有限公司"签订了投资合作协议，将公司总部设在了泰达。④ 可以看出泰达在把包含儿童主体乐园这一文化产业投资在内的"永旺梦乐城"项目请进天津地区成果斐然。

---

① 中埃苏伊士合作项目15周年报告［EB/OL］. 经济参考.（2013-05-16）. http://jjckb.xinhuanet.com/2013-05/16/content_445182.htm.

② 中埃苏伊士合作项目15周年报告［EB/OL］. 经济参考.（2013-05-16）. http://jjckb.xinhuanet.com/2013-05/16/content_445182.htm.

③ 为永旺幻想（中国）儿童游乐有限公司旗下店铺，2007年成立，以莫莉幻想为主要品牌，在大型购物中心内面向12岁以下儿童和家人开设室内儿童游乐园。

④ 开发区与永旺梦乐城签署投资合作协议［EB/OL］. 北方网.（2013-08-16）. http://news.enorth.com.cn/system/2013/08/16/011231339.shtml.

（二）通过借鉴和吸收"永旺梦乐城"经验，发展壮大自己的大型综合体项目

永旺株式会社成立于1926年，进入中国市场以来其在华的投资企业不管是永旺（中国）投资有限公司还是永旺梦乐城（中国）投资有限公司都是外国法人独资企业性质，换句话说，不论是企业文化、经营理念还是管理模式都是日本的。众所周知，把外国投资者"引进来"不仅是吸引外资，更重要的是学习人家先进的经营理念和管理模式，在这一点上泰达在积极学习和借鉴中身体力行，2014年12月开业的泰达时尚广场购物中心就是一个很好的证明。该购物中心是泰达集团出资建设并自主经营的涵盖有大型室内儿童主题乐园（嘉文梦幻国王儿童主题乐园）、百货、餐饮、健身等丰富业态的大型商业综合体，而其中作为商业模式下文化产业投资项目的儿童主题乐园特别为中国小朋友设计，使他们既可以体验国际流行游戏项目带来的乐趣又浸透在中文的世界里。

（三）"走出去"把主题乐园带到合作区

埃及无论在地理位置上还是战略布局中历来都是占有举足轻重的地位，"阿拉伯之春"运动后埃及局势的发展成为阿拉伯世界的风向标。毛泽东同志于新中国成立之初，国内经济建设方兴未艾之际在《中国人从此站起来了》一文中写道："随着经济建设的高潮的到来，不可避免地将要出现一个文化建设的高潮。"[①]那么随着埃及"向东看"的发展战略和中国"一带一路"发展模式的对接，其新首都的造城运动、新机场的建设等等都不可避免地像毛泽东同志判断当初新中国成立之初建设发展的趋势一样，必然对文化实体项目建设有新的要求。试想一个成为国家化新型大都市的埃及新首都怎么可能没有文化实体设施呢？如果把"合作区"看成一座"小城"，"欢乐谷"的建立不正是各种配套设施齐

---

① 毛泽东：《中国人从此站起来了》，《毛泽东文集》第五卷，人民出版社，1996年，第345页。

全的"小城"里不可或缺的一个文化实体吗？同时这也为中国企业"走出去"承揽各项埃及新首都基础设施建设提供了一个"示范模板"，以此充分证明中国企业有足够的能力和实力来建设一个包含文化产业设施在内的现代化大都市。正是在这样的一个不可错过的发展时机上，合作区经过1年多调研、建设、筹备后，于2015年4月将"欢乐谷"呈现在非洲大陆上。

从"欢乐谷"建立的背景分析我们可以总结出泰达走的是一条"引进来"—学习、借鉴、吸收—"走出去"的踏实自信的道路，更是一条实践—认识—实践的马克思主义科学道路。实际在非洲大陆文化实体投资历程中并不是"合作区"走在最前面，2009年深圳华强方特集团与南非签订了投资总额达2.5亿美元的约翰内斯堡主题乐园项目①，但由于种种原因时至今日进展情况鲜见报端。可以说"欢乐谷"起步虽然晚于深圳华强方特集团，但却是在非洲大陆上先拔头筹。

二、文化交流尤其是产业项目中对语言使用问题的一些思考

文化的交流互鉴是全球化背景下一个国家文化软实力中不可缺少的组成部分，而一个国家文化软实力又是其综合国力的重要体现。2011年10月，党的十七届六中全会审议通过了《中共中央关于深化文化体制改革、推动社会主义文化大发展大繁荣若干重大问题的决定》，这是我们党从战略的高度对我国文化发展做出的纲领性指导，其中在"推动中华文化走向世界"一节指出："促进文化相互借鉴，增强中华文化在世界上的感召力和影响力……实施文化走出去工程，完善支持文化产品和服务走出去政策措施。"这就不可避免地把如何建立和完善一套有效

---

① 主题公园：引进与输出［EB/OL］. 人民日报海外版，第04版.（2009-06-15）. http://paper.people.com.cn/rmrbhwb/html/2009-06/15/content_274651.htm.

的文化交流机制提到议事日程。文化交流简单的理解就是发生于两个或者多个具有文化源差异的关系之间旨在互通有无、增进文化发展，平等互利的往来。不管是采取何种形式都离不开人，也都希望达民心相通的效果。2015年3月，经国务院授权发布的《推动共建丝绸之路经济带和21世纪海上丝绸之路的愿景与行动》（以下简称《愿景与行动》）"合作重点"章中提出：民心相通是"一带一路"建设的社会根基，传承和弘扬丝绸之路友好合作精神，广泛开展文化交流、学术往来⋯⋯青年和妇女交往等，为深化双多边合作奠定坚实的民意基础。文化"走出去"不是简单地送出去，而是要能够走进世界上各国人们的头脑和心灵[①]。青少年作为跨文化交流中最为活跃的主体，不但是文化交流中马力最为强劲的"发动机"，而且也是文化交流中重点培养的驱动力量。

同时要看到我们的海外文化战略也随着中国的对外关系政策不断发展变化，海外文化产业投资在当今市场经济条件下也必然走向商业模式的道路。商业模式下的文化交流也会呈现出许多不愉快的接触甚至激烈的碰撞，这里从国内沉浸在日本语言文字以及日本文化的"永旺梦乐城"儿童主题乐园和在阿拉伯语为官方语言的埃及"合作区"使用英语作为工作语言，两个方面存在的问题做一些浅显的思考。

（一）由"永旺梦乐城"中遍布日本语言文字的儿童主题乐园引发的，"引进来"文化产业项目中语言使用问题的思考

"永旺梦乐城"作为大型商业综合体进驻泰达也带来在日本流行的儿童主题乐园项目，其中包括诸如小型的旋转木马、"电车"游戏、新干线小火车等带有日本特色的游艺设备，还有"拉啦"和"依呦"两只卡通小松鼠为主角的永旺莫莉梦幻世界。其营销策略不在这里探讨，值得我们思考的是这些游戏设备和以卡通人物为主角编排的游戏节目统统都是在日本语言文字环境中运行或表演，处处体现的都是日本文化在商

---

① 李君如：《中国道路与中国梦》，北京：外文出版社，2013年，第193页。

业模式下自由地传播，让中国受众面对这样的异域文化无从下手。我们曾对法国作家阿尔丰斯·都德《最后一课》所描述被迫学习别国文字的悲伤而感同身受，基于中日之间不能忘却的历史原因，面对没有相应中文翻译的日本文字和内容大意的游戏节目，是否会对成年人造成感情的伤害，抑或对儿童产生一种潜移默化的影响，不能不重视。在商业模式下的文化产业投资中，可以把诸如新干线小火车等游艺设备看成一种文化产品，而把"拉啦"和"依呦"卡通形象为主角编排的节目看成一种文化类服务，笼统看作是"精神食粮"的范畴。那么我国对于进口食品——真正食用的东西，在法律层面上的规定是相当严格的，其中一条就是必须制作中文标签，将生产商、进口商、原料、生产日期等关键要素以中文形式告知消费者，让消费者在购买时充分了解这是个怎样的东西，保障了知情权的实现。但对于进口的"精神食粮"——这种商业模式下的文化产品和服务还没有"中文标签"的强制性规定。儿童主题乐园主要面向儿童和青少年，而大多数未成年儿童必然在家长的陪伴下游玩，一方面他们面对的是异域文化产品和服务的强大吸引力，另一方面又是对解读异域文化的无所适从。究其原因，不难看到最直接的是在可以意思自治的"引进来"合同里没有将异域文化产品和服务中语言使用条款予以利于国民的约定，而更深层次的原因是没有把文化交流中本土语言主导的意识树立起来，因此造成了商业模式下异域文化呈现出"毫无顾忌"的传播。

（二）海外"合作区"在阿拉伯语国家使用英语作为工作语言

2016年初，已75岁高龄的朱威烈教授在接受《中国日报》采访时说："中阿之间的交流经常需要通过第三方如西方媒体来实现，而不是直接交流。"[①]这也是对目前"合作区"在阿拉伯语为官方语言的埃及使

[①] 朱威烈谈中阿文化交流现状：缺直接交流、互译［EB/OL］. 中国日报网.（2016-01-20）. http://china.chinadaily.com.cn/2016/01/20/content_23172890.htm.

用英语作为工作语言的现状一语中的。

改革开放初期，为了引进外资和加快与国际接轨，英语成了与世界沟通而大范围使用的语言。到了对外开放进入"引进来"与"走出去"并举的新时期，尤其是现今的中国已然作为世界第二大经济体的时候，我们"走出去"投资别国促进其经济发展，尤其是面对阿拉伯语为官方语言的阿拉伯国家，虽不否认英语作为当今世界普遍使用的交流工具，但无论如何它是投资人（汉语）和东道国（阿拉伯语）所使用语言的"外人"。从投资角度并没有充分使用投资者在语言使用上的主导权，立场上讲中国人不管是接受人家投资还是施行海外投资都惯性地使用英语，尤其是文化产业方面，是否忽视了语言的主导作用？中国作为和平崛起的负责任的大国，在参与全球政治、经济和其他国际事务中一直遵循国际通行规则和惯例把英语作为主要的交流工具，然而在文化交流互鉴过程中、体现在商业模式的文化产业投资领域里，对非使用英语为官方语言的东道国是不是也必然使用英语成了一个值得思考的问题。诚然，文化交流也好、文化产业投资也好，都希望将效益快速展现出来，尤其是后者总要最快地发生投资回报，但是要使中国不但作为大国更要作为强国屹立于世界之林，绝对不能忽视作为综合国力的重要组成部分——文化软实力的作用。而中华文化的传播就必然要以中文为主导，要达到与东道国"民心相通"的效果，也就必然要把使用投资人和东道国的语言文字摆在优先选择的位置。

目前"合作区"使用英语作为工作语言的问题笔者认为主要是两个方面的原因：一是"合作区"在商业模式下采用公司结构治理来运作，英语在工作中更有效地发挥它的工具性作用，最大限度地减少交流的障碍，进而快速实现其经济效益；二是埃方汉语人才和中方阿拉伯语人才的储备不足，虽然双方或可以用彼此的语言进行简单的日常对话，但在工作上要达到并行使用中文和阿拉伯文这一目标还是前路漫漫。我们看到在经贸领域里双方或多方为了快速达成合意和实现合同目的，把使用英语看作是一种遵循国际贸易规则和惯例的行为，但是在文化交流方面，尤其是在文化产业投资当中，为了传播中国文化、增强国家文化软实力，最终达到"民心相通"的效果，是否可以逐渐让英语这个"第三方"使用位序向后排一排，让使用投资人和东道国语言的位序向前靠一靠。

这里对在文化产业投资中"引进来"到国内和"走出去"到国外两个方面所存在的语言使用问题进行了一些浅显的思考，这些问题的存在表明中华文化正在世界多极化、经济全球化和文化多样化的潮流中洗礼，市场经济条件下文化产业的"引进来"和"走出去"过程中以语言文字为传播交流工具的文化软实力还在屈服于经济效益，在这方面我们可以换个形象的说法——"精神文明建设"和"物质文明建设"没有两手都硬起来。因此笔者认为在文化产业领域不管是"引进来"还是"走出去"，都要确立中文的主导地位，不管对华投资方使用何种语言，还是中方作为投资人进行海外文化产业投资都不能排除使用中文。"引进来"的文化产业我们"不卑"，"走出去"的文化产业我们也要"不亢"。

三、大胆提出"锁语条款"概念，锁定中文为主导语言

（一）"锁语条款"概念的由来

"锁语条款"（Lock-in Language），笔者粗浅地下个定义为：中国作为外国对华文化产业投资的东道国或作为海外文化产业投资人在对带有文化交流属性的投资项目中有必要锁定使用中文作为主导语言这一条款来签订相关意向或协议。这个"锁语条款"概念中"锁"的字面含义源于英美房地产贷款合同或者股权转让合同中的"锁定条款"（lock-in Clause），前者是在一定期限内禁止贷款人赎回因借贷而抵押出去的东西，而后者多是规定在一定期限内禁止股权的转让，那么这里用锁定中文作为主导语言也有在文化交流中不得排除使用中文的含义。

（二）"锁语条款"的使用在文化发展战略"引进来"中的意义

正如前文对"永旺梦乐城"事件所述，日本永旺集团对华进行的以商业为主的大型综合体投资中，儿童主题乐园作为一个文化产业项目只是其中的一部分，但因为没有相应的"中文标签"，于是出现了中国消费者在远离知情权的状态下钱就被赚走了的现象，而且对于日本文化这样"大张旗鼓"的传播，法律层面的空白造成了一种"喧宾夺主"的错位感。我们文化"引进来"的战略就是让中国老百姓接触更多国外现代化的文化项目，进而助力我们的精神文明建设，但是"只有在所有文化都在享有平等的尊严的原则基础上，现代化的进行才会具有真正的意义"，[①] 显然这要求建立在我们清楚地知道这些设备都"说"了什么，这些节目的大意又如何的基础上，这样才能在平等的有尊严的心理状态下真正获得不同文化之间碰撞与融合的体验，才能最终朝向"民心相通"的效果迈进。"永旺梦乐城"这个事件时刻提醒着我们：我国是一个历史悠久、拥有灿烂文化的文明古国，异域文化产业通过商业模式进入中国，在面对广大中国老百姓时不得将中文排除在外，这是中国发展文化软实力的自尊自爱，也是中华文化自强壮大的必然选择。只有树立发展大国文化软实力的恒心和信心，增强维护中华文化尊严的意识，我们才能在一个个"引进来"的文化产业项目自始至终地锁定中文主导地位，就像每一份买卖合同中必备的"不可抗力"（Force majeure）条款一样，期待我们"引进来"的文化产业项目都把"锁语条款"写入其中。

（三）"锁语条款"的使用在文化发展战略"走出去"中的意义

"一带一路"《愿景与行动》的"框架思路"中指出："丝绸之路经

---

① 参见联合国教科文组织编辑的《世界文化发展十年·实用指南》1995
年版。

济带重点畅通中国经中亚、俄罗斯至欧洲；中国经中亚、西亚至波斯湾、地中海；中国至东南亚、南亚、印度洋。21世纪海上丝绸之路重点方向是从中国沿海港口过南海到印度洋，延伸至欧洲；从中国沿海港口过南海到南太平洋。"从这里我们可以清楚地解读出广大腹地国家中绝大多数都是非英语国家，即我们平常称呼的小语种国家，其中就包括以阿拉伯语为官方语言的埃及。通过前述在埃及"合作区"投资"欢乐谷"事件和"合作区"目前以英语为工作语言的现状，不难看出在商业模式下文化产业"走出去"尚在以经济效益为先的阶段。"欢乐谷"的建立在实体产业的形式下进行着不同文化之间的交流与互鉴，我们要看到埃及作为处在变化时期的阿拉伯世界中的一员"正在寻觅属于自己的文化特征同现代物质文明的最佳结合点"，① 中国的"走出去"战略和"一带一路"倡议正是埃及谋求发展找到的最佳"结合点"。历史表明，不同文化之间的交流互鉴能促进文化的发展，"合作区"在传播中华文化、推广使用中国语言文字方面一直在不懈努力。早在2010年"合作区"就与苏伊士运河大学孔子学院在区内建立了培训中心②，（这一点可说明作为投资人在"走出去"一开始就饱含着对中华文化的自豪感和自信心），2016年初随着"合作区"扩展区6平方千米一期2平方千米土地已经完成交接工作，③ "合作区"发展空间不断扩大、耕耘8年的泰达品牌也逐渐为当地人民所熟知，作为投资控股主体的中非泰达投资公司在10月份又正式成立了泰达学堂和泰达海外研究院，打造以埃及"合作区"为基础的产、学、研三位一体的平台，使得中埃除了经贸关系更加紧密外，两国的文化交流持续深化、人才储备也不断扩充，借用陆培勇教授的话"阿拉伯帝国最为辉煌的时代恰恰就是其文化同世界其

① 陆培勇：《闪族历史与现实——文化视角的探索》，甘肃人民出版社，1998年，第109页。

② 中埃苏伊士经贸合作区与孔子学院共建培训中心［EB/OL］．中国新闻网．（2010-10-15）．http://www.chinanews.com/hwjy/2010/10-15/2590883.shtml．

③ 中埃苏伊士经贸合作区简介［EB/OL］．北方网．［2016-08-12］．http://news.enorth.com.cn/system/2016/08/12/031106097.shtml．

他文化实现最佳融合的年代"，①埃及要实现辉煌，"合作区"要实现辉煌，文化交流互鉴必不可少，这在技术上又必然要发挥阿拉伯语和汉语这一交流工具的作用。同时以我们投资人母语为主导语言，与阿拉伯语并行使用也是中埃两国人民走向"民心相通"的必由之路。随着"一带一路"倡议的推进，商业模式下的文化产业投资也会在沿线各小语种国家陆续展开，锁定中文作为主导语言对深入传播中华文化、加强不同文化交流互鉴和壮大中国国家文化软实力的作用不言而喻。

"一带一路"倡议下包括中阿文化交流在内的和其他非通用语种国家的文化交流离不开外语人才的培养和储备，国家对这个问题高度重视。2016年10月21日在笔者的母校天津外国语大学成功举办了题为"一带一路"背景下东盟语种课程建设与教学的研讨会，在培养非通用语种人才方面天津外国大学修刚校长的致辞中讲道："面临着重大的发展机遇和挑战，培养出具有中国情怀、世界视野、跨文化交际能力的非通用语高层次复合型人才是当前首要任务"。②随着教育部发布的教高〔2017〕2号的通知，笔者母校申请增设的波兰语、土耳其语、乌尔都语、希伯来语、印地语、乌克兰语、波斯语、豪萨语、柬埔寨语、匈牙利语、捷克语、芬兰语和白俄罗斯语等13个非通用语种专业全部获准设立，这是以实际行动响应支持国家"一带一路"的重大倡议。

相信未来我国将会拥有充足的非通用语种人才走向"一带一路"沿线国家，那么以我们自己的语言为主导语言，不管是"引进来"还是"走出去"都会为深化中华文化的传播、壮大我国的文化软实力，也为中国作为文化强国屹立于世界之林做出贡献。

---

① 陆培勇：《闪族历史与现实——文化视角的探索》，甘肃人民出版社，1998年，第107页。

② 我校举办"一带一路"背景下东盟语种课程建设与教学研讨会［EB/OL］. 北方网.［2016-10-27］. http://news.enorth.com.cn/system/2016/10/27/031267481.shtml.

参考文献：

［1］中共中央关于深化文化体制改革、推动社会主义文化大发展大繁荣若干重大问题的决定［EB/OL］. 新华网. http://news.xinhuanet.com/politics/2011-10/25/c_122197737.htm.

［2］推动共建丝绸之路经济带和21世纪海上丝绸之路的愿景与行动［M］. 北京：人民出版社，2015.

［3］毛泽东. 毛泽东文集（第五卷）［M］. 北京：人民出版社，1996.

［4］李君如. 中国道路与中国梦［M］. 北京：外文出版社，2013.

［5］陆培勇. 闪族历史与现实：文化视角的探索［M］. 兰州：甘肃人民出版社，1998.

合作原则视角下剧本的翻译研究
——以电影《甜蜜蜜》为例

■ 天津外国语大学　张艳娜

【摘　要】合作原则是美国学者格赖斯首先提出用于规范话语交际中交际双方语言行为的原则。该原则对于话语交际研究的重要指导意义已被广泛证实与认可。由于翻译行为与话语交际之间存在着天然密不可分的联系，众多译者与翻译学家们将合作原则引入翻译实践，并取得了可观的研究成果。然而，前人的研究重点主要放在合作原则与口译实践的联系之上，对该原则在笔译实践中的应用价值探索较少。故而，本论文结合剧本《甜蜜蜜》的翻译实践，系统分析了以合作原则指导剧本翻译的可行性、适用性与局限性。

【关键词】翻译实践；合作原则；四准则；可行性；适用性；局限性

一、译者遵循合作原则的必要性

（一）理论指导的必要性

在剧本翻译的过程中，译者对信息传递的质量有着直接而深刻的影响。在初次交际阶段，译者的主要任务，在于保证对原文理解的正确性与准确性，既要精准地找出对应概念，又要透彻地领悟原文逻辑，从而形成高质量的译者认知。在二次交际阶段，译者需要以适应于读者的方式将译者认知转化为文字，使读者在阅读后能够取得高质量的读者认知。

从流程上看，这两个任务并不复杂。然而，在具体操作时，如何做到"正确"与"准确"，如何透彻地理解原文逻辑，如何才能使译文便于读者理解。为此，我们有必要寻找系统科学的理论，用于指导、总结我们的笔译翻译实践。在本文所举的翻译实践中，我们采用了格赖斯会话含义理论中的合作原则，作为指导理论。

（二）格赖斯合作原则

1967年，美国语言哲学家格赖斯（Grice）在哈佛大学进行了系列讲座"逻辑与会话"。在讲座中，格赖斯提出，在常规情况下，人们的交谈不会由一串不连贯、无条理的话语组成，人们交谈时或多或少都会为合作付出一定的努力。因为交谈的参与者在一定程度上都存在一个或一组共同的目的，或者是一个彼此都接受的谈话方向。根据你所参与交谈的目的或方向的变化而提供适切的话语，即合作原则。为了进一步说明合作原则的内容，格赖斯又提出了一些细化的准则。他把这些准则分为四个范畴：数量、质量、关系、方式，在每条准则下又自有几条次则，它们分别是：

1.数量准则

1.1 使你的话语如（交谈的当前目的）所要求的那样信息充分；

1.2 不要使你的话语比所要求的信息更充分。

2.质量准则：设法使你的话语真实

2.1 不要说自知虚假的话。

2.2 不要说缺乏足够证据的话。

3.关系准则：要有关联，要切合题旨。

4.方式准则：要明白清楚

4.1 要通俗明白，避免晦涩；

4.2 要清楚明了，避免歧义；

4.3 要简明扼要，避免冗长；

4.4 要井井有条，避免杂乱。

因此，译者在剧本的翻译过程中，遵循合作原则，以其四大准则为参考标准，对准确理解原文意义，合理表达译者认知，保证信息传递的质量，是非常具有现实意义的。

二、合作原则在剧本翻译中的应用

在上一章节中，我们已经分析了将格赖斯合作原则运用剧本翻译的可行性与必要性。那么，在具体的翻译实践中，究竟应当以何方式将该理论与翻译实践相结合呢？本章将以《甜蜜蜜》剧本的翻译为实例，具体分析合作原则四准则在剧本翻译中的运用方法。

（一）数量准则：信息传递的饱和度

数量准则中的"数量"一词，主要是指信息传递的量。即说话人话语所传递的信息量，既要如当前交谈目的所要求的那样充足，又要不超过适当的信息量而显得过于充足。

在剧本的翻译过程中，译者只能本着合作的精神默认作者的原文是符合数量准则的，我们将这种默认称为"遵循数量准则的假定"。

1. 解读信息充分饱满

例1）军：怕什么？我有钱啊。我真的是买东西的嘛。

翘：对呀，有钱人。好，买金子。

军：有信心，今天有实力呀。

这是军和翘在首饰店的一段对话，从对话中分析知，有两处解读的难点，一是"买金子"；二是"有信心，有实力"。此时需要认真思考该如何翻译，然而解开疑问的线索同样藏于文中。关键性的线索便是军说的"我有钱，我真的是来买东西的"，但事实上翘对他说的话，有所疑虑，故而用买金子来暗示要买贵的东西来测试军到底有钱还是说大话。此时军为了证明自己并不是说谎，而是真的有钱，有能力买得起东西，让翘不用担心别人的眼光，跟着他理直气壮地到首饰店去，才声称："有信心，有实力"。在解读出这些信息之后，我们将这段对话翻译如下：

例1）译文

군:돈이 없는 것도 아닌데 뭐가 겁나요?진짜 사려는데요.

교:돈 많아 좋겠군요.그럼 비싼걸로 사죠 뭐.

군:오늘은돈도두둑한데당당하게들어가자구요.

2. 信息传递节制适度

除了要充分饱满地解读原文之外，译者在书写译文时还应注意把握原文内容的真正核心，节制适度地传递信息，避免个别文字引起读者的过分解读。

例2）婷：原来麦当劳是这么好吃的。

翘：你没去过麦当劳啊？

婷：嗯，以前小军常常拿麦当劳的纸片来给我写信的，不过现在一说起麦当劳他总是不起劲。

翘：既然你来了，给他多做点家乡菜不是很好吗？笑什么？

婷：我听人家说，广东人叫老婆是菜，家乡菜不就是乡下的老婆吗？

这是婷和翘在军车上的对话，婷首先提到的"麦当劳"，实则指的是从麦当劳买来的食物，所以翻译时大可不必直接说麦当劳，而是用该食物代指，大家即可知道说的是麦当劳的食物好吃。因为如果用麦当劳的话，会使读者产生他们此刻正在麦当劳的错觉。此外，这里提到了"老婆"和"乡下的老婆"，前者的老婆是一般意义上老婆的代称，后者

"乡下的老婆"中的老婆，指的是具有地方指代意义的老婆的称呼，故
而翻译时需要格外注意，避免产生信息传递过度导致读者误解的情况。
故而将这段对话翻译如下：

例 2）译文

정：이렇게 맛있는 줄 몰랐어요.

교：처음 와 봐요?

정：이전에 소군씨가 맥도날드 팜플렛에 편지를 써서 보내곤 했어
요.근데 지금은 맥도날드라는 말만 들어도 좀 어색한 표정을 지어요.

교：온 김에 고향 음식을 만들어서 주고 얼마나 좋아요?뭐가 그렇
게 우스워요?

정：광동 지방에서는 부인을 음식이라고 하고 그냥 음식은 '시골집
마누라'를 의미한다면서요?

（二）质量准则：译文的可靠性

质量准则涉及原文与译文内容的真实性，格赖斯在描述质量准则时
要求我们"不要说自知虚假的话，不要说缺乏足够证据的话"。在实际
运用中，我们既应当积极审慎地看待原文的真实性，又应当确保译出的
内容切实可靠。

译者在进行翻译时，既要以积极的态度看待原文的真实性，又要审
慎地对待其中存在疑问的内容。所谓积极的态度，即指阅读原文的出发
点是肯定原文的真实性，面对原文中较小的、非关键性的误差采取宽容
的态度，在没有明显矛盾的情况下，不怀疑原文内容的真实性。所谓审
慎对待，即指在确实发现矛盾与冲突之处时，应努力查找资料对照，找
出正确的答案。

在无法肯定的情况下，应在译文中予以注明，提醒读者注意。总的
来说，译者应当本着对读者负责的态度，确保最终向读者呈现出一篇内
容真实可靠的译文。

（三）关系准则：文本的关联性

1. 在剧本翻译环境下对关系准则的阐述

格赖斯对于关系准则的叙述非常简单，仅仅用了一句"要有关联"进行表述。然而，他本人也意识到，在这一句简单的话中包含了许许多多可供演绎的内容。在剧本翻译的语境下，我们应当重点关注内容的前后关联。在翻译过程中，要注意前后文能够相互印证；遇到疑难问题时，可以注意从前后文中寻找线索。

2. 关注文章内容的前后印证

例3）军：你怎么啦？

翘：没事。

军：噢，我知道了。按摩了几个小时。

……

翘：我不想让人知道我是做这一行的。

军：又没有偷，又没有抢，又不是做舞女，怕知道什么？按摩嘛！

……

军：哦，对不起，我忘了你手疼。

翘：你是不是想告诉全世界的人我是做按摩的？我给你找个喇叭！

以上军和翘在首饰店挑选手链时的一段对话，需要注意一个重复出现的关键词便是"按摩"。事实上对话刚开始并未直接出现"按摩"一词，而是军通过翘的动作行为而自然联想到的。再后来，翘说道的"这一行"，必然与前文的"按摩"相呼应，再到后来军说的"我忘记了你手疼"，也是与之前的"按摩"相辅相成。故而翻译时，考虑到合作原则的关系准则，需要注意前后文之间的相互印证关系，以便达到译文的关联性。故而，将这段对话翻译如下：

例3）译文

군：왜 그래요?

교：아무것도아니예요.

군：아……,알았어요.너무안마를오래 해서 그런거죠?

……

교：다른 사람이 내 직업이안마라는것을 알면 싫단 말이에요.

군：안마사가어때서요?그냥직업인데……무슨강도질을 하는 거도
아니고.

……

군：미안해요.아프다는 걸 깜박했어요.

교：내가 안마사라는 걸 동네방네다소문내고싶나보죠?마이크라도
갖다줘요?

（四）方式准则：译文词句的优化加工

1. 方式准则与翻译实践的天然结合

在合作原则的四大准则中，方式准则与翻译实践的结合方式可能是
最直观、最天然的。方式准则要求我们要通俗明白，避免晦涩；要清楚
明了，避免歧义；要简明据要，避免冗长；要井井有条，避免杂乱。这
四条也是我们在翻译实践中对翻译质量的共同追求。

在剧本的翻译过程中，对方式准则的遵守，具体要求可以细化为：
避免语言晦涩；避免歧义嫌疑；追求简洁明了；结构条理清晰。

2. 避免语言晦涩

总体来说，《甜蜜蜜》剧本的文字是比较清晰明白的，但其中也不
乏一些晦涩难懂的字词，下文就是典型例子：

例4）军：你怎么啦?

翘：没事。

军：噢，我知道了。按摩了几个小时。啊，着重！你们的术语叫"着重"。干吗？怎么啦？干什么

在这段简短的对话中，其他语句都是通俗易懂的，略有些晦涩的便是"着重"一词，如果是没接触过按摩行业的人，必然不会理解它的内在含义。故而译者在翻译时就要考虑到这方面的因素，用大家通俗易懂的语言"水肿，浮肿"进行替代，从而巧妙性地避开晦涩。故而，可做如下翻译：

例4）译文

군：왜 그래요?

교：아무것도아니에요.

군：아……，알았어요.너무안마를오래 해서 그런거죠?맞아.부종.그 업계에서 '부종'이라고 하죠?어,어……왜이래요?

3. 避免歧义嫌疑

例5）翘：我没见过你这么傻的人，送给两个女人的手链都是同一个款式的。我和小婷不一样，她是你老婆，我是你朋友。

……

翘：别这样，太客气了，不用送给我，不用送给我，真的不用了。不好意思啊，其实我也有条同样的。

婷：是吗？是不是一模一样的？

以上对话，分别是翘和军，及翘和婷的不同对话。对话中围绕的中心，很明显是手链。其中翘在和军的对话中，说道"送给两个女人的手链都是同一个款式的"，在这句话中谈及"同一款式"，读者乍一看，会认为只是同一个款式的，但不一定是一模一样的手链。但在翘和婷的对话中，可知实则两条手链是一模一样的。所以，翘说的"同一款式"，如果直译的话，便会产生歧义。故而参照后文，可以翻译成"一模一样"的意思，这样就避免了读者产生疑虑。故而，翻译如下：

例 5）译文

교:당신 같은 바보는 처음이에요.어떻게 두 여자한테 똑같은 팔지를 선물할 수가 있죠?소정씨는 당신 와이프고 난 그냥 친구일 뿐이에요.물론 우리가 같이 잔 적이 있지만 그건……소정씨랑 나한테포 땍같은 선물을 하다니 대체 뭐 하자는 거예요?제정신이에요?

………

교:이럴 필요 없어요.관찮아요. 정말 관찮다니까요.실은 저도 똑같은 팔찌 있어요.

정:정말요?똑같은 거예요?

4. 追求简洁明了

例 6）翘: 我不知道明天究竟会发生什么事，我害怕，我心里好乱，我真的不知道该怎么好。……如果小婷有一天认识了别的男孩子，两个人很投机，就像我跟你一样，经常见面，偶尔还会……但他们说只是好朋友。你会怎么想？

在翘说的这段冗长的话语中，有好多意思重复的话语，如"我心里好乱，我真的不知道该怎么好"，故而翻译时，应该遵守方式准则，要追求简洁明了，将长句中重复的意思用一个短句来替代，从而达到简化句子的目的。因此，可翻译如下：

例 6）译文：

교:항상무슨 일이 생길지 모른다는 생각에 너무 무섭고 불안해요…만약 소정씨가 어떤 남자를 알게 됐는데 그두삼우리 둘처럼 아주 잘 통하고 자주 만나다가 혹시라도……글치만 그냥 좋은 친구 사이라고 하면 당신 기분이 어떻겠어요?

三、合作原则在指导剧本翻译时的局限与不足

在将合作原则运用于剧本翻译的过程中，我们体会到了该理论对于厘清翻译思路，明确取舍原则方面的独特优势。但不可否认的是，在翻译的过程中，该原则所发挥的作用并非"决定性"的，只能提供一些参考性的建议，无法使译文质量得到质的飞跃。此外，在将理论与实践结合的过程中，常常会出现模棱两可情况，有些例子的结合方式还显得十分牵强。造成这些现象的原因，主要是四大准则在翻译实践中的模糊性。

在格赖斯提出合作原则及其四大准则后，得到了学界的广泛认可与热烈讨论。但是他的理论中也有许多不合适之处，需要加以改进。在剧本翻译的过程中，我们在运用四大准则作为理论指导时，感觉到了明显的模糊性。这种模糊性最突出地体现在数量与关联准则的运用中。数量准则既要求我们的话语提供足够的信息，又要求我们不提供过多的信息。但格赖斯无法回答具体多少信息是"足够"，多少信息是"过多"一样，我们也无法确定。在看似明确的准则背后，做出决定性判断的，依然是译者主观的感觉，这大大削弱了以合作原则指导翻译实践的实用性与科学性。关联准则模糊性则更加显而易见。总之，四大准则在实际运用中都存在着过于模糊的弊病，这影响了该理论指导实践的效果。

参考文献：

[1] 姜望琪. 当代语用学 [M]. 北京：北京大学出版社，2003.

[2] 姚晓东. 经典格赖斯语用学研究：一个整体视角 [M]. 北京：北京大学出版社，2014.

[3] 何自然. 语用学说与关联理论 [J]. 外语教学与研究，1995.

[4] 杨达复. 格赖斯：会话含义的推断 [J]. 外语教学，2003（1）.

［5］景艳燕. 格赖斯"合作原则"对会话翻译过程的影响［J］. 新课程，2010（7）.

［6］金立. 合作与会话：合作原则及其应用研究［D］. 杭州：浙江大学人文学院，2005.

［7］林玥. 由合作原则及语用等效来看《哈姆雷特》的汉译［D］. 上海外国语大学硕士论文，2007.

［8］马苓军. 从合作原则视角看外贸函电翻译［D］. 山东师范大学硕士论文，2011.

［9］王洁. 合作原则视角下小说对白的翻译研究：Wolf Totem 为例［D］. 四川外国语大学硕士论文，2014.

［10］唐溪源. 格赖斯合作原则指导下的海外汉学文本翻译：以《京城要览》汉译为例［D］. 北京外国语大学硕士论文，2015.

韩国语谓词的不规则形态变化及教学方法研究

■ 天津外国语大学　董冬雪

【摘　要】很多学生认为"屈折语中的屈折"和"黏着语中的形态变化"是一样的，但是两者不同。首先本文分别描述了"屈折语中的屈折"和"黏着语中谓词的形态变化"，并通过对比，阐述了两者的不同。其次，从音韵论和句法论两个不同的角度阐述了韩国语谓词不规则形态变化的概念。接下来，描述了韩国语谓词不规则形态变化的内容，总结了学校语法、韩国语正字法、韩国语教材中的不规则形态变化内容，并通过对比找出主要争议，并阐述了自己的观点。最后，提出了有关韩国语谓词不规则形态变化的教学方法。

【关键词】韩国语谓词；不规则形态变化；教学方法

一、屈折语中的屈折和黏着语中的形态变化

屈折语和黏着语在某些方面具有相似性，比如两者都通过改变词的形态来表达不同的词汇意义和语法意义，屈折语和黏着语中都存在谓词形态变化的现象，但两者并不相同。

屈折语中谓词的形态变化主要发生在单词的内部，即内部屈折。每个词素都参与实意的表达，词素间的联系比较紧密，具有不可分割性。而黏着语中谓词的形态变化主要是指在谓词词干后添加不同的词尾来表达不同的语法意义，且词素间具有可分割性，去掉词尾后并不影响单词

的词汇意义。比如英语中的 globalization[globe-al-ize-ation] 这个词，每个词素都参与实意的表达，去掉词中的任何一个词素，剩下的词素就不能组成一个单词。但黏着语却不同，比如韩语中的먹었으니 [먹 - 었 - 으니] 动词词干"먹"表示吃的意思，先语末语尾"었"表示过去式，连接语尾"으니"表示原因。黏着语中的一个活用型中，有很大一部分是语法性词缀，且词素间具有可分割性，去掉语法性词缀并不影响单词的词汇意义。从中可以看出，黏着语中谓词的形态变化是在谓词词干后添加不同的词尾，表示不同的语法含义。

通过上面的分析可知，黏着语的一个活用型中，有很大一部分是语法性词缀，且词素间具有可分割性，去掉语法性词缀并不影响单词的词汇意义。黏着语中的谓词词干是不发生变化的，而是通过在谓词词干后添加不同的词尾来表达不同的语法意义，因此谓词的词干在语法意义表达上不发挥任何作用（정경재，2015：12）。这和屈折语明显不同。另外，在黏着语中，没有内部屈折，每一个变词语素只表示一种语法意义，而每种语法意义也总是由一个变词语素表示。屈折语是内部屈折，一个变词语素可以同时表示好几种语法意义，通过词素的形态变化表示不同的语法意义。

二、不规则形态变化的概念

一般主要从两个角度来定义韩国语谓词的不规则形态变化，一是从音韵论的角度，谓词不规则形态变化指的是谓词词干和词尾结合而成的活用型中，有一部分活用型的形态变化不符合一般的规律。另一个是从句法论的角度，不规则形态变化指的是：有一部分形容词具有和动词相似的性质，比如"있다，없다"等一些不完全动词，这些词的形态变化属于不规则形态变化（정경재，2015：14）。一直以来，从音韵论的角度定义不规则形态变化一直是研究的主流，并受到学界的普遍认同。本文也将在音韵论的视角下，从"母语教育"和"韩国语教育"两个方面

来定义韩国语谓词的不规则形态变化。

（一）国语教育中不规则形态变化的概念。国语教育中，一般从两个角度来定义什么是谓词的不规则形态变化。其一，传统语法学的角度，谓词不规则形态变化指的是：聚合关系下，根据谓词的词形变化是否能保持单一来判断是否是"不规则形态变化"，如果其变化不是单一的，则为不规则形态变化。其二，从生成语法学的角度来定义谓词不规则形态变化。词形的变化是否符合音韵论，即其变化能否用音韵论来解释，如果谓词的词形变化不能用音韵论来解释，则为"不规则的形态变化"。2005年，韩国语研究最权威的机构——韩国国立国语院对不规则形态变化的定义是："在动词的形态变化中，如果词干或词尾的形态发生了变化，则为'不规则的形态变化'。"由此可见，韩国国立国语院是从"传统语法学"的角度对"不规则形态变化"进行了定义。综上，按照传统语法学，"ㄹ/一脱落"应归为不规则形态变化。但是，按照生成语法学，"ㄹ/一脱落"则是规则形态变化。但国语教育即学校语法中，一直把两者的脱落看成是"规则形态变化"。

（二）韩国语教育中不规则形态变化的概念。对于学习韩国语的外国人来说，当他们看到词干或词尾发生变化时，自然而然认为这种变化是不规则的，韩国语教育则以这种现象为基础来定义"不规则形态变化"。即根据学习对象的不同（母语者和非母语者），对不规则形态变化的定义也不同。이정민（2008）曾指出："从外国人学习者的角度来分析，在词干和词尾结合的过程中，如果词干或词尾的形态没有发生变化，则是规则形态变化；除此之外的一切情况则认为是不规则形态变化。（박솔지，2014：10）"안주호（2011）："在韩国语教育中，如果词干或词尾发生了变化，则是不规则形态变化。（박솔지，2014：10）"即在国语教育中，"脱落现象"是规则形态变化；但在韩国语教育中"脱落现象"则是不规则形态变化。

三、不规则形态变化的内容

此部分，主要从国语教育和韩国语教育两个方面描述韩国语谓词不规则形态变化的内容。

（一）国语教育中不规则形态变化的内容。此部分总结了《标准国语语法论》里有关谓词不规则形态变化的内容，并结合了学校语法里描述的不规则形态变化的内容，经分析整理之后，共有13个，分为"词干变化、词尾变化、词干和词尾都变化"三种类型，详见表1。对于"거라"的形态变化是否属于不规则形态变化，目前仍存在争议，所以在学校语法中没有将"거라"列入不规则形态变化体系内。但是在《标准国语语法论》这本书中，认为"거라"的形态变化是不规则形态变化，但特别说明，"거라"的不规则形态变化只出现在动词中。另外，고영근，남기심（2005.07）在《标准国语语法论》这本书中讲到，"주다"和"아니하다"的形态变化应是词干的不规则形态变化，原因是"주다"根据语体和给予对象的不同，词干有"주"和"달"两种形式，如果是命令句，且命令对方给自己做某事，那么"주다"的词干"주"变成"달"，"달"后接命令形词尾"오라"，"ㄹ"脱落"달"变成"다"即"다오"，即"오"的不规则形态变化，"아니하다"在一些特定的句型中，其词干会变成"말"，请看下面两个例句：

（1）하지 않는다，하지 않느냐，하지 않는구나.

（2）하지 말아라，하지 말자，하든지 말든지.

通过上面的例子我们可以知道，"지 않다"出现在陈述句、疑问句、感叹句中，"지 말다"出现在命令句、共动句、表示相反意思的并列句中。

表1　国语教育中不规则形态变化的内容①

类型	内容
词干的不规则形态变化	ㅅ不规则形态变化

（续表）

类型	内容
词尾的不规则形态变化 形态变化	ㄷ不规则形态变化
	ㅂ不规则形态变化
	르不规则形态变化
	우不规则形态变化
	주다的不规则形态变化
	아니하다的不规则形态变化
	여不规则形态变化
	러不规则形态变化
	너라不规则形态变化
	오不规则形态变化
	거라的不规则形态变化（只限于动词）
词干和词尾都发生变化	ㅎ不规则形态变化

（二）韩国语教育中不规则形态变化的内容。此部分参考了"韩国语正字法"中所描述的不规则形态变化的内容，下表2（박솔지，2014：15），以及王丹的《大学韩国语语法》（中国出版）和白峰子的《韩国语语法词典》（韩国出版）中对韩国语不规则形态变化的描述。韩国语正字法中共列出了9个不规则形态变化，也分3种类型。分析整理后如下：

表2　韩国语正字法中不规则形态变化的内容

类型	内容
词干变化	ㄹ的脱落
	ㅅ的脱落
	ㅎ的脱落
	ㅜ，ㅡ的脱落
	ㄷ→ㄹ

（续表）

类型	内容
	ㅂ→ㅜ/ㅗ
词尾变化	"하다"后所接词尾不是"아"而是"여"
	词干以"르"结尾的谓词，其后所接的词尾由"어"→"러"
词干和词尾都发生变化	르→ㄹ, ㄹ

白峰子的《韩国语语法词典》中将韩国语谓词的不规则形态变化分为三类，详细内容见表3（白峰子，2008：431）：

表3 白峰子《韩国语语法词典》中不规则形态变化的内容

类型	不规则活用	谓词
词干变化	词干的音素脱落	"ㄹ"谓词"ㅡ"谓词
	在遇到特定音素时，词干最后的因素或音节发生变化	"ㄷ"谓词
		"ㅂ"谓词
		"ㅅ"谓词
		"르"谓词
特定词尾搭配	只和"-여"搭配	"하다"谓词
	表示命令形时，不用"-어라"、"-아라"，而用"-거라"	"가다"动词자다、일어나다
	表示命令形时，不用"-어라"、"-아라"，而用"-너라"	"오다"动词
词干和词尾同时变化	以"ㅎ"结尾的形容词，在遇到以"ㅡ"开始的词尾"으니까,으면"时，或者在遇到以元音开始的词尾时，"ㅎ"脱落，或者"ㅎ"脱落后后面的元音还要发生变化	"ㅎ"形容词

王丹的《大学韩国语语法》，将韩国语谓词的不规则形态变化分为3种，详见表4（王丹，2012：64—65）：

表4 王丹《大学韩国语语法》中不规则形态变化的内容

类型	内容	例子
词干的不规则形态变化	"ㅅ"不规则形态变化	짓다→지어
	"ㄷ"不规则形态变化	듣다→들어
	"ㅂ"不规则活用形态变化	돕다→도와
	"르"不规则形态变化	흐르다→흘러요
	"우"不规则形态变化	푸다→퍼
词尾的不规则形态变化	"여"不规则形态变化	하다→하여 / 해
	"러"不规则形态变化	이르다→이르러
	"거라"不规则形态变化	가다→가거라
	"너라"不规则形态变化	오다→오너라
	"오"不规则形态变化	달다/다→다오
词干词尾的不规则形态变化	"ㅎ"不规则形态变化	가맣다→가마니

通过以上4个表格可以看出，对于韩国语谓词的不规则形态变化，各个学者都有各自不同的看法。将以上四表汇总如下：

表5 韩国语谓词的不规则形态变化

类型	学校语法	韩国语正字法	《韩国语语法词典》	《大学韩国语语法》
词干	ㅅ	ㅅ	ㅅ	ㅅ
	우	우		우
	ㄷ	ㄷ	ㄷ	ㄷ
	ㅂ	ㅂ	ㅂ	ㅂ
		르	르	
		ㅎ		
		一	一	
	르		르	르

（续表）

类型		学校语法	韩国语正字法	《韩国语语法词典》	《大学韩国语语法》
词尾		여	여	여	여
		러	러		러
		너라		너라	너라
		오			오
				거라	거라
词干和词尾		ㅎ		ㅎ	ㅎ
			르		

注：阴影部分是存在争议较多之处。

通过表5可知，对于韩国语谓词的不规则形态变化，不同学者持有不同的看法。对于"ㄹ""一"的脱落，《大学韩国语语法》和学校语法认为其脱落属于规则形态变化，而《韩国语语法词典》以及韩国语正字法认为其脱落属于不规则形态变化。对于"우"的脱落，学校语法、韩国语正字法、《大学韩国语语法》认为其属于不规则形态变化，但白峰子的《韩国语语法词典》认为其脱落属于规则形态变化。对于"여/너라/거라/오/러"的形态变化是否属于不规则形态变化，学界也一直存在争议。

四、几个主要争议

通过对表5的分析，目前，对于韩国语谓词不规则形态变化，主要有两点争议。

（一）针对"ㄹ"/"一"的脱落是否属于"不规则形态变化"，存在争议。先来看两个句子：（下面的例句来自电视剧《太阳的后裔》剧本）

1.오토바이주인이지나가고대영이행드폰으로전화를<u>건다</u>.（太阳的后裔）

2.강모연:치료 받기 싫다는 환자 두 번 까지 잡아두었으면 병원이 할 도린 다했다고본다.난 바빠서 이만. (太阳的后裔)

国语教育中，一般从生成语法学的角度来定义"不规则形态变化"，即如果谓词的形态变化不能够用音韵论来解释，则为"不规则形态变化"。所以"ㄹ/一"的脱落在国语教育中一直被认为是"规则形态变化"。但本人站在韩国语教育的角度认为"ㄹ/一"的脱落属于"不规则形态变化"，因为从韩国语教育的角度来分析，在谓词词干和词尾结合的过程中，只要词干或词尾发生了变化，则是不规则形态变化，这样的解释也便于外国人理解。

（二）对于"여,러,우,너라,오,거라"的形态变化是否属于不规则形态变化，存在争议。

首先来看一下"여"的形态变化。先来看两个例句（下面的例句来自语料库：국립국어원 언어정보나눔터）：

1.나무꾼은 그 선녀를 아내로 맞이하여 아들도 낳고 딸도 낳고 재미있게 살았어요. (독백－동화 들려주기)

2.그렇게 해서 두 사람은 부부로 되고 후에 서동은 크게 성공하여서 백제의 무왕이 되는 것입니다. (독백－동화들려주기)

动词"하다"后接词尾不是"아"而是"여"，一般情况下，在韩国学校语法和韩国语正字法中都把"하다"这种形态变化定义为"여"的不规则形态变化。但是在针对外国人学习者的韩国语教材中并没有把"하다"的这种形态变化定义为"여"的不规则形态变化，而是把"여"看成专门接在"하다"后的一个词尾。本人也认为应该把"여"看成专门接在"하다"后的一个词尾，因为词尾"여"只用在"하다"之后，这样更方便学习者理解记忆，实际的教学也证明了这一点。

另外，对于"너라,거라,러,우,오"的形态变化是否属于不规则形态变化仍存在争议。

首先来看几个例句（此部分例句来自语料库：국립국어원 언어정보나눔터）：

1.오슬오슬 추위지면 하늘을 향해,해야 해야 <u>나오너라</u> 김치국에 밥 말아먹고 장구 치며 나오너라. (내 영혼의 상처를 찾아서)

2.오냐,너가 없어야 된다, 어서 차 타고 <u>가거라</u> 꼬랑년 가시내야, 하고 싸움을 하였다. (웃음이 터지는 교실)

3.세대에 <u>이르러</u> 본격적인 분단문학은 싹틉니다. (강좌-민족문학)

4.그리고는 밤새도록 게걸스레 퍼먹고 <u>퍼</u> 마시고, <u>퍼</u> 춘다. (식도락 보헤미안)

5.제발 반 줄이라도 들어만 <u>가다오</u>. (열린 사회와 그 적들)

通过分析可知,"너라"的形态变化只出现在几个特殊的动词里,即"오다"和与"오다"相关的合成词中(例如"나오다","들어오다"等)。在"오다"和与"오다"相关的合成词中,其命令形所接的词尾不是"아라"和"어라",而是"너라"。"거라"的形态变化与"너라"的形态变化相似,"거라"的形态变化只出现在几个特殊的动词里,"가다"动词、자다、일어나다等动词,这些词的命令形不用"어라""아라"而用"거라"。本人认为,应把"너라""거라"的这种形态变化归为"너라""거라"的一种特殊用法,这样便于学生理解。

"러,우"的形态变化也是如此,只出现在一些特定的词汇中。"우"的不规则形态变化只出现在"푸다"一词中,"러"的不规则形态变化只出现在"누르다""푸르다""이르다"三个词中。"푸다"在元音词尾前,词干"우"脱落变成퍼,"누르다""푸르다""이르다"三个词与元音词尾语结合时,元音词尾语变成"러"。学校语法和韩国语正字法中都把"러"的形态变化归为不规则形态变化。但本人认为应该把"우""러"的这种形态变化分别看成是"푸다""누르다""푸르다""이르다"这几个词的特殊用法。

最后,来看一下"오"的不规则形态变化。韩国语正字法和《韩国语语法词典》中并没有把"오"的形态变化列为不规则形态变化。但是学校语法中把"오"的形态变化列为了不规则形态变化。对于"오"的

不规则形态变化，在第三部分中已有说明，"오"的不规则形态变化指的是"달-"在命令句中，其词尾变成了"오"。不规则形态变化：달 + 오라→다오。规则形态变化：주 + 어라→주어라。但是"오"的不规则形态变化在现代韩国语中很少出现，年纪大的人有时候会用。但总的来说，"오"的这种用法越来越少，成下降的趋势。所以本人认为应该把"오"的这种不规则形态变化看成是一种特殊用法，而非不规则形态变化。通过上面的内容我们知道"너라，거라，러，우，오"的形态变化只出现在极少数的特殊词汇中，因此把它们的形态变化看成是某些词的特殊用法比较恰当，也更利于学生学习，现实的教学活动也证明了这一点。

五、教学方法

本文的教学方法主要从"课堂设置"入手，课堂设置分为三个阶段：准备阶段、教师讲解和学生活动阶段、整理阶段。

（一）准备阶段，分两步进行，先是展示阶段，后是分析阶段。在展示阶段，向学生们展示相关的材料，让学生们自己发现谓词形态变化的规则。在分析阶段，通过向学生们分析谓词的词干和词尾，让学生们发现谓词形态变化的规则。

1.展示阶段。①发现问题。向学生们提供有关谓词形态变化的资料，资料内容最好和日常生活相关，可增加学习的趣味性。这里可以适当地运用一些教学方法帮助学生发现问题，比如再黑板上板书一个谓词多种多样的形态变化，或给出一个学过的谓词，让学生找出与之形态变化规则相同的谓词等。②理解什么是谓词的形态变化。通过①阶段学生已经发现一个谓词具备多种多样的形态变化，自然而然地也就知道了什么是谓词的形态变化。

2.分析阶段。通过这个阶段的学习，学生们将会了解什么是词干、什么是词尾以及词干和词尾结合的规则。①区分词干和词尾。教师可选择一些简单的、学生熟悉的谓词，在黑板上写出这些谓词的形态变化，让学生们自己发现什么是词干、什么是词尾。书写谓词形态变化时，不是简单地书写，而是分三步书写。详细内容见表6：

表6 "먹다"谓词的形态变化

먹	+ 다→먹다
	+ 고→먹고
	+ 은→먹은
	+ 으면→먹으면
	+ 어서→먹어서
	+ 던→먹던
	+ 지→먹지

这样更有助于学生发现什么是词干、什么是词尾，即不变的部分为词干，变化的部分为词尾。另外在这里要向学生说明在谓词词干后添加"다"，是谓词的基本形。因为知道了什么是基本形，就能更容易地区分一个谓词的不同形态变化。通过这个阶段的学习，学生了解了什么是词干、什么是词尾。同时，通过学习谓词的形态变化，即词干和词尾的结合过程如表6，学生了解了词干和词尾的搭配规则。

②了解什么是规则形态变化，什么是不规则形态变化。此部分给出一些谓词的不同形态变化，让学生在后面标出发音。在进行此部分练习之前可以简单地回顾一下之前所学的"音韵规则"，即"辅音同化→轻音化、鼻音化、流音化"和"元音调和""紧音化"等规律。可以设置一张类似下面表格的练习题，分发给学生，让学生进行标音练习。如下表7：

表7 标音练习

词干 ＼ 词尾	다	는	고
먹	예)먹다【먹따】		

（续表）

词干＼词尾	다	는	고
뽑			
듣			
넣			
맑			
잃			
总结	分别指出上面各个单词的读音变化属于哪种音韵规则？并分别说明语音变化的条件？		

通过此部分的练习，学生们进一步巩固了"辅音同化→轻音化、鼻音化、流音化"和"元音调和""紧音化"等知识点的学习。在此基础上向学生们强调说明"辅音同化→轻音化、鼻音化、流音化"和"元音调和""紧音化"等规律属于规则形态变化，不符合这些变化的都是不规则形态变化。

（二）教师讲解和学生活动阶段。分三步完成，即教师讲解、个人活动、小组活动。

1.教师讲解。①分组。将学生分组，每组大概5名学生，进行分组学习。②复习前面所学内容，复习内容不要太多，只复习一些核心内容即可。

2.个人活动阶段。①理解规则形态变化和不规则形态变化的概念。给出"씻다""짓다"两个单词，让学生通过查词典找出这两个词的形态变化并进行对比分析。学生在词典中可以查到两个词的形态变化如下："씻-＋고→씻고，씻-＋는→씻는，씻-＋어→씻어"。"짓-＋고→짓고，짓-＋는→짓는，짓-＋어→지어"。在查字典的过程中，通过比较两个单词的形态变化，学生们会发现"짓-＋어→지어"中"ㅅ"消失了。即学生们发现了"ㅅ"的不规则形态变化。此时教师要向学生进行说明，即辅音"ㅅ"遇到以元音开头的词尾时，"ㅅ"发生脱落，即"ㅅ"的不规则形态变化。通过此部分的学习学生知道了什么是"不规则形态

变化"。②学习不规则形态变化的内容及不规则形态变化的条件。在这个阶段可以设计一份练习题，先让学生进行练习。练习题设计如下表8（김준희，2007：46）：

表8　谓词形态变化练习

谓词	谓词＋고	谓词＋는	谓词＋어서／어서
낫다			
묻다			
춥다			
흐르다			
쓰다			
걸다			
가맣다			
① ② ③ ④ ⑤ ⑥ ⑦			

注：在空白部分写出以上7种不规则形态变化的条件。

给学生2—3分钟的时间来填写表格，填写完成后，老师和学生一起再把习题做一遍，在这个过程中，老师向学生讲解不规则形态变化的内容。即："ㅅ，ㄷ，ㅂ，르，ㄹ，ㅡ，ㅎ"的不规则形态变化，以及形态变化的条件。③几个谓词的特殊用法。对于"너라,거라,러,우,오"的形态变化是否属于不规则形态变化，学界一直存在争议。本文将这些形态变化看成是某些词的特殊用法，并把它们总结成一个表格单独向学生讲解，这样简化了谓词不规则形态变化的内容，便于学生理解记忆。表格如下：

表9　几个谓词的特殊用法

– 하다	"하다"型动词后所接词尾不是"아"而是"어"	하 + 어→해
오다/오다 相关合成词	오다/오다相关的合成词，其命令形后不接아라，接 너라	오 + 너라→오너라
가다/자다/ 일어나다等词	가다/자다/일어나다等词，其命令形后不接어라/ 아라，接 거라	가 + 거라→가거라
푸다	푸다一词其后遇到元音어时，词干的우脱落变成퍼	푸 + 어→퍼
누르다/이르 다/푸르다	누르다/이르다/푸르다后接元音어时，元音어变러	누르 + 어→누러
달–/다–	'달–/다–'在命令句中，其词尾变成了'오'	달 + 아라→다오

3.小组活动。向每个小组的每个学生分发一张练习题，要求通过小组讨论的形式完成。所有小组完成任务后，与临近小组交换纸张，互相修改评分。通过此次练习可巩固之前所学的知识，增强学生间的交流，激发学生学习的积极主动性，让小组间交换试卷，互相修改评分，激发学生的竞争意识。习题设置如下表10（王丹，2012：69—70）：

表10　谓词形态变化练习题

마음이 통하다

마음이 통하는 사람을 만났습니다.자신의 "부족함"에 대해 이야기하더군요.하지만 나는 그 사람의 얼굴에서, 말에서, 몸짓에서 넘쳐나는 "부족함"을 보았습니다.

전화 목소리만 들어도 왠지 그 사람의 일상에 깃들어 있는 "여유로움"을 읽었습니다.

자주 얼굴이 붉어지는 사람을 만났습니다.자신의 "우유부단함"에 대해 이야기하더군요.하지만 나는 자신에게는 말할 수 없이 엄격하면서도 다른 사람들에게는 늘 이해와 아량으로 대하는 그 사람의 삶에서 진정한 "단호함"이란 무엇인가를 느꼈습니다.

사람 향기가 물씬 묻어나는 사람을 만났습니다.자신의 "교만함"에 대해 이야기하더군요.하지만 나는 앞에서 보잘것없는 사람들 앞에서는 자신을 한없이 낮추면서도,힘으로 남을 억누르려하는 자들 앞에서는 한 치도 물러서지 않는 그 사람의 행동에서 진짜 "겸손함"을 배웠습니다.

문득문득 그리워지는 사람을,비로서 만났습니다.자신의 "좁은 식견"에 대해 이
야기하더군요.하지만 나는 그 사람의 눈동자에서 원대한 "꿈과 이상"을 엿보았습
니다.

　참,흐뭇한 날이었습니다.이렇듯 좋은 사람을 친구로 둔 나는 정말 행복한 사람임
에 틀림없습니다.

<아름다운 55가지 이야기>에서

① 找出上文中所有的动词和形容词，并将其还原。
② 把找出的动词和形容词分成规则变化和不规则变化两类。
③ 试着说出每个动词和形容词变化的条件。

　　注：上面的文章来自教材《大学韩国语语法》。

　　练习题最好是一篇文章，可增加趣味性。同时在难易度的设置上，可以适当地增加一些难度，巩固之前所学。除了学过的一些单词，可适当地增加一些没学过的新单词。巩固旧知识的同时，再学一些新知识。

　　（三）整理阶段。通过上面的练习后，老师算出一个平均分，对成绩没有达到平均分的同学，为了让他们更好地掌握不规则形态变化的内容，可以给他们留课后作业。如果没有达到平均分的学生较多，可以将他们分组后，再给他们布置课后作业。对于课堂表现较好的同学，要帮助他们把所学知识运用到日常生活中。方法有很多种，比如：给出几个谓词的基本形，让他们写出一篇简短的文章。或者，在网上访问一些与韩国语学习相关的网址，查找一些与谓词不规则形态变化相关的内容，进行自主学习。

六、结论

　　本文首先介绍了屈折语中的屈折和黏着语中的形态变化及两者的差异。其次阐述了不规则形态变化的概念。接下来描述了韩国语谓词不规则形态变化的内容，并进行了简单的对比分析，找出争议所在。其一，"ㄹ"/"ㅡ"的脱落是否属于不规则形态变化，存在争议。本人认为应

把"ㄹ"/"一"的脱落则归为"不规则形态变化",因为在词干和词尾结合的过程中词干发生了形态变化。其二,本文中将"여"处理为专门接在"하다"后的词尾。对于"러,우,너라,오,거라",其形态变化只出现在极少数的特殊词汇里,所以应将它们看成某些词汇的特殊用法,最后探讨了不规则形态变化的教学方法。

参考文献:

[1]白峰子. 白峰子韩国语语法词典［M］. 北京:世界图书出版公司,2008:431.

[2]王丹. 大学韩国语语法［M］. 北京:北京大学出版社,2012:64—70.

[3]고영근, 남기심. 표준국어문법론 [M]. 서울:탑출판사,2006.

[4]김준희. 용언의불규칙활용에대한교육방안연구 [D]. 석사논문. 국민대학교,2006.

[5]박솔지. 초급한국어학습자를위한불규칙활용용언연구 [D]. 석사논문. 건국대학교,2014.

[6]宋喆义. 曲用과 活用의 不规则에 대하여 [J]. 진단학보,1995 (12): 285-288.

[7]정경재. 한국어 용언 활용 체계의 통시적 변화 [D]. 박사논문. 고려대학교,2015.

韩国作家孔枝泳长篇小说
《熔炉》的叙事内容简析

■ 天津外国语大学　陈胜男

【摘　要】随着资本主义社会进程的加快，物质至上的价值观盛行，文学逐渐丧失着其社会价值。韩国作家孔枝泳围绕着女性、工人、贫困者等处在社会边缘和底层的人进行文学创作，在这样的社会背景下，探讨和反映社会现实问题。一部《熔炉》以韩国光州发生的真实事件为蓝本创作，揭露了社会的黑暗与不公，讽刺了钱权交易、官官相护的残酷现实，并取得了深远的社会反响，创造了极大的社会价值。本文将以这部韩国人气小说《熔炉》为对象，从小说本身着手对小说的内容进行分析，进一步展现文学与现实生活密不可分和现代文学作品的深刻影响力。

【关键词】孔枝泳；熔炉；小说叙事内容

根据普林斯的《叙述学词典》界定，内容（content）为任何符号系统的两个层面之一：与表示"方式"相对，特指表示"什么"的那个层面。如同表达（expression）层面一样，内容层面包括形式（form）和材料（substance）。与叙述一起使用时，可以说等同于故事（story），与话语（discourse）相反。①即故事是叙事表达的内容，小说事件以及实存的人物、现实背景属于小说叙事内容即故事的形式层面；而叙事内容的材料所涉及的便是经过作者的文学加工的人和事。本文将以韩国作家孔枝泳的长篇小说《熔炉》为对象，对其叙事内容进行简要分析。

一、小说背景

1852年随着一部反奴隶制小说《汤姆叔叔的小屋》（美国斯托夫人著）问世，以及由此改编发行的各种剧本，生动描绘了大量受社会不公待遇的黑人形象，促进了社会对非裔美国人与美国奴隶制度的关注，产生了深远影响并最终促进了美国黑奴制的废除。小说来源于现实又服务于现实，所带来的影响力也可见一斑。

而随着资本主义社会进程的加快，人们崇尚资本权力、商品支配，物质至上的价值观盛行。人与人的关系逐渐演变为物与物的关系，社会变得物质化。在这样的社会背景下，有资本有权力的人和一无所有的人们之间的社会、经济矛盾逐渐激化，直接导致了处在社会边缘的弱者的急剧增加。而此时文学作品立足商业主义、重视个人利益，也在逐渐丧失其社会性价值。

作者孔枝泳是韩国当代最著名的女作家之一，1988年开始写作，内容主要围绕着女性、工人、贫困者等处在社会边缘和底层的人。她的小说题材契合韩国社会变化的动向，展现出她对社会不公正现象的思考和批判性眼光。②孔枝泳早期主要创作了对民主的向往和有关韩国女性问题的作品，社会转型期后开始转变为探讨和反映社会现实问题，包括对不平等法律制度和死刑制度的控诉等。孔枝泳的作品一直保有真实而有深度、犀利而不失细腻，朴实而有内涵，擅长描绘社会上的不合理现

---

① Prince, G. 叙述学词典（修订版）[M]. 乔国强，李孝弟，译. 上海：上海译文出版社，2011：38.

② 王锦. 孔枝泳小说中的乌托邦想象 [D]. 四川外国语大学，2016.

象，揭露社会的黑暗现实，并给予人们以穿透心灵的力量。

二、"熔炉"事件

小说《熔炉》便是以在韩国光州发生的教师性侵残疾学生的残暴真实事件为蓝本，主人公便是受有钱有权的上层阶级蹂躏人权的残障儿童（残障人士）。作品围绕揭露现实、激起反抗、引发社会关注的主题对人物、事件进行了深入细腻描写，扣人心弦。2000年至2005年，光州福利残障学校校长连同十多名老师，对校内聋哑学生进行了长达5年的虐待和性侵，然而让人感到痛心的不仅仅是施暴者和施暴对象的特殊，更是这么长时间其他人的不作为（或者说没能有所作为）以及权钱交易、官官相护以至于帮助残障儿童的人们相继被"害"而相关犯罪者却未接受任何实质性惩罚依然逍遥法外的黑暗现实。

小说展现了人性在社会熔炉中挣扎、呐喊，却又蓬勃向上生长的多重状态，引起了广泛关注，触发了人们的内心的共鸣。然而小说同时也是现实的艺术加工，真实的人物及事件现实比这更加令人发指。《熔炉》发行之后让人们更加关注事件本身，随着2011年小说同名电影上映，引发观影狂潮，社会反响强烈。民众和舆论的双重压力之下，终于旧案重查，涉案人员被重新提起公诉，同年11月17日，《有关性暴力犯罪处罚的特别法修正案》正式施行，又名"熔炉法"，韩国国会之后也出台和修订了一系列保护未成年人法案。2012年熔炉案的当事人被判处12年有期徒刑，刑满后佩戴电子追踪仪10年，身份信息公开10年。当然这个结果对于受害者以及连同给予他们帮助的人们来说，试炼并未结束。

通过研究《熔炉》这部以现实为基础的小说，并从小说本身的叙事内容方面入手，能更深刻地剖析小说，深入研究作品内容以及作家想表现的现实，这不仅能推动对孔枝泳作品从新的角度展开研究，也能为研究现代小说的叙事方式提供材料，进一步展现文学与现实生活密不可分和现代文学作品的深刻影响力。

三、小说人物与事件分析

（一）正义的化身

在小说中，姜仁浩、徐幼真算是故事的推动人，带领我们走进案件内部，是整个故事的促进者和参与人。姜仁浩是出生在首尔，从没有离开过首尔的"北方人"，对于去南部地区的生活一无所知。席卷全球的金融危机也让他失了业，因为妻子的关系（这一开始也就暗示了依靠打通关系得到职位，也隐藏了姜仁浩不满的反抗点）而得到了位于南方的聋哑学校的约聘教师（合同教师）的临时聘请，这样的机缘巧合让他开始了他的雾津之行。而徐幼真是姜仁浩大学上一届的学姐，后来定居雾津，在雾津人权运动中心做干事。这也为徐幼真参与到整个故事提供了条件。

姜仁浩最初来到学校是因为经济不景气，生活所迫，如果没有接下来的事件，他可能会跟随妻子的意愿，老实做事，按时拿工资，平凡且安静地度过接下来的日子。他是一个有责任心的人，即使在学校受到校领导李氏兄弟的轻蔑和侮辱，也为了对妻子、对女儿世美、对家庭负责而选择沉默；也是在生活窘迫之际，就算他们各种刁难以及各种不公，也选择多一事不如少一事，忍气吞声的人。而也就是这样的人，在发现自己班上的学生遭受不公正待遇，甚至是残酷虐待时，即使内心满腔挣扎与无奈，却也在这必须做出选择的家庭和道德之间，选择了道德，跟随了自己的内心。他的这种反抗意识不是一蹴而就的，而是从他的成长背景以及工作、生活、家庭环境所潜移默化并深入骨髓了的。他直接或间接见证了聋哑儿童遭受性侵，遭受虐待甚至因此而失去生命，为年幼女儿的强大的责任感和对残障学生的无限怜悯使他对受害儿童的父母的痛感同身受，也促使他坚定意志，作为受害学生奋起反抗的排头兵，在权力和金钱的人性"熔炉"里，为孩子们战斗，争一方净土。然而，他心中渴求并没能经受住现实的残酷，也挣扎过，奋斗过同时也苦恼过，就如他在最后写给妻子的信中说道：

"刚到这里来时，我像是一头落败的禽兽，资本社会在我的肚内留下的那块瘤，我必须把它吐出来。我像一只夹着尾巴的狗，四处张望，寻找食物。可是知道我教导的学生发生了这些事时，我突然知道我体内的某种东西苏醒了。"

"如果我现在离开的话，我就还是对学生施以性暴力的恶心家伙；那个来到雾津赚取微薄月薪，遭受不当解职，只为了寻找下一餐的落败禽兽。也许我变成一个不满意于自己竟挫败于资本社会、如今也受挫于野蛮的人。不晓得你能不能了解，如果我这样回去的话，就算我能赚进数十亿，我也不会幸福。"

然而就在他写下信之后，迫于来自各方面的压力，他还是犹豫了，还是放弃了，还是选择默默离开、将那颗炽热的心冷却了。

而徐幼真也和徐仁浩一样原来生活学习都在首尔，后随丈夫定居雾津，与丈夫离婚后独自带着两个女儿生活。徐幼真由一个女孩儿慢慢成长为女人，再成为经历结婚离婚生子的单身母亲。她虽然生活并不如意，但在被姜仁浩拉进这人性的"熔炉"后，毅然选择站在弱者的一方，这是她身为雾津人权运动中心干事的工作内容，更是身为女人、身为有两个女儿的母亲所做出的选择。

"妈妈或许没办法让你们穿上公主般的衣服，或许也买不起缀满蕾丝的床铺，也没办法跟爸爸带你们去游乐园玩，拍家庭照。对不起，真的对不起，但妈妈答应你们一件事。我们海洋和天空长大的时候，妈妈会创造出一个更好的国家，让身为女人的你们可以更勇敢，可以正大光明地走在马路上。虽然只有一点点改变，虽然感觉不太明显，可是为了打造出让人类过着更像人类生活的世界，我会尽全力努力。"[①]

这是徐幼真在去过教育厅、市政府却遭到权力机关踢皮球式的推卸

---

① 孔枝泳. 熔炉 [M]. 李牧春，译. 南京：江苏文艺出版社，2013：110.

责任、无所作为，作者插入一段徐幼真离婚后独自带着两个孩子的艰辛生活后的一段内心独白。这段内心独白侧面展现了徐幼真虽为单身母亲，但却拥有为了孩子豁出一切拼到底的强大内心，明知山有虎偏向虎山行，这也是她为什么为了聋哑学校的残障儿童不遗余力到处奔波的原因之一和动力源泉。同是正义之士，经历更多痛苦和困难的徐幼真却坚持到了最后，弱小的身躯却装下了强大的内心，虽只有微薄之力也要悉数使出，她是正义的圣斗士，是广大母亲的代表，是理想的化身。

（二）邪恶黑暗的力量

李江硕、李江福两兄弟和朴宝贤是整个事件的加害者，同时李氏兄弟二人是小说中事件发生的城市——雾津的名人，是慈爱学院的院长和行政室长，雾津这所聋哑学校便是其父李俊范所创立。同时他们也是雾津灵光第一教会的长老，是信耶稣的基督教徒。李氏兄弟动用各方职务和关系为所欲为，在他们的"圈子"里，他们是正义的代表，是善良虔诚的教会长老，是有名望之人。在事件曝光之后，不明真相的教会教众被煽动组织抗议，诱导舆论。市政府、教育厅也与其有千丝万缕的联系，官官相护、权钱交易最终使他们逃脱了惩罚。

"现在看，似乎慢慢想起这个学生的脸。我一直很想知道究竟是哪个学生说我做了坏事，原来是她。假日时不能回家的学生，我偶尔会给她钱买饼干吃。我真的无法相信这个可怜的孩子会指控我们兄弟两人这种污名。现在的人都没有感恩之心的吗？"

校长李江硕在法庭上面对指控居然恬不知耻地说出了这样的话。

朴宝贤是众多与权力者同流合污的附庸，也是人性泯灭的代表，更讽刺的是他同时也是一名老师。他和李氏兄弟有着同样的癖好，也因此得到默许而肆无忌惮变本加厉。试想如果只是朴宝贤一人犯案，校长与行政室长是不会允许这样的事情在眼皮子底下发生的。

还有另外一名生活指导老师润慈爱，她是慈爱学院教职工当中唯一最积极声援校长的人，同时也是慈爱学院创办人的养女，然而也有传言说她是校长哥哥的情人。因妍豆去报案，而怀疑妍豆，并对妍豆残忍地动用私刑的润慈爱，之所以有让人无法理解的愤怒和嫉妒，或许就是因为如此复杂的背景吧。①

慈爱学院是以利益为纽带而建立的金字塔式的权力体系。它具有三角形一般的稳定性，有着明确的分工与等级。正是这种体系结构使其特权能够得到最大化。②

"世界上最恐怖的是什么？如果有人这样问，她似乎能够回答，那就是谎言，谎言。有人说谎，世界这个大湖仿佛被倒入黑乎乎的墨水，把四周都染黑了。在找回原有的澄净之前，需要相当于谎言一万倍的纯洁能量。"③

（三）事件的纵容者

作为贯穿小说始末的姜督察在作品中也发挥了不可忽视的作用，从刚开始姜仁浩到雾津上班第一天就遇到了从校长室出来的姜督察，那时他是将去举报的学生送回学校的。这便导致这些残忍的老师变本加厉，学生遭受更加严厉的处罚。而且后来在社会舆论压力下，校长和行政室长被逮捕的路上，还为其出谋划策（找刚离开法官工作转任律师的人），为了日后的"十一奉献"④，一直到最后，姜督察带领队伍向大部分由聋人组成的示威人群发射镇暴水枪，一如既往地扮演着纵容者维护者的角色。

市政府张科长、教育厅崔秀熙既是无作为的权力阶级的一员，也是权钱交易、交错繁杂的关系网中的一小部分代表。对慈爱学院发生如此

---

① 孔枝泳. 熔炉［M］. 李牧春，译. 南京：江苏文艺出版社，2013：207.

② 黄丹. 韩国电影《熔炉》中现实主义风格的塑造［J］. 人文科技，2016（2）：105.

③ 孔枝泳. 熔炉［M］. 李牧春，译. 南京：江苏文艺出版社，2013：209.

④ 孔枝泳. 熔炉［M］. 李牧春，译. 南京：江苏文艺出版社，2013：128. 十一奉献，常用于指犹太教和基督宗教的宗教奉献，指教会向成年教徒征收的宗教税，这里指姜督察索要回报。

恶性事件冷眼旁观、麻木无情，更是将责任互相推诿、不管不问。面对徐幼真如此执着地为残障儿童奔波，勇敢站出来的人，崔秀熙如是说：

"不晓得她们这种女人为什么要这样生活。太过极端了，每件事都是负面的。如果能信主，得到救赎的话那该有多好。"

比暴行更痛苦的是遭到孤立的感觉，没有人帮助的绝望，就是因为有这样的人物，才会让恶行泛滥、罪犯猖狂。作者将这样一些纵容者的形象都描写得细腻而栩栩如生。

在慈爱学院发生的事情，不仅仅是个人层面上的暴力，学校、警察、教育厅、教会、律师等都处于这个巨大的权力网中。在姜仁浩、徐幼真等为了聋哑人的人权而到处奔波之时，这个庞大的权力网，却在互相推诿、害怕会因此丧失自己所得的权力和金钱，也正是因为他们的这种不作为纵容了整个事件的发生、发酵。

四、结语

通过对小说《熔炉》的创作者及创作背景的分析，我们能清楚地了解到，这部小说，是时代的产物，也是在人性的熔炉中痛苦挣扎的民众所愿。小说中正义与邪恶对抗，在权力网中挣扎和反抗。书中正义与邪恶的化身，甚至连不作为的纵容者都刻画得个性凸显、人格突出，生动地将故事呈现在了读者面前，引起了广大读者的强烈共鸣。这本书最初的目的是让更多的人关注处在社会底层的弱者，帮助那些无力反抗的人，但最终，它的成就已经超越了小说的界限，影响了整个社会对于性暴力、性侵害的态度，促成了《熔炉法》的诞生，改变了世界。就如作者所说："我们一路奋战，不是为了改变世界，而是为了不让这个世界改变我们。"